Schriftenreihe KONTEXT, Band 10

Michael Habecker

Ken Wilber – die integrale (R)EVOLUTION

Frankfurt am Main,
1. Auflage Mai 2007

Info3-Verlag, Frankfurt am Main
Kirchgartenstr. 1, D-60439 Frankfurt

Inhalt

Vorwort des Herausgebers 7

Vorwort des Autors 9

1. Ein Geschichtenerzähler 13

2. Der integrale Ansatz 15

3. Wie wir wurden was wir sind 33

4. Integrale Philosophie 37
- Wo ist eigentlich Bewusstsein? 37
- Was hält Leib und Seele zusammen? 42
- Physik – Metaphysik – Postmetaphysik? 47
- Geist, Sprache und Erkenntnis 56
- Subtile Energien 66

5. Anwendungen 81
- Größte Tiefe für größte Spanne – ein ethischer Entwurf 81
- Erleuchtung ist nicht Erleuchtung 95
- Licht und Schatten (Teil 1,2 und 3) 102
- Kommunikation als Lebenspraxis 119
- Systemische Aufstellungen – eine Annäherung an das „Wir" 133
- Wer sind wir? 142

6. Integral trifft... 149
- Die Grundlagen der Erkenntnis bei Rudolf Steiner und Ken Wilber 151
- Weltanschauungen 172

7. Immer schon – und immer neu 195

Anhänge 197

1. Ken Wilber Werksübersicht 197
2. Die fünf Phasen aus Wilbers Werk 210
3. Der Integral Methodologische Pluralismus 217

Abbildungen 230

Nachweise 231

Vorwort des Herausgebers

Angesichts der Bedeutung des Werkes von Ken Wilber ist deutschsprachige Literatur, die sich mit seinem Ansatz auseinandersetzt, noch kaum zu finden. Umso mehr freuen wir uns, dass wir für unsere Buchreihe mit Michael Habecker einen Autor gewonnen haben, der Wilbers Werk als Fachreferent und Forscher, als Übersetzer und als Autor seit vielen Jahren kennt und aktiv verfolgt.

Michael Habeckers Einführung gelingt meiner Ansicht nach Zweierlei: er bietet einerseits eine – was angesichts der Komplexität und des Anspruchs von Wilber alles andere als selbstverständlich ist – gut verständliche Einführung in die Grundzüge des integralen Denkens. Und er verfolgt andererseits die Bedeutung und Anwendbarkeit dieses Denkens in verschiedenste Bereiche der Wissenschaft und des Lebens. Damit löst er – auch das wiederum alles andere als selbstverständlich – die oft erhobene Forderung nach einem Praxisbezug spirituellen Denkens ein.

Habeckers Buch hat so den Charakter einer Einführung im besten Sinne, weil es nicht nur theoretisch etwas ausführt (was man dann vielleicht doch lieber im Original lesen würde), sondern immer auf engagierte Weise die konkrete Realisierung sucht. Es vermittelt gleichzeitig durch viele hier erstmals ins Deutsche übersetzte Original-Textauszüge einen sehr authentischen Zugang zu Wilber als einem „Work in Progress“ und eröffnet spannende Einblicke in die lebendige Entstehung dieses Werkes, wie sie dem Außenstehenden sonst nur schwer möglich sind. Nicht zuletzt hat Habecker sich die Mühe gemacht und einen sehr hilfreichen Ergänzungsapparat bereitgestellt, in dem man beispielsweise einen soliden Überblick über die umfangreichen Buchveröffentlichungen Wilbers und seine (bisherigen) Werkphasen von „Wilber I“ bis „Wilber V“ erhält.

Dass Habeckers Buch auch ein Kapitel enthält, in dem ein integraler Dialog beispielhaft an einigen Kerntexten von Rudolf Steiner praktiziert wird, freut einen in der Anthroposophie beheimateten Herausgeber natürlich besonders, zumal der Autor zu dem Ergebnis gelangt, mit den Augen Wilbers gesehen Steiner als einen Pionier integralen Denkens einschätzen zu können.

Ich hoffe, dass sich vor allem die auf jeder Seite spürbare Begeisterung von Michael Habecker auf viele Leserinnen und Lesern überträgt und hoffe, dass das Buch zu der wichtigen Diskussion Ken Wilbers im deutschsprachigen Raum wesentlich beiträgt.

Dr. Jens Heisterkamp, info3 Verlag

Vorwort

Etwas noch nie Dagewesenes ist im Gange. Ein unermessliches Territorium meiner eigenen Seele erwacht nach all den Jahrhunderten aus schlafender Unwissenheit – habe ich seit dem Urknall oder auch schon davor nur vor mich hin gedöst? Ein Territorium welches Platz für alle hat, beginnend bei mir, dann Dir, dann ihm und weiter zu ihnen allen, alle zu einem „Ich" werdend, einer Familie des familiären, alle nach Hause kommend, sich auszuruhend von einer Reise ohne Ziel und einem Weg ohne Entfernung, hin zu einer Unendlichkeit die sich innerlich immer bemerkbarer macht, die nirgendwo zu finden ist und doch als ein Weckruf in den Herzen und im Geist von Millionen von Menschen zu hören ist.

Ken Wilber, The AQAL Code[1]

Mit über 20 Buchveröffentlichungen und Übersetzungen in 30 Sprachen ist der amerikanische Autor Ken Wilber der derzeit meistübersetzte Sachbuchautor Amerikas. Sein Werk gewinnt immer mehr an Wirkung und Bedeutung, vor allem sein „Integraler Ansatz" und seine „Theorie von allem" stoßen weltweit bei unterschiedlichen gesellschaftlichen Bereichen – von Wissenschaft über Religion zu Politik und Wirtschaft – auf zunehmendes Interesse. Mit der Gründung eines „Integralen Institutes" in den USA vor ein paar Jahren tritt nun auch die praktische Umsetzung dieses Ansatzes in vielen Lebensbereichen in den Vordergrund.

In diesem Buch soll ein einführender Überblick über das aktuelle Werk dieses Autors gegeben werden, mit praktischen Anwendungsbeispielen zur integralen Theorie. Die Idee zu diesem Buch entstand vor dem Hintergrund einer Reihe von Veröffentlichungen in der Zeitschrift *info3*.[2] Da Vieles vom „aktuellen" Wilber bisher nur in englischer Sprache, und teilweise auch nur online verfügbar ist, bestand und besteht das Interesse nach diesen Informationen auch in deutscher Sprache. Hinzu kommt, dass, auch wenn der integrale Ansatz einen universellen Anspruch hat, dennoch wenig Konkretes dazu von europäischen Autoren bisher beigetragen wurde und werden konnte, und eine Anwendung dieses Ansatzes aus einem deutschsprachig/europäischen Kontext heraus bisher noch in den Anfängen steckt. An diesen Anfängen möchte sich der Autor dieses Buches beteiligen.

Auch wenn der Name Ken Wilber mit dem integralen Ansatz untrennbar verbunden ist, so ist dies doch kein „Ken Wilber Buch". Wenn Wilber (und

1 Veröffentlicht auf www.kenwilber.com.
2 Info3: Anthropsophie im Dialog, www.info3.de.

viele andere, die sich mit diesem Thema beschäftigen, und in der Vergangenheit beschäftigt haben) recht behalten, dann handelt es sich bei dem, was mit einem „integralen Bewusstsein" bezeichnet wird ganz allgemein um eine Bewusstseinsstufe und -Struktur, die derzeit im Entstehen begriffen ist, und sich dafür – salopp gesagt – geeignete „Träger" sucht: und zwar uns alle. Diese neue Art von Wissen und Bewusstheit ist somit ein sich gestaltendes Geschenk aller Menschen an alle Menschen, und an keine Einzelperson gebunden. Wilber drückt dies in einem Interview bezogen auf das Thema integrale Spiritualität folgendermaßen aus:

> „Denkt daran, dass integrale Spiritualität einen großen Vorteil hat. Wenn die Entwicklungsstudien richtig sind, dann ist das integrale Bewusstsein selbst keine Idee, keine Einstellung, kein Glaube, sondern eine wirkliche Ebene oder Stufe der Entwicklung. Eine Stufe ist per Definition etwas, durch das jeder im Laufe der Entwicklung hindurchgeht. Das bedeutet, dass ein integrales Bewusstsein nicht von mir oder irgendeinem anderen Autor oder Forscher abhängt, sondern dass es etwas ist, das alle Menschen im Laufe der Entwicklung verwirklichen werden."[3]

So wie die systematische Methodik einer wissenschaftlich/objektiven Vorgehensweise mit Namen wie dem von Galileo und vielen anderen verbunden bleiben wird, und so wie die Entdeckung und Beschreibung menschlicher Psychodynamik mit dem Namen Sigmund Freud (und vielen anderen) verbunden bleiben wird, so wird auch, das lässt sich heute schon sagen, der Name Wilber u. a. für die Entwicklung einer integralen Philosophie stehen – einer Philosophie, deren Konturen in dieser unserer Zeit immer klarer und deutlicher werden, an deren Entwicklung wir mehr oder weniger alle teilhaben, und die jedem Menschen zur Verfügung steht – für ein bewussteres, reichhaltigeres, erfüllteres und umfassenderes Leben.

Im ersten Kapitel dieses Buches werden die Motive und das Selbstverständnis von Wilber für seine Arbeit beleuchtet, danach führt uns der Abschnitt *Der integrale Ansatz* in die Thematik ein. Im Abschnitt *Wie wir wurden was wir sind* wird der Versuch unternommen, die Kosmologie von Wilber auf wenigen Seiten zusammenzufassen. *Integrale Philosophie* beschäftigt sich mit philosophischen Aspekten des integralen Ansatzes; mit der Frage *Wo ist eigentlich Bewusstsein?*, mit dem *Geist/Körper Problem* und der Entwicklungsreihe *Physik – Metaphysik – Postmetaphysik*, mit *Sprache und Erkenntnis*, und mit dem Thema *subtiler Energien*. Unter *Anwendungen* folgen einige

3 Aus: *what is enlightenment?* Ausgabe Herbst 2006, S. 85.

Anwendungsbeispiele der integralen Theorie, zu den Themen *Ethik, Erleuchtung, Licht und Schatten, Kommunikation*, der *Praxis systemischer Aufstellung* und der Frage *Wer sind wir?*. Der Abschnitt *Integral trifft ...* ist der Beginn einer spannenden Diskussion praktisch aller Traditionen, Erkenntnis- und Seinsdisziplinen mit dem integralen Ansatz. Wenn der integrale Ansatz, so der von diesem Ansatz selbst formulierte Anspruch, wirklich eine „Theorie von Allem"[4] ist, dann bedeutet dies auch, dass alle bisherigen Ansätze davon berührt werden, und sich, wenn dies gewünscht ist, damit auseinandersetzen können. Ein Beispiel für den Beginn einer derartigen Diskussion anhand zweier Bücher von Rudolf Steiner sind die Beiträge *Die Grundlagen der Erkenntnis bei Rudolf Steiner und Ken Wilber* und *Weltanschauungen.* Den Abschluss bildet im Kapitel *Immer schon – und immer neu* ein Text, der uns daran erinnert, dass alle Beschreibungen und Landkarten Beschreibungen des relativen Bereiches sind, Beschreibungen relativer Wahrheiten, die mit dem Fortschreiten der Erkenntnis von besseren Beschreibungen abgelöst werden. Was sich demgegenüber nicht ändert, sind die zeitlosen Wahrheiten der Erkenntnis der Vollkommenheit eines jeden Augenblicks, und mit einem Text der Beschreibung des Nichtbeschreibbarem, einem Hinweis auf das was – immer schon – gegenwärtig ist, inmitten all dessen was sich – immer schon – verändert, endet auch dieses Buch.

Erinnern wir uns noch einmal daran, dass wir es hier mit einer Theorie und Landkarte zu tun haben, die nicht mit dem eigentlichen Territorium selbst verwechselt werden darf. Doch es könnte sein, dass diese – dynamisch mit dem Wissenszuwachs mit wachsende – integrale Landkarte mehr Wissen und Weisheit enthält als alle bisherigen Landkarten, und so zu einem unverzichtbaren Reisebegleiter für den (post)modernen Menschen werden kann, auf einer nie zu Ende gehenden Reise der Entwicklung, die gleichzeitig auch immer schon am Ziel angekommen ist.

Dazu noch einmal Wilber, bezogen auf das Thema integrale Spiritualität:

> „Natürlich bedeutet das nicht, dass meine spezielle Version der integralen Spiritualität unter denen sein wird, die überleben. Andere Versionen könnten auftauchen, die mehr Wahrheit, Güte und Schönheit aufweisen. Und wenn das so sein sollte, bin ich hoffentlich der Erste, der sie übernimmt...
> Natürlich sieht sich eine neue Theorie, sobald sie in weiteren Kreisen akzeptiert wird, einer ganzen Reihe neuer Hindernisse gegenüber, die größtenteils aus ihr selbst kommen: Wie wird sie nicht zur Routine,

4 *A Theory of Everything* ist der Originalbuchtitel des auf deutsch erschienenen *Ganzheitlich handeln.*

fixiert, langweilig, neue Wahrheiten verhindernd, fixiert auf ihre eigene Wahrheit oder den Dharma, steckengeblieben in ihrer eigenen Vergangenheit? Alles was ich sagen kann, ist, dass ich hoffe, lange genug zu leben, um diese Probleme zu sehen!"[5]

5 Aus: *what is enlightenment?* Ausgabe Herbst 2006, S. 85.

1. Ein Geschichtenerzähler

Worum geht es Ken Wilber, was treibt ihn dazu, in immer neuen Veröffentlichungen im Rahmen einer dynamisch wachsenden organisatorischen Struktur an der Erstellung und laufenden Verbesserung einer Landkarte „von allem" zu arbeiten, und wie sieht er sich selbst dabei?

In einer im Frühjahr 2003 aufgezeichneten mehrtägigen Interviewsitzung[6] antwortet er auf diese Frage wie folgt:

> „Was ich mache ist so etwas wie Geschichten erzählen. Menschen leben ihr Leben, sie fertigen Landkarten davon an, sie erzählen Geschichten darüber, sie stellen ihr Leben dar, machen komplizierte oder auch weniger komplizierte Theorie darüber... Jeder trägt seine eigene Lebensphilosophie mit sich herum, das ist ein Teil des Menschseins, darüber zu reflektieren was in einem und um einen herum geschieht. Wenn man damit beginnt dies alles auf eine sinnvolle Weise zusammenzufügen, dann sind das nicht nur zufällige Ideen, sondern man erzählt zusammenhängende Geschichten. Wirklich gute Philosophen sind ebenso wirklich gute Geschichtenerzähler, und das gleiche gilt für Psychologen. Sigmund Freuds bedeutendste Auszeichnung während seines Lebens war der Goethepreis [1930, A. d. Ü.]. Freuds frühe Fallstudien sind wie Sherlock Holmes-Geschichten, es sind ganz außerordentliche literarische Meisterstücke. Die Geschichten, die er erzählt, sind exzellent.
> In gewisser Weise erzähle ich eine sehr komplizierte Geschichte, ich versuche eine Menge unterschiedlicher Theorien und Ideen und Daten usw. zusammenzubringen ... Ich versuche Geschichten zu erzählen, die eine Wahrheit in sich tragen, die etwas darstellen auf das man sich verlassen kann, aber all dies ist offen für Evidenz und Fakten, es kann überprüft werden, für mich ist es so etwas wie eine fortwährende Dokumentation, ein großes Bild über Fragen wie ‚was bedeutet das alles?', ‚wie passt das alles zusammen?', ‚was ist der Sinn des Lebens, des Universums, Gottes?'. Dies alles sind große und großartige Geschichten, und sie sollten nicht als eine trockene Metaphysik, sondern als *wirklich* gute Geschichten erzählt werden. Es gibt nichts spannenderes als das, wenn man sich einmal damit beschäftigt. Das ist das was ich versuche..."

6 Veröffentlicht auf: Sounds true, *Cosmic Consciousness,* CD 1.

Eine dieser Geschichten ist der „integrale Ansatz", der Versuch so viel Wahrheit wie möglich von so vielen unterschiedlichen Erkenntnisdisziplinen wie möglich in einen Sinnzusammenhang zu stellen, bei dem sowohl die Unterschiede wie auch die Gemeinsamkeiten, die jeweiligen Größen von Erkenntnismethodiken so wie auch deren Grenzen sichtbar werden.

Die Vielfalt der Erscheinungsphänomene werden von Wilber dabei in fünf Hauptkategorien unterschieden – *Quadranten, Ebenen, Linien, Zustände* und *Typen.*

2. Der integrale Ansatz[7]

Am Beginn eines Unternehmens wie einer „Theorie von allem" steht die Würdigung aller Erkenntnisdisziplinen der Menschheit, und die Verneigung vor denjenigen, die uns vorangegangen sind und auf deren Schultern wir jetzt stehen können. Zu keiner Zeit war es bisher möglich, das Menschheitswissen so zu überblicken wie heute. Das globale Dorf hat uns heute lebende Menschen in die Lage versetzt, jede bekannte Kultur auf diesem Planeten und die menschlichen Zivilisationen insgesamt zu studieren – prämodern, modern, und postmodern – und die Ergebnisse dieser Untersuchungen auf den Tisch zu legen. Wohin uns diese Untersuchungen führen werden wissen wir nicht, aber es zeichnet sich bereits ab, dass neben unendlich vielen Unterschieden auch einige kulturübergreifende Gemeinsamkeiten zutage treten, „Orientierungsverallgemeinerungen" die uns dabei helfen können, das was allen Menschen oder vielleicht sogar allen Wesen gemeinsam ist, zu entdecken. Zu diesen Gemeinsamkeiten zählt Wilber das, was er mit *Quadranten, Ebenen, Linien, Zuständen* und *Typen* bezeichnet[8].

Dabei handelt es sich nicht um abstrakte theoretische Elemente, sondern um „Aspekte meiner und Ihrer eigenen Erfahrung, Konturen Ihres eigenen Bewusstseins, die Sie selbst ganz einfach im weiteren Verlauf verifizieren können", wie W. sagt. Wir werden dabei bei den weiteren Erörterungen auch zu konkreten Untersuchungen einladen, die das Wahrnehmen diese Aspekte unseres Seins erleichtern, und uns helfen den Kontakt dazu bewusst aufzunehmen.

Eine wichtige Unterscheidung im Rahmen des Integralen ist die zwischen *Hierarchien* und *Heterarchien.* Während Hierarchien[9] eine Richtung vom Niederen zum Höheren haben, was – technisch ausgedrückt – bedeutet dass das Höhere alle Eigenschaften des Niederen in sich aufgenommen hat, *plus* einer oder mehrerer zusätzlicher Eigenschaften oder Qualitäten die sich im Niederen nicht finden, sind Heterarchien ein Neben- und miteinander

7 Die Zitate aus diesem Abschnitt stammen aus: *The Integral Operating System, IOS User's Guide.*

8 abgekürzt mit AQAL: „all Quadrants, all Levels (all lines, all states ‚all types)".

9 Wilber unterscheidet dabei klar zwischen (pathologischen und oft dogmatischen) Herrschaftshierarchien, und gesunden und natürlichen Entwicklungs- und Wachstumshierarchien. Letztere sind *immer* das Ergebnis wissenschaftlicher Untersuchungen, und nicht das persönlicher Vorlieben. Besser oder weiter entwickelt bedeutet dabei die im Haupttext angesprochene Fähigkeit der Höheren, das Niedere zu umfassen *und* es um (mindestens) eine zusätzliche Qualität zu erweitern. So spricht jemand, der 10 Worte einer Sprache beherrscht, diese Sprache weniger gut als jemand der diese 10 Worte plus zusätzliche 990 Worte beherrscht (bei gleicher grammatikalischer Kenntnis). Er ist *diesbezüglich* weiter entwickelt.

gleichrangiger Merkmale oder Ausprägungen. (Von den fünf AQAL Komponenten sind die Entwicklungsebenen und Linien hierarchisch, und die Quadranten, Typen und Zustände heterarchisch).

„Worum geht es beim Gebrauch dieser integralen Landkarte bzw. dieses Modells? Zuallererst hilft die integrale Landkarte, mit allem Grundlegenden „in Berührung" zu sein, ob im Geschäftsleben, in der Medizin, der Psychotherapie, im Rechtswesen, in der Ökologie oder einfach nur im alltäglichen Leben und Lernen. Wenn man über die Berge fliegen möchte, dann wird das Unfallrisiko um so kleiner, je genauer die Landkarte ist. Eine integrale Landkarte stellt sicher, dass in einer jeden Situation die gesamten Möglichkeiten und Ressourcen ausgeschöpft werden, was die Wahrscheinlichkeit eines Erfolgs vergrößert.
Zweitens: Wenn man lernt, diese fünf Elemente im eigenen Bewusstsein zu erkennen – vorhanden sind sie sowieso – dann fällt es leichter sie wertzuschätzen, auszuüben und anzuwenden, was das Wachstum und die Entwicklung zu höheren, weiteren und tieferen Seinsweisen enorm beschleunigt. Eine einfache Vertrautheit mit diesen fünf Elementen im integralen Modell hilft einem dabei, sich einfacher und erfüllter auf dieser aufregenden Reise der Entdeckungen und des Erwachens zu orientieren. Der integrale Ansatz unterstützt uns – kurz gesagt – dabei, uns selbst und die Welt um uns herum auf eine umfassendere und wirklichere Weise zu sehen. Doch eines sollten wir dabei gleich zu Beginn klarstellen: Die integrale Landkarte ist lediglich eine Landkarte. Sie ist nicht das Territorium. Was wir ganz sicher nicht machen wollen ist, die Landkarte mit dem Territorium zu verwechseln, aber ebenso wenig wollen wir mit einer ungenauen oder fehlerhaften Landkarte arbeiten. Die integrale Landkarte ist einfach nur eine Landkarte, doch sie ist die vollständigste und genaueste Landkarte, die wir derzeit haben."

Betrachten wir nun diese fünf Elemente oder Kategorien um Einzelnen, und danach in ihren Bezügen zueinander.

Bewusstseinszustände

Ein Merkmal von Zuständen des Bewusstseins ist, dass sie kommen und gehen. Wir alle sind mit den großen Hauptzuständen des Wachens, Träumens und des traumlosen Tiefschlafes allgemein vertraut, auch wenn wir diese Zustände in unterschiedlichen Arten von Bewusstheit erleben. Weiterhin gibt es die Zustandsänderungen der Phänomenologie von Augenblick zu Augenblick, wie z. B. müde, munter, traurig, fröhlich, ernst, heiter, usw. All dies kommt und geht, zum Teil von uns beeinflusst und beeinflussbar, zum Teil aber auch ohne oder gegen unseren Willen. Zustandserfahrungen sind ein Wesensmerkmal der Schöpfung, eine große Schatzkammer der Erkenntnis, und dürfen keinesfalls vernachlässigt werden, auch wenn sie vielleicht „nur" subjektiv oder vorübergehend sind.

> „Jeder ist mit den wesentlichen *Bewusstseinszuständen* vertraut, wie Wachen, Träumen und traumlosem Tiefschlaf. In diesem Augenblick befinden Sie sich im Wachzustand des Bewusstseins (oder, wenn sie müde sind, vielleicht in einem tagträumerischen Zustand). Es gibt alle moglichen unterschiedlichen Bewusstseinszustände, einschließlich *meditativer Zustände* (hervorgerufen durch Yoga, Kontemplation, Meditation und so weiter); *veränderte Zustände* (wie z. B. drogeninduzierte Zustände); und eine Vielzahl von *Gipfelerfahrungen*, von denen viele durch intensive Erfahrungen wie Sex, Spaziergängen in der Natur oder das Hören von erlesener Musik hervorgerufen werden können ...
> Auf einer einfacheren, mehr weltlichen Ebene erfährt jeder verschiedene Arten von Bewusstseinzuständen, und diese Zustände sind oft die Quelle von starken Motivationen, von Sinn und Bedeutung, und von Antrieben in uns selbst und anderen. In einer bestimmten Situation spielen Bewusstseinszustände vielleicht keine große Rolle, vielleicht sind sie aber auch der bestimmende Faktor, jedenfalls kann es sich kein integraler Ansatz leisten, sie zu ignorieren."

Übung: *Fühle* dein Leben in sich verändernden Zuständen; körperlich, emotional, gedanklich. *Erlebe* bewusst den andauernden Wechsel der Gegebenheiten: bei dir selbst, in deinen Beziehungen, und in der Außenwelt. Nichts Geschaffenes ist von Dauer, alles ist in Bewegung und Veränderung. Durch die Zustände unseres Seins können wir mit diesem Aspekt des Lebens und Seins in Kontakt treten. *Erlebe* dich auch immer bewusster alle 24 Stunden durch den Kreislauf dreier Hauptzustände gehend: Wachen, Träumen und traumloser Tiefschlaf. Dehne deine Bewusstheit immer weiter aus, so dass sich diese drei Zustände immer mehr durchdringen und füreinander durchlässig werden. Achte insbesondere auf den Augenblick des Aufwachens am Morgen, und den Wechsel aus der Absolutheit der Leere in die Fülle des Daseins, und der Identifikation mit deinem individuellen Körper und Geist – und frage dich: *Wer* ist der Zeuge all dessen, *wer* ist es, der dies alles beobachtet, ohne selbst beobachtet werden zu können? Achte auch auf deine Einflussnahmen auf dein Zustandsleben: von einer Tasse Kaffee am Morgen, die dich in einen wachen Zustand bringt, über einen kreativitätsfördernden Spaziergang am Mittag, bis zum romantisch oder aufregend gestimmten Fernsehfilm am Abend, der dich in entsprechende emotionale Zustände führt, und einem Schlaftrunk oder einer Tablette zum besseren Übergang in den Traumzustand.

Durch die Arbeit mit und an den Zuständen des Verhaltens wie des Bewusstseins können schnellwirksame Methodiken für sofortige Veränderungen bei Kreativität, Verhalten, Motivation, Inspiration, Präsentation, Ausdruck und Kommunikation erreicht werden. Zustandsänderungen sind relativ leicht zu trainieren, im Gegensatz zu Strukturveränderungen (Bewusstseinsebenen), die zu ihrer Bildung und Veränderung Zeit benötigen (siehe dazu den folgenden Abschnitt).

„Zustandsmanagement" hilft einem, auch an einem schlechten Tag das Beste aus sich zu machen – gedankliche Zustände, gefühlsmäßige Zustände, körperliche Zustände, Beziehungszustände. Zustände sorgen für Dynamik, Bewegung, Abwechslung und Veränderung im Leben.

Entwicklungsstufen/Ebenen

Entwicklungs*stufen* (wie auch Entwicklungslinien, siehe dazu den folgenden Abschnitt) haben etwas Bleibendes und Verlässliches. Wir müssen sie uns gewissermaßen erst erarbeiten und uns in sie hineinentwickeln, dafür haben wir ihre Errungenschaften jedoch auch verlässlich zur Verfügung. Äußere (z. B. organisatorische) wie auch innere (psychologische) Strukturen (z. B. charakterliche Eigenschaften, Glaubenssysteme, Persönlichkeitsmerkmale) sind die große Stütze in Leben und Sein, es sind die Gesetzmäßigkeiten unseres Lebens die uns Halt, Konstanz und Orientierung geben, und dafür sorgen dass wir uns im nächsten Augenblick als der- oder dieselbe wiederfinden. Fähigkeit wie sich in andere hineinzufühlen, logisch denken, sich koordiniert zu bewegen, ein Auto zu fahren, eine Sprache zu sprechen usw. sind etwas

was wir nicht voll entwickelt bei unserer Geburt mitbekommen, sondern in unserem Leben erst zur Entfaltung bringen müssen.

> „Im Gegensatz zu den temporären Bewusstseinszuständen sind die *Bewusstseinsstufen* permanent. Stufen repräsentieren konkrete Meilensteine des Wachstums und der Entwicklung. Befindet man sich einmal auf einer bestimmten Stufe, ist dies eine bleibende Errungenschaft. Entwickelt sich beispielsweise ein Kind zur linguistischen Entwicklungsstufe, dann hat das Kind permanenten Zugang zu Sprache. Sprache kommt und geht nicht, sie bleibt. Das Gleiche geschieht mit anderen Wachstumseigenschaften. Hat man sich einmal auf einer Stufe des Wachstums und der Entwicklung stabilisiert, hat man Zugang zu den Eigenschaften dieser Stufe – wie z. B. einer größeren Bewusstheit, einer umfassenderen Liebe, höheren ethischen Idealen, größerer Intelligenz und Wahrnehmung – zu praktisch jeder Zeit. *Vorübergehende Zustände* wurden in *bleibende Eigenschaften* umgewandelt.
> ‚*Stufen* der Entwicklung' werden auch als ‚*Ebenen* der Entwicklung' bezeichnet, mit der Vorstellung, dass jede Stufe eine Organisationsebene bzw. eine Komplexitätsebene repräsentiert. In der Abfolge von Atomen zu Molekülen zu Zellen zu Organismen beispielsweise bedeutet jede dieser evolutionären Stufen eine größere Ebene der Komplexität. Das Wort „Ebene" hat hierbei keine starre oder ausschließende Bedeutung, sondern weist lediglich darauf hin, dass es bedeutende emergente Qualitäten gibt, welche auf eine diskrete, quantenähnliche Art und Weise in Erscheinung treten. Solche Entwicklungsebenen sind bedeutende Aspekte vieler natürlicher Phänomene.
> Um zu zeigen, worum es bei den Ebenen oder Stufen geht, schauen wir uns ein ganz einfaches Modell mit nur drei Stufen an. Betrachten wir beispielsweise die moralische Entwicklung, dann stellen wir fest, dass ein Säugling bei der Geburt noch nicht in eine bestehende Kultur mit ihrer Ethik und ihren Konventionen hineinsozialisiert worden ist; dies ist die *präkonventionelle Stufe*. Man nennt sie auch *egozentrisch*, weil das Bewusstsein des Säuglings ganz überwiegend von sich selbst absorbiert ist. Wenn das heranwachsende Kind jedoch die Regeln und Normen seiner Kultur mit der Zeit erlernt, entwickelt es sich zur *konventionellen Stufe* der Moral. Diese Stufe wird auch *ethnozentrisch* genannt, weil sie auf die spezielle Gruppe, Sippe, dem Klan oder die Nation der Umgebung des Kindes bezogen ist. Auf der nächsten Entwicklungsstufe jedoch, der *postkonventionellen Stufe*, erweitert sich die Identität des Individuums erneut,

und umfasst nun Fürsorge und Mitgefühl für alle Menschen, unabhängig von Ethnie, Hautfarbe, Geschlecht oder Herkunft, und daher wird diese Stufe auch als *weltzentrisch* bezeichnet. Moralische Entwicklung hat also die Tendenz, sich vom ‚ich' (egozentrisch) zum ‚wir' (ethnozentrisch) zum „wir alle" (weltzentrisch) zu bewegen – ein gutes Beispiel für die sich entfaltenden Stufen des Bewusstseins."

Übung: Wie *fühlt* es sich für mich an, ein sich entwickelndes Wesen zu sein? Wie sieht meine „Lebenslinie" aus, und wie erlebe ich sie? Welche Potentiale in mir warten darauf, sich (noch weiter) entfalten zu können? Was tue ich, um die allgemeine Entwicklung bei mir und anderen zu unterstützen? Welche strukturellen Merkmale erkenne ich an mir selbst oder erfahre ich durch die Rückmeldungen anderer Menschen? Wie sind meine Beziehungen „strukturiert", und mit welchen äußeren Strukturen habe ich es in der Welt um mich herum zu tun?

Entwicklungslinien: Ich bin in einigen Dingen gut, in anderen Dingen jedoch nicht so gut...

Während Entwicklungsstufen wie präkonventionell, konventionell und transkonventionell eine sehr allgemeine Richtung vorgeben, können wir mit der Betrachtung spezieller Entwicklungslinien der Ungleichartigkeit von Entwicklung Rechnung tragen.

„Ist Ihnen schon einmal aufgefallen, wie ungleichmäßig praktisch jeder von uns entwickelt ist? Einige Menschen sind weit entwickelt in, sagen wir, logischem Denken, aber nur sehr wenig entwickelt in ihren Gefühlen und Emotionen. Einige sind sehr fortgeschritten in ihrer kognitiven Entwicklung (sie sind schlau), doch moralisch unterentwickelt (sie sind gemein und rücksichtslos). Wieder andere zeichnen sich durch eine hohe emotionale Intelligenz aus, können jedoch 2 und 2 nicht zusammenzählen. Howard Gardner machte dieses Konzept allgemein bekannt durch die Vorstellung *multipler Intelligenzen*. Uns Menschen stehen eine Vielzahl von Intelligenzen zur Verfügung wie emotionale Intelligenz, musische Intelligenz, kinästhetische Intelligenz und so weiter. Die meisten Menschen sind hervorragend in einer oder zwei davon, bei den übrigen jedoch nur wenig entwickelt. Dies ist nicht notwendigerweise oder auch nur üblicherweise etwas Schlechtes; ein Teil einer integralen Weisheit besteht

darin herauszufinden, wo die eigenen Stärken liegen, und in welchen Bereichen man der Welt die größten Geschenke machen kann.
Dies bedeutet, dass wir uns sowohl unserer Stärken (der Intelligenzen, in denen wir hervorragend sind) als auch unserer Schwächen (wo wir weniger gut oder sogar pathologisch sind) bewusst sein sollten.

Verschiedene multiple Intelligenzen sind beispielsweise: kognitiv, interpersonell, moralisch, emotional und ästhetisch. Warum nennen wir sie auch *Entwicklungslinien*? Weil diese Linien bzw. Fähigkeiten wachsen und sich entwickeln. Sie entfalten sich progressiv und stufenweise. Und was sind diese progressiven Stufen? Es sind die Stufen, die wir gerade [als Entwicklungsebenen] beschrieben haben. Jeder der multiplen Intelligenzen kann sich – mit anderen Worten – durch die drei Hauptstufen entwickeln (oder durch jede der Stufen eines der Entwicklungsmodelle, ob mit drei Stufen, fünf Stufen, sieben oder mehr Stufen). So kann man beispielsweise kognitiv zur Stufe 1, 2, oder 3 entwickelt sein.
Ähnliches gilt für die anderen Intelligenzen. Eine emotionale Entwicklung in der Stufe 1 bedeutet, dass man die Fähigkeit für Emotionen, die sich um „mich" drehen, entwickelt hat, speziell Emotionen und Antriebe von Hunger, Überleben und Selbstschutz.
Entwickelt man sich emotionell weiter von Stufe 1 zu Stufe 2 – von egozentrisch zu ethnozentrisch – dann erweitert sich das Empfinden von „mich" auf „uns", und man beginnt, emotionale Verpflichtungen und Zuneigungen zu geliebten Menschen zu entwickeln, Mitgliedern der eigene Familie, nahen Freunden, vielleicht auch zur Sippe oder der ganzen Nation. Schreitet die Entwicklung voran zu den Emotionen der Stufe 3, dann wird man weitere Fähigkeiten für Fürsorge und Mitgefühl entwickeln, die über die eigene Sippe oder Nation hinausgehen, in dem Versuch, alle Menschen und schließlich alle empfindenden Wesen in weltzentrischer Fürsorge und universellem Mitgefühl zu umfassen. Und weil dies – wir erinnern uns – Stufen sind, stehen sie einem fortwährend zur Verfügung. Wenn dem nicht so ist, dann handelt es sich bei diesen Fähigkeiten lediglich um vorübergehende Zustände; man bekommt dann nur vorübergehenden Zugang zu ihnen, wenn überhaupt: gewaltige Gipfelerfahrungen eines sich erweiternden Wissens und Seins, wundersame Aha!-Erlebnisse, tiefgehende, veränderte Einblicke in die eigenen, höheren Möglichkeiten. Mit einer entsprechenden Praxis jedoch können diese Zustände in Stufen umgewandelt werden, in permanente Eigenschaften der eigenen inneren Bereiche."

Übung: Wie bin ich in welchem Lebensbereich (emotional, kognitiv, interpersonell, körperlich) entwickelt, und was tue ich für meine Entwicklung und die Entwicklung anderer?

- kognitiv (lesen, lernen, auf dem Laufenden sein, unterschiedliche Standpunkte einnehmen können, Perspektivwechsel vollziehen).
- emotional (sich in andere einfühlen, innerliches sich ausdrücken z. B. in einem Tagebuch, Mitgefühlspraxis und die gefühlte Teilnahme an der Freude und am Leid anderer Menschen und Wesen)
- interpersonell (wie „pflege“ ich die Beziehungen zu Menschen die wichtig sind in meinem Leben?)
- ethisch (Werteübung: was ist mir wichtig, was tue ich Gutes, wie lebe ich die Balance zwischen Gnade und Recht?)
- physisch (Körper, Ernährung, Bewegung)
- spirituell (worum geht es in meinem Leben, für mich und die Welt?)

Übung: Die folgende Übung kann alleine (mit Aufschreiben) oder auch zu zweit (im Dialog) gemacht werden. Dabei geht es um die „Befragung“ und das sich bewusst machen einzelner Entwicklungslinien[10].

Linie	*Lebensfrage*	*typische(r)Forscher*
Kognitiv	Was nehme ich wahr? Wessen bin ich gewahr?	Piaget, Kegan
Selbst	Wer bin ich?	Loevinger
Werte	Was ist wichtig für mich?	Graves, Spiral Dynamics
Moral	Was sollte ich tun (unterlassen)?	Kohlberg
Interpersonell	Wie wollen wir interagieren?	Selman, Perry
Spirituell	Was ist für mich von ultimativer Bedeutung?	Fowler
Bedürfnisse	Was brauche ich?	Maslow
Kinästhetisch	Wie soll ich etwas physisch tun?	Gardner
Emotional	Was fühle ich dabei?	Goleman
Ästhetisch	Was finde ich anziehend?	Houseman

10 Aus: Ken Wilber, *Integral Spirituality*, p. 60.

Welcher Typ: Junge oder Mädchen?

Typologien sind ein Ausdruck der Erfahrung, dass sich Unterschiedliches unter einem Oberbegriff zusammenfassen lässt. Sie spielen eine große Rolle beim Ordnen und Einteilen der Unterschiedlichkeit der Phänomene. Die Vielzahl der Modelle ist unüberschaubar, von astrologischen Typologien über Elemente-Typen und Temperamenten und Physiognomien bis zu grundlegenden Klassifizierungen wie ying/yang und männlich/weiblich. Sie alle finden ihren Platz im integralen Modell.

> „Die folgende Komponente ist einfach: Jede der vorangegangenen Komponenten hat einen maskulinen und femininen Typ. Hier gibt es zwei Grundideen: Eine hat mit der Vorstellung von *Typen* allgemein zu tun und die zweite betrachtet männlich und weiblich als Beispiele für Typen. *Typologien* beziehen sich auf etwas, was auf praktisch jeder Stufe oder in jedem Zustand gegenwärtig ist. Eine verbreitete Typologie ist beispielsweise die von Myers-Briggs (deren Haupttypen Fühlen, Denken, Spüren und Intuieren sind). Jeder dieser Typen kann auf praktisch jeder Entwicklungsstufe auftreten. Diese Art „horizontaler Typologien" kann sehr nützlich sein, speziell in der Verbindung mit Ebenen, Linien und Zuständen. Um zu zeigen, worum es geht, betrachten wir „maskulin" und „feminin".
>
> Carol Gilligan hat in ihrem sehr einflussreichen Buch *In a Different Voice*[11] darauf hingewiesen, dass Männer wie Frauen dazu tendieren, sich durch 3 oder 4 Hauptebenen oder Stufen der Moral hindurch zu entwickeln. Gestützt auf umfangreiches Forschungsmaterial bemerkt Gilligan, dass man diese 3 oder 4 moralischen Entwicklungsstufen mit *präkonventionell, konventionell, postkonventionell* und *integriert* bezeichnen kann. Dies ist sehr ähnlich den 3 einfachen Entwicklungsstufen, die wir verwenden, wobei sie in diesem Fall auf die moralische Intelligenz bzw. Kompetenz angewendet werden.
>
> Bevor wir die bedeutenden Schlussfolgerungen von Gilligans Arbeit betrachten, halten wir zuerst ihren wesentlichen Beitrag fest. Gilligan war der festen Überzeugung, dass Frauen wie Männer sich durch diese 3 oder 4 großen hierarchischen Stufen hindurch entwickeln bzw. entwickeln können. Gilligan selbst bezeichnet diese Stufen richtigerweise als

11 Deutsch: Carol Gilligan: *Die andere Stimme. Lebenskonflikte und Moral der Frau*, 1985 (Piper Verlag), 1996 (dtv).

hierarchisch, weil jede dieser Stufen eine *höhere* Fähigkeit zu Fürsorge und Mitgefühl hat. Sie sagte jedoch auch, dass Frauen sich durch diese Stufen mit einer anderen Art von Logik entwickeln – sie entwickeln sich „mit einer anderen Stimme".

Männliche Logik, (die männliche Stimme) tendiert zu Begriffen von Autonomie, Gerechtigkeit und Rechten; wohingegen die weibliche Logik oder Stimme die Tendenz und Begrifflichkeit von Beziehung, Fürsorge und Verantwortung hat. Männer tendieren zu Agenz, Frauen tendieren zu Kommunion. Männer folgen Regeln, Frauen folgen Verbindungen. Männer schauen, Frauen berühren. Männer tendieren zum Individualismus, Frauen zu Beziehungen.

Eine der Lieblingsgeschichten von Gilligan: Ein kleiner Junge und ein kleines Mädchen spielen zusammen. Der Junge sagt, ‚Lass uns Piraten spielen!' Das Mädchen sagt, ‚Lass uns Nachbarn spielen.' Junge: ‚Nein, ich möchte Piraten spielen!' ‚Okay, dann spielst du den Piraten, der in der Nachbarschaft wohnt.'

Jungen mögen es nicht, wenn Mädchen dabei sind und sie Spiele wie Baseball spielen, weil die beiden unterschiedlichen Stimmen dabei heftig und oft urkomisch aneinander geraten. Einige Jungen spielen Baseball, ein Junge verfehlt mit dem Schläger den Ball zum dritten Mal, ist aus dem Spiel und beginnt zu weinen. Die anderen Jungen rührt das nicht, sie stehen unbewegt daneben, bis er mit dem Weinen aufhört; eine Regel ist nun mal eine Regel, und die Regel lautet: Drei Schläge und du bist draußen. Gilligan weist darauf hin, dass, wenn Mädchen dabei sind, diese oft sagen: „Was soll's, lasst es ihn noch einmal versuchen!" Das Mädchen sieht ihn weinen und möchte helfen, sich mit ihm verbinden und heilen. Das bringt jedoch die Jungen auf die Palme, für sie ist dieses Spiel eine Initiation in die Welt der Regeln und der männlichen Logik. Gilligan sagt, dass die Jungen daher Gefühle verletzen, um die Regeln zu retten, wohingegen Mädchen die Regeln brechen, um die Gefühle zu retten.

Wichtig dabei ist, dass wann immer das Integrale zur Anwendung kommt, jede Situation automatisch überprüft wird – in einem selbst, in anderen, in einer Organisation, in einer Kultur – und so sichergestellt wird, dass sowohl der männliche als auch der weibliche Typus so umfassend wie möglich berücksichtigt werden. Ist man der Meinung, dass zwischen Männlich und Weiblich kein wesentlicher Unterschied besteht – oder ist man von diesen Unterschieden nicht überzeugt – dann ist auch das in Ordnung, und man kann beide gleich behandeln, wenn man

das möchte. Was wir lediglich sagen, ist, dass man in jedem Fall auf das Männliche wie auch auf das Weibliche Bezug nehmen sollte, wie auch immer man sie betrachten mag.
Darüber hinaus gibt es zahlreiche andere „horizontale Typologien", die als Teil einer umfassenden integralen Betrachtung sehr hilfreich sein können, und der integrale Ansatz greift gegebenenfalls auf alle diese Typologien zurück. ‚Typen' sind ebenso bedeutend wie Quadranten, Ebenen, Linien und Zustände."

Übung: Welche Typologien mit welchen Merkmalsausprägungen spielen in meinem (Er)leben eine Rolle, und wie integriere ich sie? Inwieweit erkenne und lebe ich beispielsweise meine weiblichen und männlichen Aspekte? Welche typologischen Vorstellungen habe ich, und wie ordne und klassifiziere ich damit mein Erleben?

Quadranten/Perspektiven

Nach der Beschreibung der Bewusstseinszustände, der Entwicklungsebenen und Entwicklungslinien sowie der Typologien fehlt uns jetzt noch das, was Wilber mit *Quadranten* oder *Perspektiven* bezeichnet.

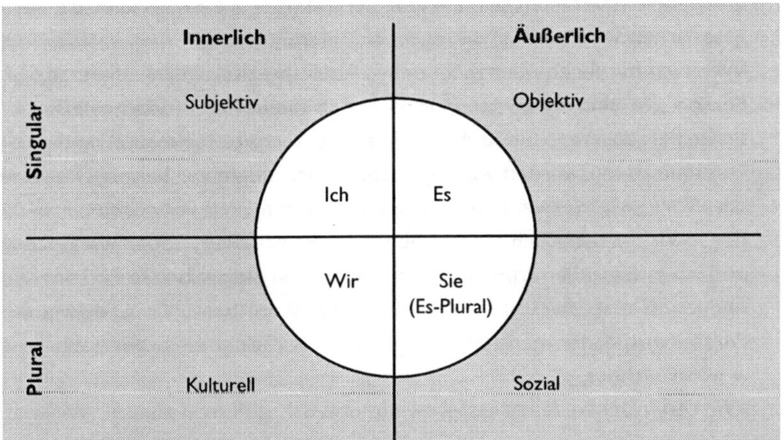

Abb. 1 Das Modell der 4 Quadranten[12]

12 aus: *what is enlightenment,* Ausgabe 19 Frühjahr 2006 S. 35

„Das Fundament von Ken Wilbers integraler Philosophie ist die Erkenntnis, dass jedes Geschehen, jedes fühlende Wesen oder Objekt im [beseelten] Kosmos aus mindestens vier grundlegenden Perspektiven, entsprechend der *inneren* und der *äußeren* sowie der *individuellen* und der *kollektiven* Sichtweise betrachtet werden kann. In der oberen Hälfte des 4-Quadranten-Modells repräsentiert der obere linke Quadrant die innere Sichtweise eines Individuums (als „Ich" oder subjektives Bewusstsein), der obere rechte Quadrant repräsentiert die äußere Sicht auf ein Individuum (als ein „Es" oder eine objektive Betrachtung). In der unteren Hälfte repräsentiert der untere linke Quadrant die innere Sichtweise eines Kollektivs (als ein „Wir" oder eine intersubjektive Kultur), der untere rechte Quadrant repräsentiert die Sicht von außen auf ein Kollektiv (als „Sie" oder eine interobjektive Gesellschaft). Dabei handelt es sich immer um vier unterschiedliche Betrachtungsweisen *eines einzigen Ereignisses.* Wilber glaubt, dass alle vier Dimensionen dieser Matrix essenzielle Komponenten jedes wirklich integralen Ansatzes sind"[13].

> „Ist Ihnen schon einmal aufgefallen, dass die Hauptsprachen Pronomen der ersten, zweiten und dritten Person haben? Pronomen der *ersten Person* beziehen sich auf „die Person, die spricht", und das beinhaltet Pronomen wie *ich, mir, mein* (im Singular), und *wir, uns, unser* (im Plural). Pronomen der *zweiten Person* beziehen sich auf „die Person, zu der gesprochen wird", und das sind Pronomen wie *du* und *ihr.* Pronomen der *dritten Person* beziehen sich auf „die Person oder die Sache, über die gesprochen wird", also *er, sie, es, ihr, sie* [Plural], *ihnen.*
> Wenn ich mit Ihnen über mein neues Auto spreche, bin ‚ich' die erste Person, ‚Sie' sind die zweite Person und das neue Auto (oder ‚es') ist dritte Person. Wenn Sie und ich uns also unterhalten und miteinander kommunizieren, werden wir das ausdrücken, in dem wir beispielsweise das Wort „wir" verwenden, und vielleicht sagen: ‚Wir verstehen einander'. ‚Wir' ist technisch gesprochen erste Person Plural, doch wenn Sie und ich miteinander kommunizieren, dann sind Sie als zweite Person und ich als erste Person Teil dieses außerordentlichen ‚Wir'. Die zweite Person wird daher manchmal auch mit ‚du/wir' oder einfach nur mit ‚wir' bezeichnet.
> Wir vereinfachen daher erste, zweite und dritte Person zu ‚*Ich*', ‚*Wir*' und ‚*Es*'.[14]

---

13 aus: *what is enlightenment,* Ausgabe 21 Herbst 2006 S. 36.

14 Dieses „Es" fasst die beiden äußeren Quadraten, deren Wahrnehmungsobjekte einen „einfachen Ort" haben, zusammen. Wilber spricht dann von den Grossen Drei": subjektiv, intersubjektiv, objektiv.

Das scheint trivial zu sein, oder? Vielleicht sogar langweilig? Machen wir einen Versuch. Anstatt ‚wir', ‚es' und ‚ich' zu sagen – wie wäre es mit das *Gute*, das *Wahre* und das *Schöne*? Und was wäre, wenn wir sagen würden, dass das Gute, das Wahre und das Schöne Dimensionen ihres eigenen Seins wären, und zwar auf jeder Ebene des Wachstums und der Entwicklung? Und dass man durch eine integral transformative Praxis tiefere und immer tiefere Dimensionen der eigenen Gutheit, der eigenen Wahrheit und der eigenen Schönheit entdecken könnte?
Das Gute, das Wahre und das Schöne sind einfach eine Variation der Pronomen der ersten, zweiten und dritten Person, die sich in allen Hauptsprachen wieder finden, und sie finden sich deshalb in allen Hautsprachen, weil Wahrheit, Gutheit und Schönheit sehr reale Dimensionen der Wirklichkeit sind, an die sich die Sprache angepasst hat. Dritte Person (oder ‚es') bezieht sich auf objektive Wahrheit, welche durch die Wissenschaft am besten untersucht wird. Zweite Person (oder ‚du') bezieht sich auf Gutheit, bzw. die Wege, wie wir – Sie und ich – miteinander umgehen, und ob wir das auf eine anständige, ehrliche und respektvolle Weise tun. Es geht – mit anderen Worten – um Moral. Und die erste Person beschäftigt sich mit dem ‚ich', mit dem Selbst und dem Selbstausdruck, mit Kunst und Ästhetik, und der Schönheit (oder dem ‚ich') im Auge des Betrachters.
Die ‚Ich-„ ‚Wir-, und ‚Es-, Dimensionen der Erfahrung beziehen sich also auf: *Kunst*, *Moral* und *Wissenschaft*. Oder auf *Selbst*, *Kultur* und *Natur*. Oder auf das *Schöne*, das *Gute* und das *Wahre*.

Worum es geht: Jedes Ereignis in der manifesten Welt hat alle diese drei Dimensionen. Man kann jedes Ereignis sehen vom Standpunkt des ‚Ich' (wie ich persönlich das Ereignis sehe und erlebe), vom Standpunkt des ‚Wir' (nicht nur wie ich, sondern auch wie andere das Ereignis sehen), und als ein ‚Es' (die objektiven Gegebenheiten des Ereignisses). Ein integral informierter Weg wird alle diese Dimensionen berücksichtigen und so zu umfassenderen und effektiveren Ansätzen gelangen – bezüglich des ‚Ich', des ‚Wir' und des ‚Es' – bzw. in Selbst, Kultur und Natur.
Lässt man die Wissenschaft weg, oder die Kunst, oder die Moral, dann wird etwas fehlen und das Ganze fragmentarisch bleiben. Selbst, Kultur und Natur werden gemeinsam befreit oder überhaupt nicht. Diese Dimensionen des ‚Ich', des ‚Wir' und des ‚Es' sind so grundlegend, dass wir sie die vier Quadranten nennen, und sie zur Basis des integralen Rahmenwerkes machen. (Wir gelangen zu vier Quadranten indem wir

das ‚es' unterteilen in ‚es'-Singular und ‚es'-Plural[15], wie wir noch sehen werden.)

Im oberen linken Quadranten beispielsweise (dem Inneren des Individuums), findet man die eigenen unmittelbaren Gedanken, Gefühle, Wahrnehmungen und so weiter (die alle in Begriffen der ersten Person beschrieben werden). Betrachtet man jedoch sein eigenes individuelles Sein von außen, nicht in den Begriffen subjektiver Bewusstheit, sondern in denen objektiver Wissenschaft, dann findet man Neurotransmitter, ein limbisches System, den Neokortex, komplexe molekulare Strukturen, Zellen, Organsysteme, DNA, und so weiter – und sie alle werden in objektiven Begriffen der dritten Person beschrieben. Der obere rechte Quadrant betrachtet daher die Außenseite eines jeden Ereignisses. Dies schließt speziell das physische Verhalten mit ein, seine materiellen Komponenten, die Materie und Energie und den konkreten Körper – weil man sich auf all das in einer objektive Weise einer *dritten Person* beziehen kann.
Das ist die Weise, wie Ihr Organismus von außen betrachtet aussieht, von einem objektiven Standpunkt aus, bestehend aus Materie, Energie und Objekten, wohingegen man von innen her betrachtet keine Neurotransmitter, sondern Gefühle findet, kein limbisches System, sondern intensives Verlangen, keinen Neokortex, sondern innere Visionen, keine Materie-Energie, sondern Bewusstheit, und das alles beschrieben in der Unmittelbarkeit einer *ersten Person*. Welche dieser Ansichten ist richtig? Nach dem integralen Ansatz beide. Es sind zwei unterschiedliche Ansichten auf das gleiche Ereignis, und zwar aus Ihrer Sicht. Die Probleme beginnen, wenn man versucht, eine dieser Perspektiven zu verleugnen oder zu vernachlässigen. Alle vier Quadranten müssen in einer jeden integralen Sichtweise aufgenommen werden.
Es gibt weitere Zusammenhänge. Machen wir uns klar, dass jedes „Ich" in einer Beziehung mit anderen ‚Ichs' ist, was bedeutet, dass jedes ‚Ich' ein Mitglied zahlreicher ‚Wir' ist. Diese ‚Wir' repräsentieren nicht *individuelles* sondern *kollektives* (oder *Gruppen-)* Bewusstsein, nicht subjektive sondern intersubjektive Bewusstheit bzw. *Kultur* im weitesten Sinn. Dies wird im unteren linken Quadranten aufgeführt. Analog hat jedes „Wir" eine Äußerlichkeit, so wie es von außen betrachtet erscheint, und dies ist der untere rechte Quadrant. Das untere Linke wird oft auch die

15 Wilber verwendet hierfür die Begriffe „it" bzw. „its" (als „Plural-Es"). Wir verwenden in den Grafiken für das Plural-es auch den Begriff „sie".

kulturelle Dimension genannt (bzw. die innere Bewusstheit einer Gruppe – ihre Weltsicht, ihre gemeinschaftlich geteilten Werte, geteilte Gefühle und so weiter), und das untere Rechte die *soziale* Dimension (bzw. die äußeren Formen und das Verhalten der Gruppe, welche von den Wissenschaften der dritten Person wie Systemtheorie studiert werden). Noch einmal: Die Quadranten sind einfach nur das *Innere* und das *Äußere* des *Individuellen* und des *Kollektiven*, und worum es geht ist, dass alle vier Quadranten mit aufgenommen werden müssen, wenn man so integral wie möglich sein will."

Übung: Wie *fühlt* es sich an ein „Ich" zu sein? Denke dir ein paar Sätze mit „ich" und erlebe, wie sich das anfühlt. Wie fühlen sich Ich-Gedanken an? Fühle den Ich-Raum innerhalb deines Bewusstseinsraumes. Was sind die Inhalte deines individuellen Bewusstseins, wie kannst du sie entdecken, wie ist ihre Dynamik, und wo gibt es Symptome, also Inhalte die tiefer liegende Inhalte verbergen? Wie gut kennst du dich in deinem Ich-Raum aus, und wie lebst du in ihm und mit ihm? Wie gehst du mit schwierigen Emotionen wie Angst, Gier, Neid, Hass, Ärger, Wut, Unversöhnlichkeit, Eifersucht um? Wie drückst du dein individuelles und einzigartiges In-der-Welt sein aus, in Gedanken, in der Sprache, in deinen Handlungen, in Arbeit und Kunst, Beziehungen und Sexualität?

Wie *fühlt* es sich an, in Beziehung zu anderen Menschen und Lebewesen zu leben, wie entwickelst, lebst und gestaltest du deine Beziehungen (Freundschaften, Feindschaften, berufliche und private Beziehungen, Familie, Nation). Denke dir ein paar Sätze mit „du/wir" darin, und erleben wie sich das anfühlt. Wie fühlen sich Wir-Gedanken an? Fühle den Wir-Raum innerhalb deines Bewusstseinsraumes. Wie geht es dir als Mitglied von Gemeinschaften, was bringst du zum Ausdruck, wenn du Pronomen wie „wir" und „uns" verwendest? Wie ist deine kulturelle Bezugnahme?

Wie stehst du zu den objektiven Dingen und Gegebenheiten des Lebens, und wie *fühlt* es sich für dich an, in einer Welt von Dingen und Gegebenheiten zu leben? Kannst du Abstand nehmen von dir, anderen Menschen und Ereignissen, und was bringst du zum Ausdruck wenn du Pronomina wie „es" oder „sie" (Plural) verwendest? Wie fühlt sich der Es-Raum innerhalb deines Bewusstseins an? Wie gehst du mit den Dingen des Lebens um, als ein ökologisches Verhalten im weitesten Sinn?

„Wie passt das alles zusammen?“

Skizzieren wir jetzt noch, wie diese fünf beschriebenen AQAL-Elemente zusammengehören und miteinander in Verbindung stehen.

Beginnend mit den Haupt*perspektiven* nehmen wir – in jedem Augenblick – die unterschiedlichen Erfahrungsräume wahr: subjektiv, intersubjektiv und objektiv. Ich erlebe meine Gedanken, Gefühle und Körperempfindungen; ich kann mir einen anderen Menschen aus meinem Leben vorstellen und in die Wir-Dimension dieser Beziehung hineinspüren; ich kann die äußere Welt um mich herum betrachten. All dies ist in einem Prozess laufender *Zustandsänderungen*. Gleichzeitig hat vieles von dem was ich sehe und fühle eine sehr lange Entwicklungsgeschichte: meine eigene Psychodynamik, die innere Dynamik meiner Beziehungen, und die materielle Welt um mich herum, als das Ergebnis einer seit Jahrmilliarden andauernden Evolution. Dies ist der Entwicklungsaspekt von gewachsenen Strukturen und Mustern, den *Ebenen* und *Linien*. Schließlich kann ich meine Aufmerksamkeit auf die unterschiedlichsten *Typologien* lenken – in mir und außerhalb von mir, männlich/weiblich, oder introvertiert/extrovertiert, oder aktiv/passiv usw., als unterschiedliche Ausprägungen, Muster, „Stimmen“ oder einfach Möglichkeiten, mit denen ich durchs Leben gehe, in einem Tanz sich ergänzender Komplementaritäten.

Der integrale Ansatz in Stichworten:

Aus einer Menge möglicher Ordnungsmöglichkeiten für die Vielzahl der Erscheinungen *eines* Augenblicks schlägt Wilber 5 Hauptmerkmale vor: Quadranten, Ebenen, Linien, Zustände und Typen.

Quadranten tragen der Tatsache Rechnung, dass wir uns selbst und unsere Welt perspektivisch wahrnehmen, was in den Sprachen der Welt in den Pronomen seinen Niederschlag gefunden hat. Diese lassen sich z. B. in drei große Gruppen zusammenfassen: 1. Person: subjektiv (ich, mir, mein usw.). 2. Person: intersubjektiv (du, wir, unser usw.) 3. Person: objektiv (er, sie, es, sie-plural usw.)

Ebenen und Linien berücksichtigen, dass sich vieles im Universum in Entwicklung befindet.

Zustände sind jeweils vorübergehende Erfahrungsbereiche, von den wechselnden individuellen phänomenologischen Zuständen wie Freude, Trauer, Angst, Glück, Trägheit usw. bis zu den großen Zustandsbereichen des Wachens, Träumens und des traumlosen Tiefschlafes, die wir alle 24 Stunden durchlaufen.

Typen oder Typologien sind unterschiedliche Erscheinungs- oder Ausprägunsformen wie z. B. männlich und weiblich. Andere Beispiele wären ying und yang, solar und lunar, die vier Elemente, das Enneagramm, die Typen der Astrologie usw.

Diese 5 Merkmale – als ein Abbild der Struktur des Universums in jedem Augenblick – stehen nicht nebeneinander, sondern wirken miteinander. Das Männliche und das Weibliche z. B. in jedem Menschen entwickelt sich, betrachtet perspektivisch sich selbst und die Welt, und durchläuft permanent unterschiedliche Zustände.

3. Wie wir wurden was wir sind

(eine sehr kurze Geschichte des Kosmos, sehr frei nach Ken Wilber)

Diese Geschichte beginnt mit dem Mysterium, dass es überhaupt etwas gibt, und nicht einfach nur „Nichts“. Am Anfang vor aller Zeit war nur GEIST, das Unbeschreibbare, Unsagbare, das EINE und Unteilbare, das Form-, Inhalts- und Namenlose (dem nichtsdestotrotz unzählige Namen gegeben wurden). Er/Sie/Es verliert sich in einem Spiel und bleibt dabei doch immer vollständig anwesend, ein Versteckspiel das – wenn man wie wir mittendrin steckt, oft so gar nichts Spielerisches zu haben scheint – sich selbst in der Vielzahl der Erscheinungsformen vergessend, um sich darin wieder zu finden – einfach so, vielleicht weil es Gott „keinen Spaß macht, alleine zu essen“.
Am Beginn dieses Spiels steht eine Bewegung vom Höheren zum Niederen, eine Involution, die stufenweise Herabbewegung – GEIST zu *Seele* zu *Geist*[16] zu biologischem Körper zu Materie –, bei der GEIST sich immer mehr vergisst, dabei gleichzeitig jedoch sicherheitshalber ein paar Spielregeln festlegt, damit der Rückweg gefunden werden kann. Diese involutionären Festlegungen[17] sind z. B.

- Eros, das liebevolle Streben des Niederen zum Höheren, der Hunger nach dem transzendenten Gott;
- Agape, das liebevolle Umfangen des Niederen durch das Höhere, nichts und niemanden ausschließend, die Liebe zur immanenten Göttin;
- bestimmte prototypische Urformen (wie z. B. allgemeine Gesetzmäßigkeiten wie sie durch die Mathematik beschrieben werden).

All dies zusammen setzt einen ersten, sehr offenen Rahmen für den Rückweg, der mit dem Urknall, dem Beginn der Evolution am Punkt der größten Entfremdung vom Ursprung, beginnt. Diese *involutionären* Rahmenbedingungen setzen die Regeln nach denen der Urknall und alles Nachfolgende abläuft und bleiben auch darüber hinaus in Kraft. Was jetzt im Verlaufe der Evolution hinzukommt, sind die sich nun bildenden *evolutionären* Rahmenbedingungen bzw. Gewohnheiten. Aus der unendlichen Fülle kreativer Möglichkeiten entstehen erste Formen und Strukturen, welche wiederum ihr

16 „Seele" in diesem Wilber'schen Kontext bedeutet hier das, was in den europäischen Philosophie traditionell mit individuellem Geist gemeint ist, während „Geist“ in der aristotelisch-thomistischen Tradition wohl eher mit „Seele“ wiedergegeben werden würde.

17 Wilber spricht von „involutionary givens“, siehe dazu auch excerpt A, Fussnote 26 „On the Nature of Involutionary Givens“.

Wiederauftreten wahrscheinlicher machen als anderes, zuerst ebenso Mögliches. Die Auswahlmöglichkeiten verringern sich sukzessive (Sheldrakes Idee der morphogenetischen Vererbung). Aufbauend auf den ersten entstehen immer weitere Strukturen, bis auf den heutigen Tag. Dies gilt sowohl für die individuelle und die kollektive, als auch für die innere und äußere Entwicklung. Im Laufe von Jahrmilliarden entstehen so „grooves" (Rillen) von kosmischen (evolutionären) Gewohnheiten, die jeweils aufeinander aufbauend die Rahmenbedingungen für alle weitere Entwicklung bilden. Materielle und geistige Strukturen – vom Periodensystem der Elemente über die Blattanordnungen von Pflanzen um einen Stängel bis zu individuellen und kollektiven geistig/psychologischen Strukturen und Mustern, unsere Geschichte und unsere Geschichten, die – zumeist unbewusst – unser Leben formen und haltend mit-bestimmen.

Doch das ist nur die gewissermaßen gewohnheitsmäßige Seite. Gleichzeitig wird jeder Augenblick des Kosmos auch von Kreativität bestimmt, der schöpferischen Möglichkeit, aufbauend auf den ererbten Gegebenheiten etwas völlig Neues, bisher noch nie Dagewesenes zu schaffen. Gewohnheit („Karma") und Kreativität verbinden sich jeden Augenblick zu etwas Einzigartigem im Universum, überall und zu jeder Zeit, auch jetzt in uns und um uns herum. Gott ist ebenso erzkonservativ (es gibt uralte, „quicklebendige", Gewohnheiten wie beispielsweise die Schwerkraft oder den Wasserstoff, oder das Muster von Verdrängung und Projektion als Teil menschlicher Psychodynamik) wie auch radikal revolutionär: vor 15 Milliarden Jahren nur Staub, und jetzt sind wir hier und unterhalten uns...

Über diese beschreibende Annäherung (einer Theorie der dritten Person) an das Mysterium des Nicht-Nichtseins hinaus können wir uns diesem Geheimnis auch in der zweiten Person (dem Du) nähern, im Staunen über unsere Beziehungen und unser Miteinandersein und deren strukturell/kreative Entwicklung, und auch in einer ersten Person, einem Ich, in uns selbst und unserer individuellen Psychodynamik, welche ebenso ein Ausdruck dieses wunderbaren Zusammenspiels einer ununterbrochenen Entwicklung immer neuer Gegebenheiten *und* eines schöpferischen Neuanfangs in jedem Augenblick ist. Die gesamte Geschichte des Universums ist in diesem und jedem Augenblick in uns, und wir reichen sie an den nächsten Augenblick weiter, zusammen mit einem kreativ neuen Impuls, welcher dann – im nächsten Augenblick – schon wieder eine strukturgebende Gewohnheit ist, auf deren Basis wiederum Neues entstehen kann.

Und hier sind wir, du und ich und alle anderen Wesen, uns wechselseitig von unterschiedlichen Entwicklungsniveaus aus perspektivisch betrachtend, in einem unendlichen Spiegelkabinett gegenseitiger Wahrnehmungen, von innen und von außen; Betrachtungen die sich in der Leere und unermesslichen Geräumigkeit unserer EINEN eigenschaftslosen Ursprünglichkeit ereignen, welche uns lächelnd daran erinnert, dass wir es waren, die dieses Spiel begonnen haben – ein in jedem Augenblick vollendetes und damit auch beendetes Spiel. Ist das nicht erstaunlich? Ist das nicht *wirklich erstaunlich*?

4. Integrale Philosophie

Wo ist eigentlich Bewusstsein?

Bewusstheit und Bewusstsein: vorausgesetzt so etwas existiert überhaupt, wo ist es dann lokalisiert, und wie kam es in die Welt? War es immer schon vorhanden, wie die spirituellen Traditionen behaupten, oder erschien es erst mit dem Menschen und seinem „Bewusstseinsapparat“, dem Gehirn?
Sie, ich und alle anderen sind auf die eine oder andere Art bewusst. Wenn wir uns nach innen wenden, dann gibt es ein unbezweifelbares Ich-Erleben, ein „Ich-bin“, aber offenbar gibt es auch gewaltige Unterschiede im Erleben dieses „Ich bin“ zwischen Menschen und Wesen überhaupt – wie lässt sich das erklären? Versteckt sich – gewissermaßen – das Bewusstsein in den Innenräumen von Menschen (und anderen Wesen), oder findet man es auch anderswo?

Wenn wir uns selbst und andere beim Sprechen beobachten, dann fällt auf, dass wir Begrifflichkeiten, die mit Bewusstsein bzw. Intelligenz im weitesten Sinn zusammenhängen für vieles verwenden, was außerhalb von uns, lange vor unserer Zeit, und überall im Universum geschah und geschieht. Der gerichteten, evolutionären Bewegung insgesamt scheint irgendeine Art von Intelligenz zugrunde zu liegen. Viele Beispiele von pflanzlichem und tierischem Verhalten nötigen uns – wegen der offenbaren Intelligenz, die diesem Verhalten zugrunde liegt – großen Respekt ab[18] (auch wenn die Wesen, die sich so verhalten, sich dieser Intelligenz nicht bewusst sind). „Leistungen“ von „niederen“ Lebewesen wie z. B. die Photosynthese der Pflanzen, mit der Anorganisches in Organisches verwandelt wird, können von uns „bewussten“ Menschen nur mit großem Aufwand gedanklich nachvollzogen werden, und von einer adäquaten Reproduktion mit unseren technischen Mitteln sind wir noch weit entfernt. Wie betrachten staunend mathematische Strukturen und „Naturgesetzlichkeiten“, Strukturen, die vielleicht älter sind als das materielle Universum, weil sie Regeln beschreiben, die Voraussetzung dafür waren, dass das materielle Universum – bei allem notwendigen Chaos am Anfang – auch das ausreichende Maß an Ordnung haben konnte, um ins Sein treten zu können.

18 Um nur ein Beispiel zu nennen: Mimikry, die Kunst der Nachahmung, Täuschung und Tarnung im Tier- und Pflanzenreich, wo z. B. nicht wehrhafte Tiere wie Raupen sich durch Körpergestalt und Färbung ein äußerlich abschreckendes Erscheinungsbild „geben“.

Ganz offenbar ist Bewusstheit in allen ihren Erscheinungsformen sehr viel älter als der Mensch, auch wenn wir als Menschen das Privileg (und damit auch eine entsprechende Verantwortung) auf diesem Planten haben, Bewusstsein sich seiner selbst bewusst werdend zu sehen, zu erleben und mit zu gestalten, und dieser Bewusstwerdung im eigenen Leben Ausdruck verleihen zu können – aber was genau könnte das bedeuten?

Unter Zuhilfenahme der vier Quadranten (als vier Hauptperspektiven des in-der-Welt-seins) erläutert Wilber dazu[19]:

> „Es sieht so aus, dass Bewusstsein sich über alle vier Quadranten verteilt, mit all ihren verschiedenen Ebenen und Dimensionen. Es gibt nicht den einen Quadranten (und ganz sicher auch nicht die eine Ebene) auf den wir zeigen können und sagen: Dort befindet sich das Bewusstsein. Bewusstsein ist auf diese Art nicht lokalisierbar.
>
> Daher besteht der erste Schritt hin zu einer echten Theorie des Bewusstseins in der Erkenntnis, dass Bewusstsein nicht im Organismus lokalisiert ist. Bewusstsein ist eine Sache aller vier Quadranten, und existiert, falls es überhaupt existiert, über alle Quadranten verteilt, in allen gleichermaßen verankert ... Der subjektive Bereich (oben links) ist immer bereits schon eingebettet in intersubjektive (unten links), objektive (oben rechts) und interobjektive (unten rechts) Wirklichkeiten ...
>
> Es ist richtig, dass der obere linke Quadrant der Ort des Bewusstseins ist, wie es in einem Individuum erscheint, aber das ist ja der Punkt: wie es in einem Individuum erscheint. Und doch ist Bewusstsein als Ganzes verankert in und verteilt über alle Quadranten – intentional, verhaltensmässig, kulturell und sozial. ‚Löscht' man irgendeinen Quadranten aus, verschwinden alle anderen auch, weil jeder für die Existenz aller anderen unabdingbar ist.
>
> Kurz gesagt ist Bewusstsein nicht im physischen Gehirn lokalisiert, noch im physischen Organismus, noch im ökologischen System, noch im kulturellen Kontext, noch emergiert es von irgendeinem dieser Bereiche. Es ist verankert in und verteilt über alle diese Bereiche mit allen ihren verfügbaren Ebenen. Der obere linke Quadrant ist lediglich der wahrnehmende Ort eines verteilten Phänomens."

19 Aus: *An Integral Theory Of Consciousness.*

Betrachten wir die vier Quadranten als Hauptperspektiven bzw. Erfahrungsräume, dann „erwacht" gewissermaßen das Bewusstsein zu sich selbst auf viererlei Art. Ein Überblick[20]:

Bewusstsein als Objektivität (rechter oberer Quadrant): Wahrheit

Die Dinge und Gegebenheiten der äußeren Welt werden durch Aussagen beschrieben, so wie eine Landkarte ein Territorium beschreibt, und man prüft nach, ob die Behauptungen den Tatsachen entsprechen, d.h. ob die Landkarte das wirkliche Gebiet genau wiedergibt. Worauf es dabei ankommt, ist, dass bei dieser repräsentierenden Wahrheit eine Aussage in irgendeinem Zusammenhang mit einem objektiven Sachverhalt steht. Die Untersuchungsgegenstände dieses (und des unteren rechten) Quadranten haben einen „einfachen Ort", man kann mit dem Finger darauf zeigen (möglicherweise unter Zuhilfenahme eines Teleskops oder eines Mikroskops), und sagen was man sieht. Die Sprache dieses Quadranten ist die „Es"-Sprache (Singular). Die Untersuchungsmethoden dieses Quadranten sind z. B. Physik, Chemie, Biologie, Neurowissenschaften und Verhaltensforschung. Diese Perspektive offenbart das *Göttliche in allen Dingen*, eine mit allen Sinnen erfassbare Göttin, einen be-greifbaren Gott.

Bewusstsein als Subjektivität (linker oberer Quadrant): Wahrhaftigkeit

Hier geht es nicht so sehr um die objektive Richtigkeit einer Aussage, sondern die Frage ob eine Aussage wahrhaftig ist, also der Wirklichkeit des eigenen inneren Raumes entspricht oder nicht – sage ich die Wahrheit oder lüge ich? Die Untersuchungsmethode dieses Quadranten ist nicht objektives Messen, Zählen und Wiegen, sondern z.B. Innenschau, Introspektion, und – in bezug auf einen anderen Menschen – Dialog und Austausch. Es geht um Ehrlichkeit und Vertrauenswürdigkeit, auch gegenüber sich selbst. Ich kann die Wahrheit sagen oder lügen – ich kann mich auch selbst belügen, bewusst oder unbewusst. Alle meine Schattenanteile, all dasjenige, was „in mir" ist, dessen ich mir jedoch nicht bewusst bin, färbt meine Ich-Wahrnehmung und beeinflusst den Grad meiner Aufrichtigkeit. Deswegen ist Bewusstwerdung für die (subjektive) Wahrheit, d.h. die Wahrhaftigkeit dieses Quadranten entscheidend. Mein Unbewusstes ist der Ort meiner Unaufrichtigkeit, meiner mangelnden Ehrlichkeit mir selbst gegenüber. Der Zugang zur Tiefe kann

---

20 Siehe hierzu auch: Ken Wilber, *Eine kurze Geschichte des Kosmos,* Kapitel 7 (*Einklang mit dem Kosmos*).

durch Täuschung blockiert sein. In dem Augenblick, in dem man ein Inneres anerkennt, muss man sich mit dem Haupthindernis des Zugangs zu diesem Inneren auseinandersetzen, mit Täuschung und Betrug. Und eben deshalb bewegt man sich in diesem Bereich mit dem Kompass der Wahrhaftigkeit. Die Sprache dieses Quadranten ist die „Ich"-Sprache. Untersuchungsmethoden dieses Quadranten sind z. B. Meditation, Kontemplation, introspektive Psychologie, künstlerische Kreativität, Traumanalyse und wahrnehmende Körperarbeit. Diese Perspektive offenbart *das Göttliche in jedem Menschen.*

Bewusstsein als Intersubjektivität (linker unterer Quadrant): Gerechtigkeit

Diese Perspektive trägt der Tatsache Rechnung, dass sich die subjektive Welt in einem intersubjektiven Raum befindet, einem kulturellen Raum. Dieser intersubjektive Raum ermöglicht erst das Entstehen des subjektiven Raums. Ohne diesen kulturellen Hintergrund hätten meine eigenen individuellen Gedanken überhaupt keine Bedeutung. Ich hätte nicht einmal die Mittel zur Hand, um meine eigenen Gedanken mir selbst gegenüber zu deuten. In diesem Quadranten ist der Geltungsanspruch weniger eine objektiv entsprechende Wahrheit und weniger eine subjektive Wahrhaftigkeit, sondern eine intersubjektive Übereinstimmung. Der kulturelle Hintergrund liefert den gemeinsamen Kontext, in dem meine eigenen Gedanken und Interpretationen überhaupt Bedeutung haben können. Das Ziel ist hier gegenseitiges Verständnis. Können zwei oder mehr Menschen ihre subjektiven Räume so anordnen, dass sie miteinander leben können? Wie kann gegenseitiges Verstehen herbeigeführt werden? Dies ist der Raum von Recht, Gerechtigkeit, Vereinbarung, Moral und Ethik, die Schaffung einer kollektiven Identität, welche die Grundlage für Gemeinsamkeit schafft. Die Sprache dieses Quadranten ist die „Wir"-Sprache. Untersuchungsmethoden dieses Quadranten sind z. B. Hermeneutik – die Kunst und Wissenschaft der Interpretation –, und Sinnfindung.

Diese Perspektive offenbart das *Göttliche des Miteinanders*, die Kommunion und Ökumene der menschlichen Gemeinschaft.

Bewusstseins als Interobjektivität (rechter unterer Quadrant): Funktionelles Passen

Im unteren rechten Quadranten, dem Äußeren von Gemeinschaften, geht es wie beim oberen rechten Quadranten um äußere Fakten und Gegebenheiten, wobei der Schwerpunkt jetzt auf einem funktionellen Passen liegt – wie hängen die unterschiedlichen Systembestandteile miteinander zusammen, und wie interagieren sie im objektiven Gesamtsystem? Im Unterschied zum unteren linken Quadranten des kollektives Bewusstseins, der Werte, Weltsichten, Ethik, und kollektive Identitäten beschreibt, beschreibt der untere rechte Quadrant ein System anhand objektiver und äußerlicher Kriterien. Die Sprache dieses Quadraten ist die „Es"-Sprache (Plural). Untersuchungsmethoden dieses Quadranten sind z. B. Systemtheorie und Ökologie.

Diese Perspektive offenbart die *Vernetztheit unseres Seins* mit allem Manifesten, unser ökologisches In-der-Welt-sein, wo alles mit allem zusammenhängt.

Die verallgemeinernde Aussage „Gott ist überall", und die entsprechenden Anstrengungen der Menschheit, IHN (oder SIE oder ES) auch wirklich „überall" zu entdecken, lassen sich nun konkreter fassen und auch würdigen: Das Göttliche „in allen Dingen" aufzuspüren war schon immer das Anliegen echter (objektiver) Wissenschaft. Das Göttliche in sich selbst zu erfahren (um es dann auch in anderen Wesen wiederzufinden) war schon immer das Anliegen jeder authentischer Religion und Spiritualität, und das Göttliche im Miteinander der Wesen zu erfahren und zu gestalten, war schon immer das Bestreben jeder inspirierten Politik und gesellschaftlichen Bewegung.

> „Eine Bewusstwerdung kann nur im Miteinander all dieser Bereiche geschehen. Sie alle sind manifester Ausdruck der EINEN Bewusstheit, die sich in unzähligen Facetten ihres EINEN, eigenen Seins endlos widerspiegelt und wiederfindet.
> Bewusstheit oder Bewusstsein ist – so gesehen – nicht schwer zu finden, sie (oder es) ist unvermeidbar, hier und jetzt und überall. Sie leuchtet uns aus den Gegenständen entgegen, die uns umgeben, findet sich in den Tiefen unseres eigenen Seins und dem unserer Mitmenschen und -Wesen, und ist auch Grundlage dieses Austauschens und Verstehens mittels symbolischer Worte und Begriffe".[21]

21 *Eine kurze Geschichte des Kosmos*, S. 161.

Was hält Leib und Seele zusammen?

Gegenstand dieses Beitrags ist ein in der gesellschaftlichen Diskussion (von philosophischen Kreisen abgesehen) wenig beachtetes Thema. Es geht um das so genannte Leib/Seele-Problem, oder, wie wir es im Folgenden nennen wollen, das Geist/Körper-Problem – ein seit den Anfängen der sich selbst reflektierenden Menschheit ungelöster gordischer Knoten. Kann der integrale Ansatz zur Lösung dieses Problems etwas beitragen – soweit sich eine Lösung überhaupt sprachlich darstellen lässt? Diese Frage hat sich Wilber gestellt, und seiner Antwort darauf wollen wir uns jetzt zuwenden.[22]

Das Geist/Körper-Problem selbst und dessen bisher formulierte Lösungsansätze werden in der Internet-Enzyklopädie Wikipedia wie folgt zusammengefasst:[23]

> „Das Leib-Seele-Problem stellt die Frage nach dem Zusammenhang zwischen körperlichen (Leib) und geistigen Vorgängen (Denken, Seele, Bewusstsein). Die Grundfragen sind dabei etwa: Wie kommt die Welt in unseren Kopf? Wie wird ein Gedanke zur Tat? Existiert unser Geist (oder unsere Seele) auch unabhängig von unserem Gehirn? Gibt es eine eigenständige mentale Substanz (= Geist?) Ist Geist nur die Information, die in unserem Gehirn aufgenommen, gespeichert, verarbeitet und ausgegeben wird?
>
> Im Laufe der Debatte haben sich drei Grundpositionen herausgebildet, die vereinfacht folgendermaßen lauten:
> - Der Idealismus meint, die physikalische Welt um uns herum sei nur eine geistige Vorstellung und existiere nur in unseren Köpfen.
> - Der Dualismus meint, Geist und Materie seien zwei verschiedene Substanzen, die an bestimmten Stellen miteinander kommunizieren können.
> - Der Materialismus (oder auch Physikalismus, Monismus) meint, es gebe nur Materie und Energie. Geist sei keine eigenständige Substanz, sondern nur eine Eigenschaft von Materie und Energie."

22 Siehe dazu Integrale Psychologie, S. 195f, Arbor Verlag 2001 und Sex, Ecology, Spirituality 2nd revised edition, Collected Works Vol. 6, p 451. Aus beiden Quellen stammen die Zitate im Text, sofern nicht anders angegeben.

23 http://de.wikipedia.org/wiki/Leib-Seele-Problem.

Um es – aus der Sicht einer integralen Betrachtungsweise – vorweg zu sagen: Alle diese Ansätze (Idealismus, Dualismus, Materialismus ...) haben Recht – aber nur teilweise. Sie alle tragen ein wichtiges Teil zum Gesamtbild bei, ihre Verabsolutierung jedoch führt zu keiner Lösung.

Wenn man – in Wilbers Modell der Quadranten – nur die linke Seite betrachtet und deren Perspektive einnimmt, also nach innen schaut, dann ist dort nur Innerliches und Geist – und die Materie wird leicht zu einem Nebenprodukt, zu etwas Untergeordnetem, über welches sich der Geist „meta"-physisch erhebt. Schaut man hingegen nur auf die rechte Seite, also nach außen, dann sieht man ausschließlich materielle Objekte in Zeit und Raum, und das Bewusstsein verschwindet. Der Dualismus erkennt beides an – doch die spannende Frage bleibt: Wie hängen Geist und Materie zusammen?

Die Probleme – und deren Lösung – beginnen schon bei unserer Sprache: Was meinen wir mit „Körper" und „Geist"? Dazu Wilber:

> „Der Körper kann den biologischen Organismus als ein Ganzes bezeichnen, einschließlich des Gehirns, (dem Neokortex, dem limbischen System, dem Hirnstamm usw.) – mit anderen Worten, ‚Körper' kann die Bedeutung des oberen rechten Quadranten haben, was ich als „den Organismus" bezeichnen werde. Der Begriff ‚Körper' kann jedoch auch, und das ist für den Normalbürger der Fall – die Bedeutung subjektiver Gefühle und Körperempfindungen haben. So sagt jemand beispielsweise: ‚Mein Geist/Verstand kämpft gegen meinen Körper', und er meint damit, dass sein Wille gegen seine körperlichen Neigungen kämpft (wie z. B. Sex- oder Nahrungsgelüste). In dieser allgemein gebräuchlichen Bedeutung bezieht sich ‚Körper' auf die unteren Ebenen der eigenen Innerlichkeit."

Wir blicken also von zwei unterschiedlichen Perspektiven auf etwas, was wir mit „Körper" bezeichnen. Zum einen sehen wir dabei – wenn wir uns von außen her betrachten – unsere eigene Anatomie, d.h. unseren physischen Körper, und zum anderen können wir – wenn wir uns betrachtend nach innen wenden – unsere Körperlichkeit empfindend von innen her erfahren. Ersteres entspräche dem rechten oberen Quadranten, Letzteres dem linken oberen Quadranten, und zwar dort der Ebene des Körperempfindens – und beides ist nicht das Gleiche.

Ähnliches gilt für den Begriff „Geist“:

> „Wechselt man nun vom Körper zum Geist, dann setzen viele wissenschaftliche Forscher ‚Geist‘ einfach nur mit ‚Gehirn‘ gleich, und sie sprechen dann nur noch von Gehirnzuständen, Neurotransmittern, kognitiver Wissenschaft usw. ... Andererseits meint jedoch ein Mensch mit der Aussage: ‚Mein Geist/Verstand kämpft gegen meinen Körper‘ nicht, dass sein Neokortex sein limbisches System bekämpft. Mit ‚Geist‘ meint er hier die oberen Ebenen seiner eigenen Innerlichkeit, die oberen Ebenen des oberen linken Quadranten (wenngleich er nicht genau diese Worte verwenden würde) – mit anderen Worten, sein rationaler Wille kämpft gegen seine Gefühle oder sein Verlangen. Der Geist wird in einer phänomenologischen Darstellung der ersten Person unter Verwendung der Ich-Sprache beschrieben, wohingegen das Gehirn aus der Perspektive der dritten Person heraus objektiv in Es-Sprache beschrieben wird.“

Und hier liegt – so Wilber – das Problem: der Körper (als gefühltes Empfinden) ist im Geist (d.h. im eigenen Bewusstsein), aber das Gehirn ist ein Teil des äußeren Körpers. Das Auseinanderhalten dieser verschiedenen Perspektiven ist ein erster Schritt zur Entwirrung des Knotens.

Alle Erfahrungsräume sind zu berücksichtigen. Die subjektiven Merkmale des Bewusstseins, das subjektiv gefühlte Erleben (der linke obere Quadrant), die objektiven Aspekte des Organismus, speziell die des Gehirns und der Informationsübertragung (der obere rechte Quadrant), die Untersuchung der kulturellen Hintergründe, welche die Erschaffung von Sinn und Bedeutung überhaupt erst ermöglichen (der untere linke Quadrant), und die entsprechenden sozialen Institutionen, in denen Kulturen materiell verankert sind (der untere rechte Quadrant). Alle diese Untersuchungen mit ihren unterschiedlichen Ergebnissen tragen zur Lösung dieses (und vieler anderer) Probleme bei, und keine sollte vernachlässigt werden – der gesamte Erfahrungsschatz der Menschheit geht in eine integrale Betrachtung mit ein. Was ist (subjektiver) Geist? Unzählige Menschen sind bereits den kontemplativen, inneren Weg gegangen, und haben uns ihre Erfahrungsberichte hinterlassen, was ist (intersubjektive) Kultur, was ist ein „wir“? Zur Beantwortung dieser Frage hat insbesondere die Postmoderne wichtige Beiträge geliefert; was sind äußere Objekte und wie verhalten sie sich? Hier liegt die hohe Kompetenz der klassischen Naturwissenschaften: Und was sind äußere Systeme? Hierzu gibt es Antworten u. a. der Systemwissenschaften und der Ökologie. Und daran anschließend die Frage: wie hängt dies alles miteinander zusammen? Wie beeinflusst die Körperchemie das Bewusstsein – von einer Tasse Kaffee über einen Spaziergang an der frischen Luft bis hin zu bewusstseinsverändernden Drogen (rechter oberen Quadrant wirkt auf linken oberen Quadranten)? Wie beeinflusst eine bestimmte meditative Praxis oder eine bestimmte Emotion die Gehirnphysiologie (linker oberer Quadrant wirkt auf rechten oberen Quadranten)? Wie steuern kulturelle Hintergründe – wie z. B. ein unbewusster Zeitgeist – unser Ich-Bewusstsein (linkerer unterer Quadrant wirkt auf linken oberen Quadranten)? Wie entstehen aus zwei oder mehr „Ichs" ein „Wir" (linker oberer Quadrant wirkt auf linken unteren Quadranten) – ist es nicht überhaupt ein Wunder, dass wir uns verstehen? Inwieweit bestimmt das materiell techno-ökonomische Sein das Bewusstsein – die große Marx'sche Fragestellung (der Einfluss des unteren rechten Quadranten auf die linksseitigen Quadranten) und so weiter und so weiter, in einem wechselseitigen Dialog der verschiedenen Perspektiven des In-der-Welt-Seins, sich zu immer höheren Ebenen des Seins und der Erkenntnis entwickelnd.

Zusätzlich zu den Quadranten beziehungsweise Perspektiven des In-der-Welt-Seins spielen die Ebenen des Bewusstseins eine bedeutende Rolle – in der Terminologie Jean Gebsers beispielsweise archaisch, magisch, mythisch, rational und aperspektivisch/integral. Auf jeder dieser Ebenen sieht die Welt anders aus – und damit auch die Lösung zum Beispiel des Geist/Körper-Problems. Und sie alle haben uns etwas Bedeutendes zu sagen.

Gesetzt den Fall, wir fänden eines Tages eine befriedigende logische und in sich stimmige Lösung dieser Frage – wäre das dann die Lösung? Wäre eine rational-philosophische Aussage das Ende allen Wissens und aller Erkenntnis? Wie weit können Sprache und Logik überhaupt gehen, und wo liegen ihre Grenzen? Was wissen wir, wenn wir die relative Welt mit allen ihren Manifestationen (materieller und geistiger Art) beschreiben und erklären können? Sind nicht Worte, insbesondere Worte, die auf die geistige Welt Bezug nehmen, letztendlich auch nur Symbole für etwas, was sich einer gedanklichen Erfahrung entzieht, Fingerzeige, die auf den Mond zeigen, aber nicht mit demselben verwechselt werden sollten?

Praktisch alle spirituellen Traditionen sind sich einig darin, dass es neben dem – wichtigen – relativen Wissen auch ein absolutes Wissen gibt, eine „Erfahrung“ des Seinsgrundes[24], des Unmanifesten, Ungeborenen und Unaussprechlichen – und dass die nicht-duale Erkenntnis in der Vereinigung des Unmanifesten und des Manifesten liegt, in der Vereinigung von Form und Leere. Wie könnte eine derartige „Lösung“ des Geist/Körper-Problems aussehen, und wie kann man sie erlangen? Dazu Wilber im Vorwort zum Band 3 der *Collected Works*:[25]

> „Die Antwort liegt nicht im Mehr-Reden; die Antwort ist *satori* oder wie immer auch wir ein authentisches kontemplatives Bewusstsein benennen wollen. Auch diese Antwort kann natürlich in Worte gefasst werden – Zen Meister sprechen unablässig darüber – und dennoch ergibt sich für jemanden, der sich dieser Praxis nicht unterzogen hat, daraus kein Sinn, ebenso wenig wie mathematische Symbole für jemanden, der sich mit Mathematik nicht beschäftigt hat, einen Sinn ergeben.
> Öffnet man jedoch das Auge der Kontemplation, dann ist die Antwort ganz offensichtlich, so vollständig und unmissverständlich wie die Reflektionen des Sonnenlichtes über einem kristallklaren Teich. Kannst du es sehen? Das war die Antwort.“

24 Welche keine Erfahrung neben anderen Erfahrungen ist, sondern der Grund aller Erfahrungen, das „Einfach Das“ eines jeden Augenblicks, von Augenblick zu Augenblick.
25 p. 144.

Physik – Metaphysik – Postmetaphysik?

Wissen(schaft), Erkenntnis und Ken Wilbers integraler Ansatz

Seit einiger Zeit kursieren im deutschsprachigen Raum Begriffe wie „Nachmetaphysik“ bzw. „Post-Metaphysik“. Jürgen Habermas, der deutsche Philosoph, diskutiert diesen Begriff in einem Aufsatz[26], und Ken Wilber und stellt eine postmetaphysische Spiritualität ins Zentrum seines aktuellen Schaffens.[27] Was könnte damit gemeint sein? Handelt es sich wirklich um etwas Neues, oder wissen die Philosophen nicht weiter, und verkaufen uns lediglich ihre alten Weisheiten unter neuen Begrifflichkeiten?

Eigentlich war das Thema ja schon erledigt. Als sich die Autoren des New Age und der neuen Paradigmen mit den Erkenntnissen der (Quanten-) Physik beschäftigten, die zu Beginn des vergangenen Jahrhundert von Physikern wie Heisenberg, Schrödinger, Einstein, de Broglie, Jeans, Plank, Pauli, Eddington und anderen formuliert wurden, und diese mit den Texten und Aussagen der spirituellen Traditionen verglichen, kamen sie zu einer Reihe von verblüffenden Übereinstimmungen, die – bis auf den heutigen Tag – zu einer Flut von Buchveröffentlichungen mit einer zentralen Botschaft geführt haben: die Quantenphysik bestätigt die Mystik (und umgekehrt). Das Tao[28] bzw. Gott, welche bislang irgendwo in einem transzendenten Jenseits verborgen schienen, tauchten nun ausgerechnet in den allerkleinsten Materie/Energiebausteinen auf – was für eine freudige Überraschung! Endlich Schluss mit der ewigen Suche nach Gott, anstrengenden Meditationsübungen und Praktiken, quälenden Sinnfragen, dem Studium vergilbter Schriften und ähnlichem – „studiere Quantenphysik, lerne das neue Paradigma und finde dort Gott“ lautete und lautet – etwas platt formuliert – das Credo. Einige standen dieser neuen Gottesbegeisterung von Anfang an skeptisch gegenüber, unter anderem auch Ken Wilber. Bevor er sich jedoch selbst eine Meinung dazu bildete, untersuchte er erst einmal, was die oben erwähnten großen Physiker selbst zu einer möglichen Verwandtschaft von Mystik und Physik gesagt hatten – und siehe da: sie hatten nichts dergleichen im Sinn.[29] Wilber resümiert:

> „Das Thema dieses Buches [Quantum Questions] – ich fasse die Aussagen der Physiker, welche ich in diesem Buch vorstelle zusammen –,

26 Jürgen Habermas, Nachmetaphysisches Denken. Philosophische Aufsätze suhrkamp taschenbuch wissenschaft 1004. 1992.

27 siehe dazu den Aufsatz *Vom Wesen einer postmetaphysischen Spiritualität*, in Transpersonale Psychologie und Psychotherapie, Heft 2/2001 S.33, und das Vorwort zu den Vorabveröffentlichungen des Bandes 2 der Kosmos Trilogie auf www.shambhala.com.

28 Fritjof Capra, *Das Tao der Physik*, um nur einen von vielen Buchtiteln zu diesem Thema zu nennen.

29 Ken Wilber, *Quantum Questions*, Mystical Writings of the Worlds great Physicists, shambhala 1985.

> ist, dass die moderne Physik in keiner Weise eine mystische Weltsicht unterstützt, (geschweige denn einen Beweis für sie liefert). Dennoch war jeder der Physiker dieses Buches ein Mystiker. Sie alle waren davon überzeugt, dass die moderne Physik einer religiösen Weltsicht nicht entgegensteht, sie aber auch nicht unterstützt – sie verhält sich ihr gegenüber indifferent ...
> Um es kurz und knapp zu sagen: ... Physik handelt von den Schatten [Platons Höhlengleichnis]; über die Schatten hinauszugehen bedeutet, über die Physik hinauszugehen; über die Physik hinauszugehen bedeutet eine Orientierung hin zum Metaphysischen oder Mystischen – und das ist der Grund, warum viele der Pioniere einer neuen Physik Mystiker waren."

In seinem späteren Werk erläutert Wilber dann genauer, warum das alleinige Betrachten immer kleinerer Bausteine und deren Gesetzmäßigkeiten, so aufregend sie auch sein mögen, niemals einer mystischen Einsicht gleichkommen kann – geschweige denn einen Gottesbeweis liefert: Die Physik nimmt eine Perspektive der dritten Person gegenüber äußeren Wirklichkeiten bzw. Objekten ein, sie und ihr Verhalten objektivierend und monologisch als „Es-Einheiten" betrachtend. Die Mystik hingegen gewinnt ihre Einsichten aus einer Perspektive der ersten Person – d.h. einem „Ich" – gegenüber inneren Wirklichkeiten. Wir haben es hier mit zwei unterschiedlichen Erkenntnisbereichen zu tun. Das bedeutet keineswegs eine Entwertung – die Erkenntnisse der Quantenphysik sind ebenso bedeutend wie spannend, und können auch nur durch die verwendeten Methodiken gefunden werden (und z. B. nicht durch Meditation), aber andersherum ist es genauso – das Studium (quanten-)physikalischer Bücher und Gesetzmäßigkeiten kann niemals eine meditative oder introspektive Praxis ersetzen, und auch nicht die entsprechenden Einsichten und Erkenntnisse hervorbringen.

So geht es also nicht. Aber wie dann? Zurück zu den Ursprüngen, zu den mystischen Überlieferungen und Aussagen, den ewigen Wahrheiten einer „ewigen Philosophie"? Doch auch dieser Weg ist – zumindest teilweise – versperrt. Und „Schuld" daran ist die moderne Wissenschaft. Sie hat – mit Menschen wie Galileo Galilei – die Aussagen der religiösen Traditionen systematisch auf den Prüfstand der modernen Wissenschaft gestellt, und die religiösen und spirituellen Traditionen sehen dabei – vorsichtig formuliert – nicht allzu gut aus (was zu heftigen Gegenreaktionen geführt hat). Allzu vieles von dem, was bisher als gültige Wahrheit (weil in einem heiligen Text niedergeschrieben) angesehen wurde, entpuppte sich unter dem klaren Licht einer messenden Wissenschaft als Irrglaube, Vorurteil, Mythos und Legende, und vieles von dem, was über Jahrhunderte als „metaphysisch" gegolten hatte, als geistige Wahrheiten „oberhalb" der Niederungen von Materie und Physis, entpuppte sich als zutiefst mit dem Physischen verwoben, so z. B. Bewusstsein und Gehirn, Bewusstsein und soziale Systeme (Wirtschaft, Politik, Finanzen usw. – das Sein, welches das Bewusstsein mitbestimmt), innere Zustände und chemische Wirkstoffe, aber auch kulturelle Hintergründe wie Sprache, Zeitgeist, Geschichte und der Entwicklungsaspekt. Dies alles holte die „Meta"physik auf den Boden der Tatsachen hinunter, und versetze den Religionen und der Spiritualität allgemein einen schweren Schlag. Der Verdacht kam auf, dass es sich bei all dem nur um Mythen und Märchen bzw. „Opium fürs Volk" handelte, und das gesamt Erbe der spirituellen Traditionen drohte – weil nicht beweisbar – auf dem Altar eines Objektivismus geopfert zu werden.

So geht es also auch nicht (mehr).
Und an diesem Punkt bringt eine post-metaphysische Spiritualität ein paar neue Ideen ins Spiel.

Betrachten wir dazu die vier Quadranten/Perspektiven von Wilber und einige ihrer typischen Untersuchungsmethoden.

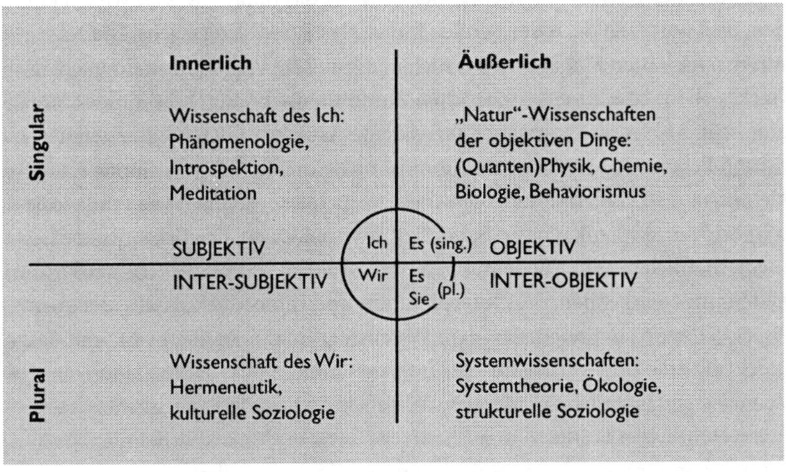

Abb. 2 Beispiele von Untersuchungsmethoden und „Paradigmen" der vier Quadranten

Was sofort auffällt ist, dass jeder Quadrant bzw. jede Perspektive ihre Art von Weltsicht hat, die nirgendwo sonst gesehen wird und werden kann – was Anlass für jahrhundertealte Auseinandersetzungen immer dann war, wenn eine bestimmte Perspektive versuchte, alles andere (unter Ausschluss der anderen Perspektiven) zu erklären.

Wir finden hier die Quantenphysik wieder, als eine Methodik für die untersten (und grundlegendsten) objektiven Wirklichkeiten auf der Ebene kleinster Einheiten (oben rechts), und wir finden die spirituellen Tradition, mit ihrem Schwerpunkt innerer individueller Betrachtungen (oben links), angefangen bei den ersten Schamanen in der Frühzeit der Menschheit, bis zum modernen Meditierenden heute. Wir finden jedoch darüber hinaus auch kulturelle „Geistes"wissenschaften (unten links), die sich um intersubjektive Bedeutung und die Erhellung gemeinschaftlich geteilter Werte kümmern, und die System- und Ökowissenschaften, die weniger einzelne Objekte, sondern objektive Gesamtzusammenhänge betrachten – die sich nicht auf Bäume, sondern auf Wälder konzentrieren (unten rechts).

Zurück zu den „meta"physischen Traditionen: sie haben uns einen reichen Schatz phänomenologischer Beschreibungen der ersten Person hinterlassen, das, was man sieht, wenn man sich nach innen wendet, und dort liegt ihre Kompetenz. Und diesen Schatz gilt es vor dem Zugriffen eines „objektivierenden Absolutismus" zu bewahren. In dem Augenblick jedoch, wo sie – allein aus diesen Erfahrungen heraus – versuchen, z. B. die äußere Welt oder kulturelle Strukturen zu beschreiben, gehen sie über das hinaus, was sie wissen können, und dort liegt auch der Bereich ihres „klassischen" Versagens. Die Naturwissenschaften hingegen untersuchen die äußere Welt in ihrer dinglichen (rechts oben) bzw. ihrer systemischen Zusammensetzung (rechts unten), und hier liegt ihre Größe – und auch ihre Grenze. Objektive Beschreibungen der dritten Person sind wertfrei: ein Atom ist nicht „besser" als eine Sonne – nur kleiner, und so kann die Naturwissenschaft nichts zu Themen wie Ethik, innerem Erleben, Ästhetik, Poesie, Schönheit usw. beitragen. Die Erkenntnisse gemeinschaftlich geteilter Bedeutungen und Strukturen (links unten) wiederum helfen uns zu erkennen, dass Interpretation und Intersubjektivität – der „wir"-Aspekt eines jeden Ereignisses – ein Wesensmerkmal des Kosmos ist, und dass die Strukturen und Muster unserer Interpretationen (kulturelle Prägungen, Zeitgeist, geschichtliche Hintergründe, kollektive Schatten, die „-ismen") einen wesentlichen Einfluss darauf haben, wie wir die Welt wahrnehmen, und was wir von ihr wissen. Verabsolutiert man jedoch diese Perspektive, dann ist letztlich alles nur noch „kulturell konstruiert", und Subjektivität wie auch Objektivität lösen sich im Nebel unendlich gleitender Bedeutungskontexte auf.

Und damit sind wir beim Kern einer postmetaphysischen Betrachtungsweise: Zum einen werden *alle* Untersuchungsmethoden – subjektiv, intersubjektiv, objektiv und interobjektiv – ausnahmslos gewürdigt und in ihrer Größe anerkannt. Alles das, was Menschen im Laufe der Geschichte dazu zusammengetragen haben, kommt auf den Tisch. Gleichzeitig aber werden auch die jeweiligen Grenzen der Methoden sichtbar – sei es Physik, Meditation oder Systemwissenschaften: worüber können die jeweiligen Methoden *nichts* aussagen, und wann überschreiten sie ihren Gültigkeitsbereich und werden zu Absolutismen – subjektiven Absolutismen (*alles* ist Geist und Bewusstsein), intersubjektiven Absolutismen (*alles* ist Interpretation und Deutung) oder objektiven Absolutismen (*alles* ist Materie und/oder System)? Wenn diese Unterscheidungen gemacht werden, dann kann man sich der Frage zuwenden, wie diese Geltungsbereiche miteinander zusammenhängen und sich wechselseitig beeinflussen – das Äußere und das Innere, das Individuelle und das Kollektive eines jeden Ereignisses.

Verbindet man dies mit dem Vorgehen einer „weiten", d. h. sowohl die äußeren wie auch die inneren Bereiche des Seins umfassenden wissenschaftlichen Vorgehensweise (siehe dazu den Kasten am Ende des Kapitels), dann bestehen gute Aussichten, aus einem jahrhundertealten Gegeneinander ein Miteinander der Erkenntnis und des Seins werden zu lassen, zum Wohle und Wachstum des Wahren (objektive Erkenntnis), des Guten (gemeinschaftliche Werte) und des Schönen (Ästhetik im Auge des betrachtenden Subjektes). Dies ist ein bedeutendes Erbe der Menschheit – die Weisheit der Prämoderne mit ihren Methoden und Erkenntnissen des erlebenden Ichs, die Weisheit der Moderne mit den objektivierenden Wissenschaften und der Betonung von Es-Perspektive und Objektivität, und die Weisheit der Postmoderne mit dem bedeutenden Beitrag von Intersubjektivität und „Wir"-Erleben.

Schaut man sich diese eher technisch anmutenden Unterscheidungen im Hinblick auf die gesellschaftliche Praxis an, so wird die praktische Relevanz sichtbar – im Sinne einer Größe-und-Grenzen Abschätzung.

Die institutionellen Kirchen haben sich traditionell um die linksseitigen inneren Wahrheiten und Werte gekümmert, und in Bezug auf die objektiven Wahrheiten versagt. So dauerte es rund 350 Jahre, bis die wissenschaftlichen Erkenntnisse eines Galileo von der Kirche voll anerkannt wurden.[30] Was die linksseitigen Wahrheiten angeht, so haben die Religionen zwei sehr unterschiedliche Wege beschritten – die der Mystiker und die der Schriftgelehrten.

30 Erst am 2.November 1992 wurden Galileo Galilei und seine Lehre von der Katholischen Kirche formal rehabilitiert.

Die Schriftgelehrten haben die „heiligen“ Texte studiert, und sie dann – mehr oder weniger wörtlich – ausgelegt, ohne eine eigene Erfahrungspraxis und ohne ein Bewusstsein der eigenen Interpretationshintergründe, was zu einer Dogmatisierung dieser (meist authentischen) Überlieferungen geführt hat; oft mit verheerenden Folgen. Die Mystiker hingegen haben – z. B. durch eine kontemplative Praxis – die eigene Erfahrung und die Erforschung des eigenen Bewusstseinsraumes in den Vordergrund gestellt, und anderen dazu verholfen diesen Bewusstseinsweg zu beschreiten. Sie haben einen im weitesten Sinne wissenschaftlichen Weg beschrieben, und – mit Respekt vor den Überlieferungen – die eigene Erfahrung mit einbezogen, den eigenen individuellen und kulturellen Bewusstseinsraum erforscht und ausgeleuchtet, und erst dann ihre Aussagen formuliert, falls überhaupt.

Was man der Religion vor diesem Hintergrund wünscht ist, dass sie den Anspruch, *alles* zu erklären (ohne jedoch die entsprechende Praxis durchzuführen) aufgibt, und sich auf ihre eigenen Stärken – und Schätze – beruft, die durch eine authentische Praxis gewonnenen Einsichten über das Bewusstsein und Wesen des Menschen und der Schöpfung, seine göttliche Herkunft, und die daraus abgeleiteten Verhaltensweisen. Anders gesagt: wenn Religion eine Zukunft haben soll, dann müssen alle ihre Aussagen auf den Prüfstand einer guten und weiten Wissenschaft, und das Dogma muss einer authentischen Praxis weichen.

Die Wissenschaft demgegenüber hat – als ihre große Stärke – die Überprüfbarkeit von Aussagen in den Vordergrund gestellt. Dies hat einerseits zu einem enormen Fortschritt und Aufschwung geführt, von der Verlängerung der Lebenserwartung um einige Jahrzehnte über den allgemeinen medizinischen Fortschritt und mehr materiellem Wohlstand bis zu der Möglichkeit, einen Menschen auf den Mond zu schicken. Andererseits führte dies jedoch – unbeabsichtigt, wenn auch folgenschwer – zu einer Vernachlässigung und Herabsetzung der linksseitigen, inneren Seinsbereiche und Wahrheiten, zu einer Verflachung der Welt, einer Welt ohne Sinn, Wert, Ethik, Bewusstheit und Bedeutung. All dies findet sich nirgendwo in der äußeren Welt, und kann auch nicht mit den Methoden einer Wissenschaft im engeren Sinn gefunden werden.

Was man der Wissenschaft daher wünscht ist, dass sie ihren Widerstand gegen das Innere aufgibt, und sich mit ihren – guten und bewährten – Methoden und Werkzeugen auch diesen Bereichen nähert. Wenn also eine Wissenschaftsendung im Fernsehen kommt, dann würde ich mir wünschen, dass es dort nicht nur um Planetensysteme, ökologische Zusammenhänge,

Stoffwechselphänomene und andere äußere „Dinge" geht, so faszinierend diese auch sind, sondern auch um Bewusstheit, Ästhetik, Wert, Ethik und Sinn. Hier liegt – anders gesagt – die Zukunft der Wissenschaft, denn in einer lediglich äußerlich funktionalen Welt ohne Sinn und Bedeutung wird auch eine noch so verfeinerte, doch ausschließlich objektivierende Wissenschaft buchstäblich sinn-los.

Wahrheit und Entwicklung

Wahrheiten liegen nicht einfach herum, sondern sie werden entdeckt, gemeinschaftlich „ausgehandelt" und entwickeln sich. Im Verlauf der Evolution wird Wahres durch noch Wahreres, und Umfassendes durch noch Umfassenderes abgelöst, ohne Ende. Wahrheit ist relativ und zeitlich bedingt, aber sie ist nicht beliebig. Im Idealfall ist sie das jeweils beste, was zu einer Zeit als gute und weite Wissenschaft unter den gegebenen Umständen entdeckt werden kann (siehe Kasten am Ende des Kapitels). Falsche „Wahrheiten" werden dabei verworfen, aber frühere Wahrheiten (sofern sie auf Evidenz beruhen) werden beibehalten, und behalten ihre relative Funktion. Dazu ein Beispiel: das Kopernikanische Weltsystem (die Erde dreht sich um die Sonne) hat das Ptolemäische Weltsystem (die Sonne dreht sich um die Erde) abgelöst, und gilt als wahr. Dennoch behält das ptolemäische Weltsystem „seine" Wahrheit bei, da diese auf einer phänomenologischen Tatsache beruht, die durch das Kopernikanische Weltsystem nicht einfach verschwindet, und zwar der Tatsache, dass von einer (als ruhend erfahrenen) Erde aus gesehen die Sonne sich um die Erde bewegt. Diese Wahrnehmung wird sich auch nicht ändern, und auch der Lernspruch der Himmelsrichtungen „im Osten geht die Sonne auf, im Süden nimmt sie ihren Lauf, im Westen wird sie untergehn', im Norden ist sie nie zu sehen" wird weiterhin seine Nützlichkeit behalten. Kinder werden im Laufe ihrer Entwicklung zuerst das ptolemäische System „lernen", weil es dasjenige ist, was ihrer Phänomenologie entspricht.

Fassen wir – mit Wilber – zusammen:[31]

> „Diese Wahrheiten [der vier Hauptperspektiven, überprüft durch die drei Stränge der Erkenntnis] sind der goldene Schatz einer kollektiven Menschheit, der durch Blut, Schweiß und Tränen und Aufruhr im Angesicht von Falschheit, Irrtum, Täuschung und Betrug schwer errungen wurde. Die Menschheit hat langsam und immer besser im Laufe einer Millionen Jahre alten Geschichte gelernt, Wahrheit von Schein, Güte von Verderbtheit, Schönheit von Verfall und Aufrichtigkeit von Täuschung

31 *Eine kurze Geschichte des Kosmos*, S. 161.

zu unterscheiden. Letztlich sind diese vier Wahrheiten einfach die vier Antlitze des GEISTES, der in der manifesten Welt aufleuchtet. Die Geltungsbehauptungen sind Arten, wie wir uns mit dem GEIST selbst verbinden, wie wir uns auf den Kósmos[32] einstimmen ... Wie wir gesagt haben, zwingen uns die Geltungsbehauptungen, uns mit der Wirklichkeit auseinander zusetzen; sie zügeln unsere ich-haften Phantasien und unsere Selbstzentriertheit. Sie fordern Beweise vom übrigen Kósmos, und sie zwingen uns über uns selbst hinaus. Sie sind die Prüfsteine in der kosmischen Verfassung. Auf diesen Wegen zur Wahrheit fügen wir uns in den Strom des Kósmos ein, werden wir Strömungen übergeben, die uns über uns selbst, und aus uns hinausführen und uns zwingen, unsere Selbstsucht zu zügeln, während wir uns in immer tiefere und weitere Kreise der Wahrheit einpassen. Von der Einstimmung über die Entsühnung zur Einswerdung – bis wir in einem jähen und aufrüttelnden Schock unser ursprüngliches Antlitz erkennen, das Antlitz, das uns in allen Wahrheitsbehauptungen entgegenlächelt, das Antlitz, das uns sanft und doch so beharrlich ständig zuflüstert: Gedenke des Wahren, gedenke des Guten, gedenke des Schönen. Und so spricht die leise Stimme aus allen Ecken des Kósmos: Mögen Wahrheit, Wahrhaftigkeit, Güte und Schönheit als die Siegel einer strahlenden Leerheit leuchten, die uns niemals im Stich lassen wird noch könnte."

32 Wilber unterscheidet Kósmos und Kosmos, ersterer ist Ausdruck aller manifesten Realität, materiell, biologisch, psychologisch, seelisch und spirituell, letzterer bezieht sich lediglich auf die materielle Dimension. Der Einfachheit halber verwende ich in diesem Buch den Begriff „Kosmos" für beides, wobei aus dem Zusammenhang ersichtlich ist was jeweils gemeint ist.

Was ist Wissenschaft?

Wilber unterscheidet Methodik und Untersuchungsbereich[33]:
Die wissenschaftliche *Methodik* geht in drei Schritten vor:
1. Injunktion, Vorschrift, „Kochrezept"
2. Praxis, konkrete Durchführung
3. Gemeinschaftliche Überprüfung (mit Bestätigung oder Zurückweisung)

Injunktion bedeutet, dass Erkenntnisse nicht einfach herumliegen, sondern durch bestimmte Praktiken, Anweisungen, Experimente und Vorgehensweisen gefunden werden bzw. sich zeigen. Will man dieses wissen, dann muss man jenes tun – das „Kochrezept": eine objektive Messung, ein intersubjektiver, hermeneutischer Austausch, ein meditatives Eintauchen in die eigene Subjektivität.
Praxis bedeutet die tatsächliche Ausführung einer Injuktion (das scheint selbstverständlich, ist es aber nicht, insbesondere bei den inneren Wissenschaften, wo z. B. sehr viel mehr über Meditation diskutiert und spekuliert als praktiziert wird). Man muss eine bestimmte Praxis auch tatsächlich ausführen. Diese Praxis erst führt zu Erfahrungen, Erkenntnissen, Einsichten und Daten im weitesten Sinn.
Mit dem dritten Schritt einer gemeinschaftlichen Überprüfung erfolgt die Bewegung vom Ich zum Wir: ich habe die Praxis durchgeführt und subjektive Erfahrungen gemacht – aber stimmen diese Erfahrungen? Um das herauszufinden, und meine Erkenntnisse auf eine breitere Basis zu stellen, vergleiche ich meine Ergebnisse mit den Ergebnissen derjenigen, die – das ist entscheidend – sich einer vergleichbaren Praxis unterzogen haben.
Diese drei Schritte, Wilber nennt sie auch die drei Stränge der Erkenntnis – Injunktion, Praxis und Verifikation – bezeichnet Wilber als „gute Wissenschaft" – im Unterschied zu schlechter Wissenschaft, die auf Behauptungen, Vorurteilen und Dogmen basiert. Entscheidend ist bei dieser Betrachtungsweise, dass diese Methodik auf *alle menschlichen Erfahrungsbereiche* – repräsentiert z. B. durch die Quadranten als Perspektiven – angewandt werden kann, innere wie äußere, individuelle wie kollektive, Natur, Kultur und Geist. Die Konzentration allein auf die äußeren, rechtsseitigen Bereiche bezeichnet Wilber als „enge Wissenschaft", eine integrale Untersuchung aller Bereiche ist für Wilber hingegen weite Wissenschaft. Durch diese Betrachtung werden sowohl die geisteswissenschaftlichen Methoden als auch die spirituellen Methoden wie z. B. Meditation – vorausgesetzt sie folgen den drei Strängen der Erkenntnis – zu Recht in den Rang einer Wissenschaft erhoben. Der Unterschied besteht lediglich im Untersuchungsbereich – das eigene Bewusstsein wird z. B. durch Meditation erforscht (linkerer oberer Quadrant), kulturelle Werte durch Hermeneutik (linker unterer Quadrant), ein atomares Teilchen durch Atomphysik (rechter oberer Quadrant) und ein Ökosystem z. B. durch Ökologie (rechter unterer Quadrant). Die jeweilige Größe – und die Grenzen der Methoden werden so sichtbar, und jeder wird Raum gegeben „ihren" Bereich zu untersuchen, und ihren Beitrag zu mehr Wissen und Wahrheit zu leisten.

---

33 siehe dazu Ken Wilber: *Die drei Augen der Erkenntnis* und *Naturwissenschaft und Religion.*

Geist, Sprache und Erkenntnis

Das Pronomen in seiner wahren und vollständigen Form wird in das Denken bloß durch die Sprache eingeführt, und das ist das Wichtigste, wodurch ihre Gegenwart sich verkündet.

Wilhelm von Humboldt[34]

Die Sprache, unsere Sprachen, die Sprachen der Menschheit, gehören zu den „selbstverständlichen Wundern", mit denen wir tagtäglich umgehen, meist ohne uns des Wunderbaren, das darin liegt, bewusst zu sein. Wir sprechen miteinander, verständigen und verstehen uns, und nehmen durch das Erlernen fremder Sprachen am kulturellen Geschehen anderer Völker teil. Wir werden in eine Kultur hineingeboren, lernen eine Sprache, und damit automatisch auch die darin enthaltenen Denkweisen, Ausdrucksweisen und Weltsichten, die unsere Vorfahren ihr eingeprägt haben. „*Die Grenzen meiner Sprache bedeuten die Grenzen meiner Welt*", schreibt der Philosoph Ludwig Wittgenstein im Tractatus Logico-Philosophicus, und macht uns damit bewusst, wie sehr die – uns meist unbewussten – Strukturen unserer Sprache unser Denken prägen, und ihm Möglichkeiten bereitstellen, aber auch Grenzen setzen. Die Bewusstwerdung dieser Strukturen geschieht z. B. im Grammatikunterricht in der Schule (an den jedoch die allermeisten keine allzu guten Erinnerungen haben), oder in vergleichenden Sprachforschungen, wo sichtbar wird, wie verschiedene Sprachen gleiche oder ähnliche Sachverhalte unterschiedlich zum Ausdruck bringen. Auch das Übersetzen – ist es nicht erstaunlich, dass sich Sprachen überhaupt ineinander abbilden lassen – ist ein Akt der Bewusstwerdung unterschiedlicher kultureller geistiger Abbildungen von (derselben?) Wirklichkeit. Erstaunlich auch die „Karrieren" mancher Wörter durch viele Sprachen hindurch – so werden beispielsweise die deutschen Wörter „Weltschmerz" oder „Kindergarten" im Englischen wortwörtlich übernommen, offenbar drückt sich in diesen Worten etwas aus, was in einer oder mehreren anderen Sprachen eine Lücke füllt. Sprachen durchdringen sich, weisen aufeinander hin, und stehen in einem kreativen Wettbewerb um die angemessenste Darstellung dessen, was ist.

Einer der ersten Pioniere moderner Sprachforschung, Wilhelm von Humboldt (1767 – 1835), hat schon früh erkannt, dass Sprache weit mehr ist als ein trockenes, konzeptionelles Verständigungsmittel. Sprache ist für ihn lebendiger und gestaltender Ausdruck kollektiven Geistes, ein „Beweis" für das Wunder gegenseitigen Verstehens, für die wie er sagt „*Einheit der*

34 Über die Verschiedenheit des menschlichen Sprachbaus, Ziffer 48.

menschlichen Natur in der Verschiedenheit der Individuen“[35]. Sprache ist Weltsicht. „*Der Mensch lebt auch hauptsächlich mit den Gegenständen, so wie sie ihm die Sprache zuführt, und da Empfinden und Handeln in ihm von seinen Vorstellungen abhängt, sogar ausschließlich so*“[36], und weil das so ist, ist das Erlernen einer neuen Sprache für Humboldt nicht nur eine Möglichkeit um – in unseren heutigen Begriffen – in einer globalisierten Welt besser zu funktionieren, sondern eine Möglichkeit zur Geisteserweiterung: „*Die Erlernung einer fremden Sprache sollte daher die Gewinnung eines neuen Standpunktes in der bisherigen Weltsicht seyn, da jede das ganze Gewebe der Begriffe und der Vorstellungsweise eines Theils der Menschheit enthält.*“[37] Sprachen sind unterschiedliche kulturelle Umgangsweisen mit dem was Menschen erfahren, doch bei allen Unterschieden ist es auch interessant zu untersuchen, wo mögliche Gemeinsamkeiten liegen.

Die Pronomen als Universalie der Menschheit

Humboldt war vielleicht der erste, dem der Universalcharakter der Pronomen, also der Fürwörter (wie z. B. ich, du, er, sie, es im Deutschen) der Sprachen auffiel. Er schreibt: „*Das Pronomen in seiner wahren und vollständigen Form wird in das Denken bloß durch die Sprache eingeführt, und ist das Wichtigste, wodurch ihre Gegenwart sich verkündet*“, und spricht weiter von der „*tiefen Gründung*“ der Pronomen „*in der innersten Natur der Sprache*“.[38]

Diesen Gedanken wollen wir weiter verfolgen. Die Für-wörter, die es in praktisch allen Sprachen der Welt gibt, wo-für stehen sie? Sie stehen zuallererst für Hauptwörter, also statt „das Pferd“ sagt man „es“, doch sie stehen auch – und jetzt orientieren wir uns an Ken Wilber – für Erfahrensräume, Seinsdimensionen, Perspektiven des In-der-Welt-seins oder einfach nur Standpunkte, die Menschen sich selbst, anderen Wesen gegenüber und der äußeren Welt einnehmen. Wenn ich sage „ich fühle Freude in mir“, dann spreche ich über eine Erfahrung in mir, innerhalb meines Ich-Erlebens, und wenn wir sagen: „wir verstehen uns“, dann bringen wir ein inter-subjektives Wir-Erleben miteinander zum Ausdruck, und wenn jemand sagt: „Es wiegt ein Kilogramm“, dann nimmt er oder sie einen objektiven Standpunkt gegenüber einem Gegenstand ein. Die Zahl der unterschiedlichen Perspektiven ist groß, ebenso groß wie die Anzahl der Pronomen einer Sprache, und es gibt viele und interessante Unterschiede zwischen den Sprachen. Sucht man jedoch nach etwas Gemeinsamen, dann lässt sich die Vielzahl der Pronomen

35 s.o., Ziffer 59.
36 s.o., Ziffer 61.
37 s.o., Ziffer 61.
38 s.o., Ziffer 48.

wie folgt zusammenfassen:[39]

1te Person ist die Person die spricht, z. B. ich, mir, meins usw. Dies ist die Domäne der Subjektivität.

2te Person ist die Person zu der bzw. zu denen gesprochen wird, z. B. du, die, ihr. Voraussetzung dieser Perspektive ist die Existenz von Inter-Subjektivität, die Möglichkeit andere Menschen oder Wesen „von innen her" zu berühren. Zwei oder mehr Ich's berühren und überschneiden sich, und es entsteht ein Wir.

3te Person ist die Person oder Sache über die gesprochen wird, z. B. er, sie, es. Dies ist der Bereich der Objektivität.

Natürlich gibt es auch andere Möglichkeiten, die Pronomen zu gruppieren, aber offenbar stellt diese Einteilung etwas ganz Grundlegendes in der Struktur des Kosmos dar, und damit auch in der Wahrnehmungsstruktur und in den Wahrnehmungsbereichen der Menschheit, anderenfalls hätte sie nicht in praktisch allen Sprachen der Welt ihren Niederschlag gefunden.

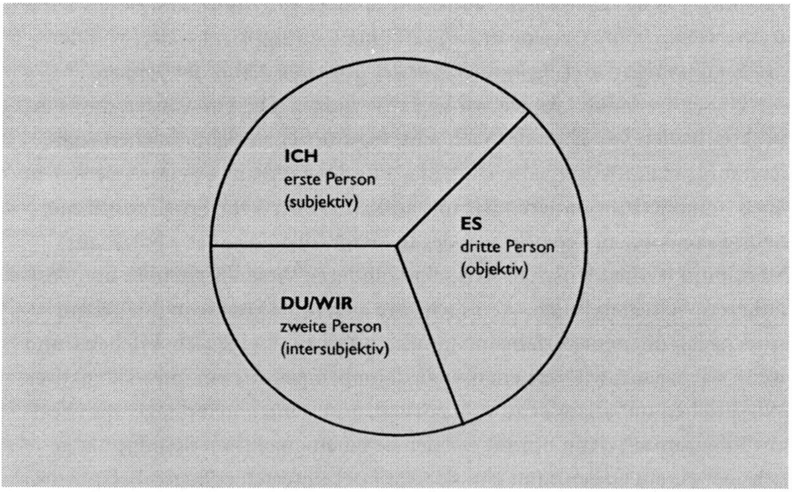

Abb. 3: Drei Hauptperspektiven bzw. Seinsbereiche[40]

39 Frederick Bodmer: *Die Sprachen der Welt*, S. 87: „Das Pronomen der ersten Person steht für die Person, die eine Aussage macht, dasjenige der zweiten steht für die Person, an die wir uns wenden, und das der dritten Person für die Person oder die Sache, über die wir etwas aussagen oder eine Frage stellen."
40 Aus: *The Integral Operating System, p. 29*

Betrachten wir dazu obige Abbildung, die aufzeigt was Wilber mit den „Großen Drei" bezeichnet[41] – die Bereiche von Ich, Du/Wir und Es, oder Subjektivität, Intersubjektivität und Objektivität, oder dem Schönen (im Auge des Betrachters), dem Guten (die Ethik des Miteinanders) und dem (objektiv) Wahren, oder Buddha (das erleuchtete Ich), shanga (die Gemeinschaft) und dharma (die Lehre). Wenn dem so ist, dann bedeutet dies jedoch auch, dass bei allem was die Menschheit oder jeder einzelne unternimmt, er oder sie gut beraten ist, jeweils alle drei Dimensionen[42] zu berücksichtigen, keine zu bevorzugen und keine zu vernachlässigen. Und hier wird das, was vielleicht bisher nur als ein Spiel mit Worten aussieht, ganz konkret. Ein paar wenige Beispiele.

Erziehung/Bildung

Erziehung zur Ich-Dimension bedeutet, den Zugang von Kindern zum eigenen Ich und zur eigenen individuellen Innerlichkeit zu fördern, und ihnen bei der Erforschung Hilfestellung zu bieten. Die Methodiken dafür sind Introspektion im weitesten Sinn, von Körperwahrnehmung bis Meditation, Gedanken- und Gefühlsbeobachtung usw. Dabei geht es um die Entdeckung der Einmaligkeit und Unterschiedenheit der eigenen Individualität in ihrer sich entwickelnden Dynamik, und ihrem Ausdruck, z. B. im Spiel und in der Kunst. Die Entdeckung der Wir-Dimension wiederum betont das Miteinander-in-der-Welt-sein aller Wesen, das Miteinander umgehen, das Sich-verständigen, das Lösen von Konflikten und das Erkennen von Unterschieden, sowie auch das Miteinander-feiern. Hier kommen gruppendynamische Methodiken im weitesten Sinn zur Anwendung. Die Es-Dimension wiederum „entdeckt" die Objektivität des Seins und erkundet in Fächern wie Physik, Chemie, Biologie, Ökologie die objektiven Gegebenheiten dieser Welt. Vor diesem Hintergrund lohnt eine Betrachtung von Bildungssystemen, mainstream oder alternativ, und das entsprechende Zuordnen der dort angebotenen Fächer. Inwieweit wird eine ausgewogene Entwicklung in allen drei Bereichen unterstützt, und wo liegen Schwerpunkte bzw. Vernachlässigungen? Bei Überprüfungen der Effizienz von Bildungssystemen wie beispielsweise dem PISA Test wäre eine derartige Ausgewogenheit wünschenswert, die sowohl subjektive (wie weit ist ein Mensch persönlich entwickelt), intersubjektive (wie weit ist ein Mensch beziehungsfähig) und objektive (was weiß ein Mensch) Kompetenzen misst.

41 unterteilt man den Es-Bereich in Es (singular) und Es (plural), dann gelangt man zu den vier Quadranten.

42 Diese 3 Bereiche existieren nicht für sich, sondern stehen in Wechselwirkung zueinander: Es gibt kein Ich ohne ein Wir oder Es, und umgekehrt.

Politik

Es ist wahrscheinlich kein Zufall, dass sich die großen politischen Strömungen nach ihrer Zugehörigkeit zu den Erfahrensbereichen zuordnen lassen. (Echte) liberale Politik hat sich schon immer des Individuums angenommen, des Ich, und seine Rechte betont (Meinungsfreiheit, Datenschutz, Wahlfreiheit, Reisefreiheit usw.), und sie vor den Zugriffen der Gemeinschaft geschützt – von einem „die Würde des Menschen ist unantastbar" bis zur Dauerforderung nach Steuersenkung. Demgegenüber haben sich die Sozialpolitiken im weitesten Sinn mit der Wir-Dimension beschäftigt und erkannt, dass niemand eine Insel ist, sondern dass wir alle kulturell (von einer gemeinsamen Sprache bis hin zum gemeinsamen Mensch-sein) miteinander in Gemeinschaft und Abhängigkeit voneinander stehen. Betont die Individualpolitik die Rechte des Einzelnen, so betonen die Sozialpolitiken die Pflichten des Einzelnen gegenüber der Gemeinschaft, z. B. in Form von Steuern und Abgaben, Wehrdienst, Schulpflicht usw. Politik hat jedoch auch eine objektive Dimension, z. B. das Erkennen ökologischer Zusammenhänge, infrastruktureller Entwicklungen oder die einfache Tatsache, dass man nicht auf Dauer mehr Geld einnehmen als ausgeben kann. Die Vernachlässigung der objektiven Dimension „rächt" sich z. B. in Form von strukturellen Ungleichgewichten, mit der Notwendigkeit von „Strukturreformen". Analog führt eine Vernachlässigung der Intersubjektivität z. B. in eine Ellbogengesellschaft, wo jeder nur „sich selbst der Nächste ist", und das Übergehen von Subjektivität zu einem totalitären Staat, wo ein meist ideologisch gefärbtes „Wir", ein „-ismus", bestimmt, was jedes einzelne „Ich" zu tun oder zu unterlassen hat.

Medizin

Es ist längst klar geworden, dass die konventionelle medizinische Behandlung objektiver Faktoren eines Individuums – die Behandelung des physischen Organismus mit physischer Intervention (Chirurgie, Medikation, Verhaltensänderungen) – zwar ein wichtiger Teil, aber eben nur ein Teil einer Behandlung sein kann. Mittlerweile ist die Bedeutung subjektiver Faktoren wie der psychologischen Einstellung eines Patienten, seiner Gedanken, Emotionen, Vorstellungskraft und Intentionen für die Ursache wie auch für die Heilung einer Erkrankung erforscht und unbestritten. Gleichermaßen erleben wir eine Explosion an Aufmerksamkeit für die intersubjektiven Faktoren von Erkrankungen, von der Einstellung einer Kultur oder Gemeinschaft gegenüber einer bestimmten Krankheit wie z. B. AIDS, über kulturelle Werte und Weltsichten ganz allgemein, bis hin zur Qualität der Arzt/Patienten-Beziehung.[43] Beziehungen können krank oder gesund machen, privat und in der Arbeit, und Fragen wie die, ob ein Mensch, der sich in einem totalitären System wohl fühlt, gesund ist, werden gestellt und verlangen nach Antworten. Ein ebenso zunehmend beachteter Faktor betrifft die objektiv-systemischen Gegebenheiten wie z. B. Umweltbelastungen, das Gesundheitssystem und die Infrastruktur eines Landes sowie das Versorgungs- und Verteilungssystem einer Gesellschaft mit Nahrung und Medikamenten. Eine soziale Struktur, die nicht in der Lage ist die Menschen einer Region mit Nahrung zu versorgen, führt zu Unterernährung, Hunger und Tod, wovon uns die Medien täglich berichten.

Beziehung

Beziehungen sind – definitionsgemäß – auf die intersubjektive Dimension angelegt, und doch funktionieren und „leben" sie nur dann, wenn auch Individualität und Objektivität zu ihrem Recht dabei kommen. Ein „Wir" lebt auch von der Unterschiedlichkeit seiner Individuen, aus denen es sich bildet, und wenn die eigene Individualität einer Beziehung oder Gemeinschaft „geopfert" wird, dann leidet nicht nur das Individuum, sondern auch die Beziehung. Die objektive Komponente von Beziehungen wird oft unterschätzt bzw. vernachlässigt. Zu ihr gehören die Regelungen des Alltags bin zu der Frage wer den Müll entsorgt, wer die finanziellen Angelegenheiten regelt und das Versorgungssystem sowie die alltäglichen Abläufe reibungslos funktionieren lässt. Jede Beziehung wird in allen drei Dimensionen gelebt, und möchte dort auch gelebt *werden.*

Wissenschaft

Wissenschaft wird in unserem Kulturkreis derzeit praktisch ausschließlich mit der objektiven Dimension des In-der-Welt-seins in Verbindung gebracht. Wissenschaftssendungen im Fernsehen z. B. beschäftigen sich mit der Entstehung des Universums, oder der Ernährung, mit ökologischen Systemen oder mit der Raumfahrt, mit historisch-geologischen Betrachtungen der Erde oder mit Archäologie – aber dies sind *ausschließlich* objektive Betrachtungen unseres Seins.[44] Ebenso wichtig sind die beiden anderen Dimensionen – die

43 Selbst Maßnahmen wie das Abnehmen, was noch vor wenigen Jahren eine eher private und individuelle Sache war – „fdh, frisst die Hälfte" – , sind mittlerweile zu einem Gruppenereignis geworden, weil – so ein Slogan der Weightwatchers -, „vieles gemeinsam leichter ist".

44 Und falls es sich doch einmal um Themen wie Psychologie, Geist oder Bewusstseins dreht, dann geht es dabei ziemlich sicher um Verhalten, Neurotransmitter, Synapsen, elektrische Potentiale und neuronale Strukturen. In seiner letzten Ausgabe vor der Jahrtausendwende veröffentlichte das Magazin FOCUS (Nr. 52-99) eine Umfrage unter Wissenschaftlern, wer ihrer Meinung nach zu den Top 50 Wissenschaftlern des ausgehenden 20ten Jahrhunderts gehört, und hat daraus eine Rankingliste erstellt. Ordnet man die genannten Top 50 dieses Ranking nach Quadranten, dann sind 49 davon Wissenschaft-

Geisteswissenschaften im allgemeinen Sinn. Die Ich-Dimension lässt sich ebenso wissenschaftlich betrachten, auch wenn ihre „Erfahrungsgegenstände" im Inneren und nicht im Äußeren liegen, und das gleiche gilt für die Wir-Dimension. Meditation, Kontemplation, introspektive Psychologie und Schattenarbeit sind die Wissenschaften der Ich-Dimension, und Hermeneutik und kulturelle Untersuchungen sind die Wissenschaften der Intersubjektivität und des Dialoges. Man stelle sich folgendes vor: jemand geht zu einer Universität und sagt: „Guten Tag, ich möchte gerne meinen Ich-Raum studieren, was haben sie anzubieten?" In einem Vorlesungsverzeichnis der Zukunft wird es vielleicht einmal – so meine Hoffnung – eine gleichgewichtige Betonung von subjektiven, intersubjektiven und objektiven Erkenntnisgebieten, Untersuchungsmethoden und Angeboten geben.

So weit ein paar Beispiele, die als Anregungen genügen sollen. Ich möchte zum Schluss noch einmal auf Humboldt zurückkommen, mit dessen Überlegungen zur Sprache wir begonnen haben. In einer wunderbaren Textstelle fasst er zusammen, was hier besprochen wurde, und lenkt unsere Aufmerksamkeit dabei auf die zweite Person, das „Du", welches ein anderes bewusstes und empfindendes Wesen zur Voraussetzung hat, mit dem es in Berührung treten kann, so dass Verstehen möglich wird – das Wunder eines Du/Wir, als ein Mittler zwischen dem Ich und dem Es (oder Er).

> „*Ich* und *Er* sind an und für sich selbst verschiedene, so wie man eines von beiden denkt, nothwendig einander entgegengesetzte Gegenstände, und mit ihnen ist auch Alles erschöpft, denn sie heißen mit anderen Worten *Ich* und *Nicht-ich*. *Du* aber ist ein dem *Ich* gegenübergestelltes *Er*. Indem *Ich* und *Er* auf innrer und äußerer Wahrnehmung beruhen, liegt in dem *Du* Spontaneitaet der Wahl. Es ist auch ein Nicht-Ich, aber nicht, wie das *Er*, in der Sphäre aller Wesen, sondern in einer andren, der eines durch Einwirkung gemeinsamen Handelns. In dem *Er* selbst liegt nun dadurch, außer dem Nicht-*Ich*, auch ein Nicht-*Du*, und es ist nicht bloß einem von ihnen, sondern beiden entgegengesetzt. Dass dieselbe Pronominalform durch alle Sprachen durchgeht, zeigt, dass, nach dem Gefühl aller Völker, das Sprechen in seinem Wesen voraussetzt, dass der Sprechende, sich gegenüber, einen Angeredeten von allen Anderen unterscheidet. In einigen Sprachen zeigt sich sogar darin einen besondre Sorgfalt die zweite Person herauszuheben, dass sie auch in der ersten

ler der rechtsseitigen Quadranten (Physik, Biologie, Chemie, Ökologie, Systemtheorie ...) und nur ein einziger der Nominierten ist ein Forscher von Innerlichkeit: Sigmund Freud. Das Aufdeckung derartiger kulturellen Unbewusstheiten und Unausgewogenheiten ist eines der Ziele eines integralen Ansatzes.

des Plural durch verschiedene Formen andeuten, ob der Angeredete darunter begriffen, oder ausgeschlossen ist."[45]

„Nach dem Gefühl aller Völker ..."

So groß die Unterschiede auch sein mögen bzw. tatsächlich sind,[46] wir Menschen beziehen uns alle auf erste, zweite und dritte Personen, und drücken dieses In-Beziehung-sein durch eine Vielzahl von Pronomen aus. Dies bedeutet auch, dass wir alle dieselben Räume und Erlebnisbereiche bewohnen, und bei allen Unterschieden in den Inhalten dessen, was wir wahrnehmen, dies als einen Ausgangspunkt nehmen können zu unserer Verständigung, hin zu einem wahrhaft ökumenischen, auf einem universellen Humanismus gegründeten Miteinander.

Die intime Vertrautheit mit sich selbst und die Überraschung durch das, was an Licht und Schatten in einem steckt; das Abenteuer des In-Beziehungseins, mit allen Unwägbarkeiten, Höhen und Tiefen eines Tanzes, den man nur gemeinsam tanzen kann; und die Großartigkeit und Erhabenheit von Objektivität, Distanz und Struktur – von Augenblick zu Augenblick, immer wieder neu erlebt und gestaltet.

Beim Lesen der oben zitierten Textpassage von Humboldt hatte ich das Gefühl, dass sich mit dieser Formulierung der Kosmos vielleicht erstmals seiner Intersubjektivität selbst bewusst wurde und diese zum Ausdruck gebracht hat: *„Es* [das Du] *ist auch ein Nicht-Ich, aber nicht, wie das* Er, *in der Sphäre aller Wesen, sondern in einer andren, der eines durch Einwirkung gemeinsamen Handelns*".

Hier wird ein Erlebnisraum weit aufgestoßen, dessen systematische Erforschung historisch betrachtet gerade erst begonnen hat. Der Ich-Raum wird schon seit Jahrtausenden erkundet (und geformt), durch die spirituellen Traditionen und auch durch Psychotherapie im weitesten Sinn, für sich allein genommen bleibt er jedoch meta-physisch (von den großen und großartigen Kosmologien Einzelner, die jedoch auf einer überwiegend individuellen Schau beruhen, bis hin zum modernen New Age Narzissmus „mein Erleben erschafft die Welt"). Die bewusste Entdeckung der Es-Räume nahm in der Zeit der Aufklärung ihren großen Aufschwung mit den modernen (objektiven) Wissenschaften, doch ihre Verabsolutierung bringt die Probleme des Materialismus mit all seinen Ausprägungen mit sich (ein sinn-

45 s.o., Ziffer 47, Hervorhebungen im Original.

46 Auf die Bedeutung der Ebenen des Bewusstseins in ihrer Unterschiedlichkeit und Entwicklung in den 3 Hauptbereichen des Ich, Wir und Es wird in diesem Beitrag nicht eingegangen.

loses, wert-loses und geist-losen Hasten von Material). Dazwischen steht gewissermaßen das „Wunder des Wir", die Beziehung und Intersubjektivität sich von innen her berührender Wesen, und wir Nachgeborenen können nun, uns vor den großen Pionieren dieser Erkenntnisse verneigend, unsere Dimensionen des In-der-Welt-seins mit ihren jeweiligen Größen, Grenzen und Zusammenhängen erfahren, gestalten und uns auch daran erfreuen – nicht nur, aber eben auch durch unsere Sprache(n), getragen und geformt von Generation zu Generation, z. B. auch durch Medien wie dasjenige, welches sie gerade lesen.

A-perspektivische Perspektivlosigkeit

In der Titelstory *Die Suche nach dem ICH* in der Zeitschrift Focus[47] Nr. 6 vom 6. Februar 2006 (S. 78) machen sich die Autoren auf die Suche nach dem Ich, und kommen zu dem Ergebnis, dass es kein Ich gibt, da die moderne Hirnforschung kein materiell im Gehirn lokalisiertes Ich-Zentrum gefunden hat („Doch nach diesem Ich-Kern fahnden die Forscher bislang vergebens"). Dies wird durch Expertenmeinungen untermauert: „Das Denkorchester besitzt keinen Dirigenten", „Das vermeintliche Zentrum des inneren Erlebens ist das Produkt einer umfangreichen Verwechselung" oder: „Keiner war oder hatte jemals ein Selbst", „... nur ein Jemand kann eine Illusion haben. Wir aber sind gewissermaßen niemand."

Dies ist ein klassischer Fall von materiellem Reduktionismus, wo Innerlichkeit (subjektives Ich-Erleben) auf – in diesem Fall fehlende – Es-Äußerlichkeit (es gibt kein neurologisches Ich-Zentrum) reduziert und damit wegerklärt wird. Aber auch ohne ein neurologisches Ich-Zentrum bleibt die Erfahrung bestehen, dass jeder Mensch (von Pathologien wie Boderline und Psychose abgesehen) ein Ich-Erleben hat und dies unter Verwendung der entsprechenden Personalpronomina in praktisch allen Sprachen der Welt zum Ausdruck bringt (Ich, mir, mein usw.). Daran werden auch noch so viel neurologische Erkenntnisse, so interessant und bedeutend sie auch sein werden, nichts ändern.

In dem Artikel wird der Gelehrte Thomas Metzinger interviewt, einer der „profiliertesten Philosophen des Geistes": Er sagt darin u.a.: „Jeder sollte so frei wie möglich mit seinem Gehirn und seinem Bewusstsein umgehen ...". Doch stellt sich die Frage, wie das möglich sein soll, wenn es diesen Jemand gar nicht gibt. Und wenn er sagt „Auch durch RTL-Gucken entsteht ein

47 Die Zeitschrift erreicht, wie sie in der gleichen Ausgabe sagt, eine Leserschaft von 6,26 Millionen Menschen.

Mensch, von dem die anderen weniger haben: Blödere, unkritischere Mitmenschen mir bloßen Konsuminteressen sind nicht attraktiv für eine Gesellschaft", dann erhebt sich die Frage, wo diese persönliche Meinung herkommt – wo doch Metzinger nach eigener Aussage kein Ich hat („... denn nur ein Jemand kann eine Illusion haben. Wir aber sind gewissermaßen niemand").

Metzinger verwendet in dem kurzen Interview – wenn ich richtig gezählt habe – 14 mal das Personalpronomina „wir", welches auf einen Erlebensbereich von intersubjektiver Wahrnehmung hinweist. Ein derartiger Erlebnisbereich macht aber nur Sinn, wo es auch so etwas wie eine subjektive Wahrnehmung gibt. Anders gesagt, ohne Subjektivität keine Inter-Subjektivität. Kurz vor Ende des Interviews spricht Metzinger sogar in Ich-Form: „Ich weiß natürlich, dass es kurzfristig gesehen immer dringlichere Probleme gibt". Woher weiß er das, wenn nicht als eine Erfahrung aus dem eigenen Ich-Erleben?

Auch 200 Jahre nach Wilhelm von Humboldt gibt es noch viel zu tun auf dem Weg zu einer Gleichberechtigung der Perspektiven.

Sprache, Bewusstsein, und Interpretation[48]

Gmäeß eneir Sutide eneir elgnihcesn Uvinisterät ist es nchit witihcg, in wlecehr Rneflogheie die Bstachuebn in eneim Wrot snid, das eznige, was wcthiig ist, ist dsas der estre und der leztte Bstabchue an der ritihcegn Pstoiion sehten. Der Rset knan ttoaelr Bsinöldn sein, todzterm knan man ihn onhe Pemoblre lseen. Das legit daarn, dsas wir nihct jeeden Bstachuebn enzelin leesn, snderon das Wrot als Gnaezs.

48 zitiert aus: Bastian Sick, *Der Dativ ist dem Genitiv sein Tod*, S. 73. Das Buch ist ein wunderbares Beispiel dafür, dass Grammatik Spaß machen kann, und dass Sprachen, Denken und Bewusstsein eng miteinander verbunden sind, und sich miteinander entwickeln.

Subtile Energien

Eines der am meisten kontrovers diskutierten Themen zwischen dem (konventionellen) Mainstream und den alternativen Bewegungen ist das der subtilen Energien. Während z. B. naturwissenschaftlich orientierte Menschen bei Begriffen wir „Astralkörper" oder „Pflanzenseele" nur verständnislos den Kopf schütteln, sind dies für alternativ ausgerichtete Menschen Realitätsaspekte, mit denen ganz selbstverständlich umgegangen wird.

Wenn es hier jemals zu irgendeiner Art von Verständnis und Verständigung kommen soll, dann braucht man eine Theorie darüber, was subtile Energien sind, und wie man sie erfahren, erforschen und erklären kann. Diese Aufgabe hat sich Ken Wilber im *Auszug G*[49] gestellt, und seine Schlussfolgerungen sollen in diesem Beitrag zusammengefasst werden.

Man kann gespannt darauf sein, wie der „Integrator" Wilber in die schwierige Thematik von Chi, feinstofflicher Energie, Prana, Kundalini usw. Systematik, Ordnung und Wissenschaftlichkeit hineinbringt, bzw. die Bezüge dorthin aufzeigt. Er tut dies, indem er die Weisheit der Prä-Moderne, Moderne und Postmoderne zusammenfügt und daraus drei (bzw. für die Erläuterung von Reinkarnation vier) Hypothesen formuliert.

Den Kern der Kontroverse können wir uns vor dem Hintergrund des Modells der vier Quadranten erklären. Die objektive Messbarkeit dieser feinstofflichen Energien ist hochumstritten. Während die grobstofflichen Energien, also diejenigen Energien, welche zusammen mit der grobstofflichen Materie auftreten wie Elektromagnetismus und Gravitation, schon seit Jahrhunderten Gegenstand der Forschung, und ein fester Bestandteil des Physikunterrichts in den Schulen der Welt sind, steht die Messung von Bioenergie oder mentaler Energie noch auf sehr unsicheren Füssen.

Woher kommen dann überhaupt diese Behauptungen subtiler Energien, Felder und Erscheinungen? Wir kennen sie aus den phänomenologischen Beobachtungen der meditativen und kontemplativen Traditionen der Jahrhunderte, und diese subjektiven Beobachtungen werden von einem integralen Ansatz ebenso berücksichtigt wie die objektivierenden Messverfahren. (Sie werden nicht – wie das ein objektivierender wissenschaftlicher Materialismus tut –, als bloße metaphysische Spekulationen oder Phantasien abgetan,

49 www.shambhala.com: Ken Wilber, excerpt G, *Toward a comprehensive Theory of Subtle Energies* [Auf dem Weg zu einer Theorie der subtilen Energien]. Dies ist ein vorab veröffentlichten Auszug aus dem noch nicht erschienenen Band 2 der Kosmos Trilogie (Band 1 ist *Eros, Kosmos, Logos*). Die Seitenangaben hinter den Zitatstellen beziehen sich auf diesen Text,die Numerierung der Abbildungen wurde der Reihenfolge dieses Buches angepasst.

sie werden jedoch auch nicht als universell gültige Aussagen verabsolutiert, jenseits aller Überprüfbarkeit). Ob das Chi der chinesischen Medizin, die Chakren und die Kundalini-Energie des Yoga, die Joriki-Beschreibungen im Zen, die energetischen Erfahrensbeschreibungen der christlichen Mystik oder des Sufismus : wir verfügen über eine gewaltige Menge phänomenologischer Berichte in der Ich-Sprache einer „ersten Person“ über derartige Erscheinungen, bis hin zu den Landkarten einer feinstofflichen Anatomie wie in der Akupunkturlehre, und, noch wichtiger, wir kennen auch unzählige Praktiken und Methodiken zur Erfahrung, Überprüfung und ggf. Korrektur dieser Berichte und Beschreibungen, so dass es ziemlich unwahrscheinlich erscheint, dass wir es hier mit einem seit Jahrtausenden andauernden, kollektiven und kulturübergreifenden Irrtum zu tun haben.

Doch wie dem auch sei – Wilber geht das Thema gewohnt nüchtern an, und beginnt – einmal mehr – seine Erörterung mit der Weisheit der Prä-Moderne, dem großen Schatz der religiös/spirituellen Traditionen, als einer unverzichtbaren Informationsquelle:

Von der Großen Kette des Seins zum Postmodernismus in drei einfachen Schritten

„Ehe wir uns dem zuwenden, was die moderne Wissenschaft zur Veranschaulichung der subtilen Energien beigetragen hat, werfen wir einen Blick darauf, was uns die großen Weisheitstraditionen dazu berichten. Wir werden dann versuchen, beide in einer integralen Theorie der subtilen Energien zusammenzubringen.

Die traditionelle ‚Große Kette des Seins' wird gewöhnlich wie folgt dargestellt: *Materie, Körper, Geist* [mind], *Seele* und *GEIST* [spirit]. Im Vedanta zum Beispiel sind dies jeweils die 5 Hüllen oder Ebenen des GEISTES: annamayakosha (die Hülle oder Ebene der physischen Nahrung), pranamayakosha (die Ebene des élan vital), manomayakosha (die Ebene des Geistes), vijnanamayakosha (die Ebene des höheren Geistes oder der Seele), und anadamayakosha (die Ebene transzendenter Glückseligkeit, bzw. kausaler GEIST). Vedanta fügt natürlich noch turiya hinzu, das transzendente, immer-anwesende Selbst, und turiyatita, den nichtdualen, immergegenwärtigen, nicht qualifizierbaren GEIST-als-solchen, doch das einfachere fünf-Ebenen-Schema genügt für unsere einführenden Zwecke. (1)

Diese Große Kette des Seins mit fünf Ebenen kann schematisch wie in Abbildung 4 dargestellt werden. Wenn gleich wir mit kulturübergreifenden Vergleichen sehr vorsichtig sein müssen, können darstellende

Schemata ähnlich dieser Grossen Kette oder diesem ‚Großen Nest des Seins' in den meisten Weisheitstraditionen der „prämodernen" Welt gefunden werden. (2)"

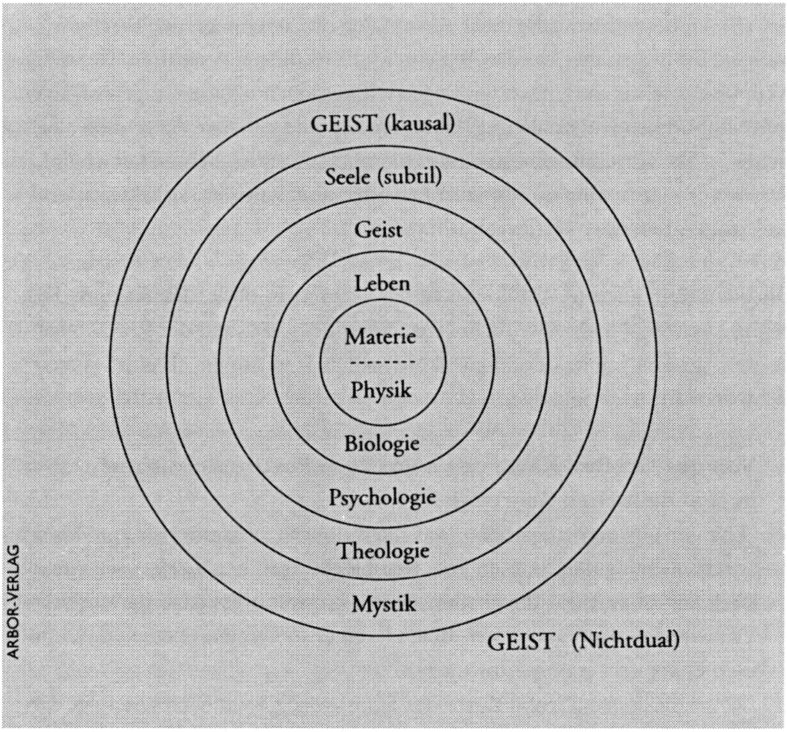

Abb. 4: Die traditionelle Grosse Kette des Seins[50]

Schritt Eins

„Dieses schöne und brillant erklärende Schema ist nicht ohne Probleme. Das Schema selbst ist nicht falsch, aber die moderne und die postmoderne Welt haben verschiedene grundlegende Einsichten hinzugefügt, die aufgenommen werden müssen, wenn wir eine integralere bzw. um-

50 Excerpt G, p.2

fassendere Sicht wollen. Dies meine ich mit ‚von der Großen Kette zum Postmodernismus in drei einfachen Schritten'. (5)

Das Problem

Die erste Schwierigkeit wird an folgendem Beispiel deutlich. Betrachten wir Abbildung 4, dann fällt uns auf, dass alle Ebenen oberhalb von Materie tatsächlich meta-physisch sind, das heißt, sie sind jenseits von Physik oder Materie. Die materielle Ebene beinhaltet jedoch auch zum Beispiel das menschliche Gehirn als eine komplexe materielle Einheit. Dies würde nach dem metaphysischen System bedeuten, dass sich die Gefühle eines Wurms (Ebene 2) auf einer höheren Ebene befinden als das menschliche Gehirn (Ebene 1)."

Das heißt die „Große Kette" berücksichtigt nicht, dass die Materie im Laufe der Evolution sich immer weiter „verfeinert" bzw. immer komplexer wird.

„Etwas stimmt ganz offensichtlich nicht mit diesem Schema. Das hängt teilweise damit zusammen, dass die Beziehung zwischen dem menschlichen Bewusstsein und der menschlichen Neurophysiologie etwas ist, das sich einer introspektiven Phänomenologie nicht erschließt (d.h. dies kann durch introspektive Phänomenologie wie Meditation oder Kontemplation nicht erkannt werden), was bedeutet, dass Erkenntnisse über Dinge wie Dopamine, Serotonin, synaptische Schaltungen, der Kreb'sche Kreis, die Regulation durch den Hypothalamus und so weiter den alten Weisen generell nicht bekannt waren. Noch einmal, dies bedeutet nicht, dass ihre spirituelle Verwirklichung fehlerhaft oder unzureichend war, sondern lediglich, dass sie keinen Nutzen aus einigen der konkreten Fakten ziehen konnten, welche die moderne Wissenschaft entdeckt hat. Würde Plotin heute leben, dann kann man darauf wetten, dass einige der Kapitel in den Enneaden der Neurophysiologie des Gehirns und ihrer Beziehung zum GEIST gewidmet wären. Würde Shankara heute leben, dann würden seine Kommentare zu den Brahma Sutren zweifellos eine ausführliche Diskussion über die Beziehung zwischen nadis und Neurotransmittern enthalten. (6)

Lösungsvorschlag

Mein Vorschlag Nr. 1:

In der manifesten Welt ist das, was wir mit ‚Materie' bezeichnen, nicht die unterste Sprosse im großen Spektrum der Existenz, sondern die äußere Form von jeder Sprosse im großen Spektrum. Materie ist nicht unterhalb eines höheren Bewusstseins, sondern Materie und Bewusstsein sind das Äußere und das Innere eines jeden Ereignisses. (7)“

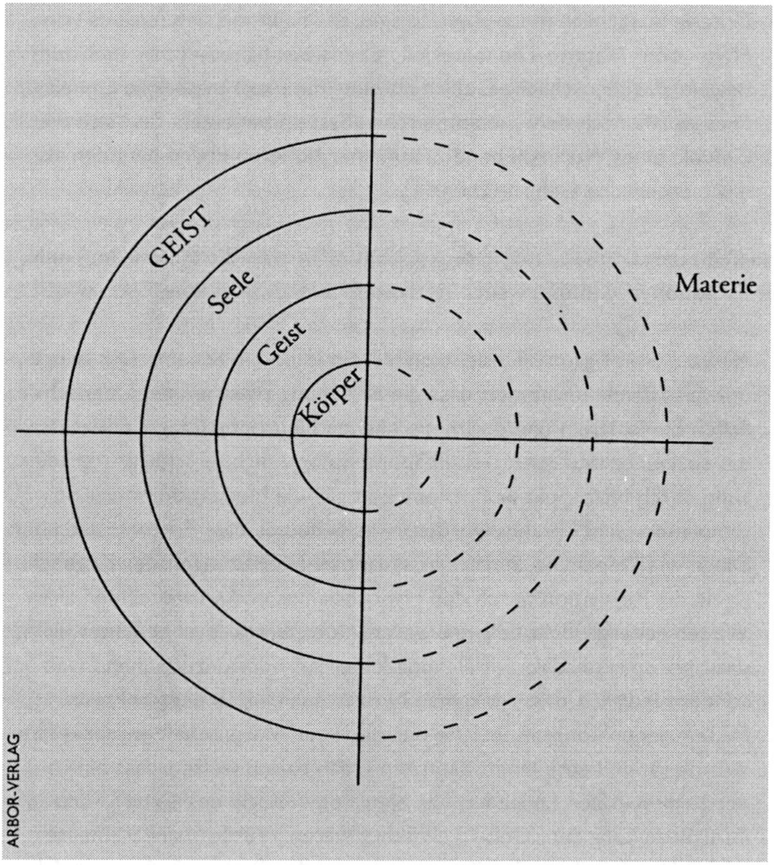

Abb. 5: Schritt Eins: Materie ist nicht der „Boden“ aller Ebenen, sondern das „Äußere“ aller Ebenen – die 4 Quadranten[51]

Wilber „kippt“ gewissermaßen in einem revolutionären Ruck die Große Kette von unten nach außen – das, was bisher das Unterste war, wird nun das Äußere.

51 aus: Excerpt G, p. 7

„Materie ist – mit anderen Worten – nicht die unterste Sprosse dieser evolutionären Spirale, sondern die äußere Form einer Evolution, deren Innerlichkeiten entsprechende Ebenen von Gefühlen, Gewahrsein, Bewusstsein und so weiter enthalten. Die AQAL Metatheorie drückt dies so aus, dass jeder Geist einen Körper hat, bzw. jeder Bewusstseinszustand einen entsprechenden erkennbaren Zustand von Materie-Energie, bzw. jede innerliche Wahrnehmung eine äußere Form – in Kurzform: jedes Ereignis im oberen linken Quadranten hat eine Entsprechung im oberen rechten Quadranten und umgekehrt. Es ist nicht einfach so, dass höhere Ebenen (von Leben, Geist und Seele) ihre Abdrücke in der Materie hinterlassen (welche ihrerseits die unterste Ebene bleibt), sondern, was wir mit Materie bezeichnen, ist die äußere Form dieser innerlichen Ebenen. (8)“

Deshalb sind das, was die Prämodernen als META-physische Wirklichkeiten betrachteten, in vielen Fällen INTRA-physische Wirklichkeiten: sie sind nicht oberhalb der Materie, sie sind nicht oberhalb der Natur, nicht meta-physisch und nicht über-natürlich: sie sind nicht über der Natur, sondern in der Natur, nicht jenseits der Materie, sondern in ihr.

„Es gab für einen prämodernen Weisen, der in einer tiefen Meditation über die Natur der Seele versunken war, schlichtweg keinen Weg um zu erkennen, dass seine oder ihre Gehirnstrommuster in einen theta-alpha Zustand übergingen; dass das Serotonin zunimmt, dass die neurale Milchsäure abnimmt, dass sich der zelluläre Sauerstoffbedarf deutlich verringert, und dass eine hemisphärische Lateralisierung auftritt. All die innerlichen Enthüllungen der Seele wurden wahrgenommen als wären sie nicht physisch, nicht materiell, in keiner Weise mit der Natur verbunden, und kein Bestandteil des Gewebes materieller Manifestation: sie waren in jeder Hinsicht meta-physisch. (9)

Schritt Zwei

Das Problem

Schritt Nr. 1 fügt den tiefen Weisheiten der prämodernen Traditionen die unschätzbaren Beiträge der modernen Wissenschaft hinzu. Schritt Nr. 2 fügt zusätzlich die wichtigen Beiträge der postmodernen Wende des GEISTES hinzu.

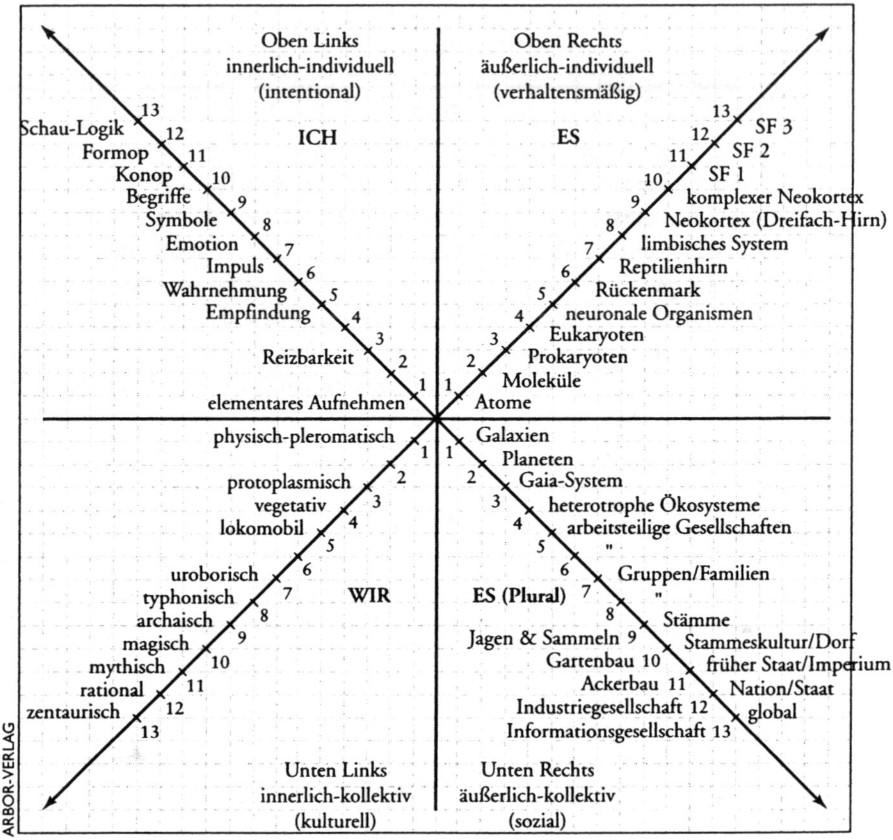

Abb. 6: Die 4 Quadranten (mit ein paar Details)[52]

Diese Beiträge sind in den unteren zwei Quadranten von Abb. 6 zusammengefasst. Die oberen Quadranten repräsentieren ein *individuelles* Wesen; die unteren Quadranten repräsentieren eine Gruppe, ein Kollektiv, oder ein *System* individueller Wesen. Die linksseitigen Quadranten repräsentieren die *Innerlichkeit* eines Individuums oder einer Gruppe; und die rechtsseitigen Quadranten repräsentieren die *Äußerlichkeit* eines Individuums oder einer Gruppe. Daher sind die vier Quadranten das Innerliche und das Äußerliche des Individuums und der Gemeinschaft. (9)"

Wilber hat mit diesen zwei Schritten die Weisheiten der Prä-Moderne, Moderne und Postmoderne vereinigt, ihre jeweilige Würde aufgezeigt, aber

52 aus: The Integral Operating System, p. 30

auch die ihnen innewohnenden Grenzen aufgezeigt, und das Modell der vier Quadranten gibt dies wie folgt wieder: Die Würde der Prä-Moderne (und damit die Würde aller hauptsächlich subjektiven Erkenntnis) liegt in der subjektiven phänomenologischen Erforschung von individueller Innerlichkeit (links oben) – ihre „Katastrophe" in der „Subjektivierung" von Ereignissen, die intersubjektiv oder objektiv sind. Die Moderne (und alle objektivierenden Erkenntnisweisen) fügte die bedeutenden objektiven Erkenntnisse über die äußeren Dinge und Systeme hinzu (Messen, Zählen, Wiegen, rechts oben und rechts unten) – und geriet dabei in die Katastrophe des „Flachlandes", wo kein Raum für Subjektivität und Intersubjektivität mehr war, und alles auf Oberflächen reduziert und sinn-entleert wurde. Die Postmoderne wiederum (und alle Erkenntnis die auf Intersubjektivität gerichtet ist) wies darauf hin, dass sowohl Subjektivität sowie auch Objektivität immer schon in intersubjektive, kulturelle Praktiken und Bedeutungen eingebettet sind, die nicht vernachlässigt werden dürfen (aufgezeigt z. B. durch Entwicklungsmodelle wie die von Jean Gebser und Clare Graves), doch sie übertrieb diese wichtige Einsicht dahingehend, das Subjektivität und Objektivität ganz geleugnet wurden, und alles Existierende auf kulturelle Interpretationen – die „ismen" – reduziert wurde.

Bewahrt man die jeweiligen Würden dieser drei großen Zeitabschnitte und vermeidet man ihre Übertreibungen, dann gelangt man zu der eigentlichen Fragestellung.

Schritt Drei

Das Problem

„Jetzt widmen wir uns der Rolle und der Natur von Energie – grobstofflicher Energie, subtiler Energie und kausaler Energie. Ich habe bereits vorgeschlagen, dass Masse und Energie Aspekte der OR[53] Dimension jedes individuellen Wesens sind – das heißt, sie repräsentieren etwas von der äußerlichen Form eines jeden Individuums (und eines jeden Systems, wie wir noch sehen werden).

Das Problem kann hier wie folgt formuliert werden: Wenn wir davon ausgehen, dass (1) die Prämoderne keine ausreichende Klarheit bezüglich der Rolle der Materie hatte, und dass daher (2) die alten Weisen die subtilen Energien als grundsätzlich meta-physisch bzw. über-natürlich

53 die im folgenden verwendeten Abkürzungen OL, OR, UL, UR beziehen sich auf die vier Quadranten: OL = oben links, OR = oben rechts, UL = unten links, UR = unten rechts.

darstellten; und jetzt (3) das moderne Verständnis von Materie nicht als unterste Ebene sondern als das Äußerliche aller Ebenen hinzuziehen, dann stellt sich (4) die Frage: wie können wir in einer angemesseneren Art und Weise die Beziehung zwischen subtilen Energien und grobstofflich materiellen Formen neu interpretieren?
Einfach ausgedrückt: wenn Materie nicht die unterste aller Ebenen ist sondern deren Äußerliches, wie passt dann die subtile Energie in dieses Schema? In den prämodernen Traditionen wurde subtile Energie oder ‚prana' üblicherweise als die zweite Ebene in der Großen Kette (z. B. prananmayakosha) dargestellt: es war eine Ebene ätherischer oder astraler Energie ‚oberhalb' physischer Materie und Energie. Doch wenn die Materie nun re-interpretiert wurde, kann dann nicht auch subtile Energie in ähnlicher Weise neu interpretiert werden, um mit den modernen und prämodernen Enthüllungen der Entfaltungen des GEISTES Schritt zu halten? (12)

Lösungsvorschlag
Die in diesem Fall vorgeschlagene Lösung formuliere ich in Form von drei Hypothesen, von denen wir zwei bereits kennen, und die dritte direkt dieses Thema behandelt.

Hypothese Nr. 1: Fortschreitende Evolution bringt zunehmende Komplexität grobstofflicher Formen. Oben rechts zum Beispiel finden wir Quarks zu Protonen zu Atomen zu Molekülen zu Zellen zu komplexen Organismen. Diese Zunahme der Komplexität von Formen (durch Prozesse der Differenzierung und Integration) wird schon seit längerem von Evolutionsbiologen beschrieben. Ervin Laszlo: „Während also eine neue Organisationsebene eine Vereinfachung von Systemfunktionen und der entsprechenden Systemstruktur bedeutet, wird dadurch ebenso ein Vorgang einer zunehmenden strukturellen und funktionalen Komplexität in Gang gesetzt". Ich denke, dass diese „Komplexifizierung" ziemlich offensichtlich ist, und wir uns nicht weiter damit beschäftigen müssen.

Hypothese Nr. 2: Eine Zunehmende Komplexität der Form (im OR) geht einher mit einer zunehmenden innerlichen Bewusstheit (im OL). Dies ist Teilhard de Chardins ‚Gesetz der Komplexität und Bewusstheit' – und zwar, je mehr vom Ersteren, desto mehr vom Letzteren. Genauer gesagt, je größer die äußerliche Komplexität der materiellen Form, desto größer die innerliche Bewusstheit, welche innerhalb dieser Formen hervorgebracht werden kann (d.h. die Entsprechung zwischen OR und OL).

Hypothese Nr. 3. Weiterhin – und das ist die verbindende Hypothese – geht eine zunehmende Komplexität der grobstofflichen Form einher mit einer zunehmenden Verfeinerung von Energien. Mit dem Fortschreiten der Evolution zu immer komplexeren grobstofflichen Formen wird der zunehmende Grad grobstofflicher Komplexität durch entsprechende (signifikante) fortschreitend subtilere Energiemuster begleitet. Da wir uns bei dieser Betrachtung auf individuelle Wesen konzentrieren, können wir feststellen: zunehmende Evolution bringt eine zunehmende Komplexität grobstofflicher Formen (im OR), welche einhergehen mit einem zunehmenden Grad von Bewusstheit (im OL), und, wiederum im OR, einer Verfeinerung der entsprechenden Energien. Anstatt höhere Ebenen als grundsätzlich getrennt von der Materie und den grobstofflichen Formen zu interpretieren, ist die Komplexifizierung der grobstofflichen Form das Vehikel der Manifestation – sowohl für subtilere Energien wie auch für zunehmende Bewusstheit.

Wenn diese verbindenden Aussagen aufrecht erhalten werden können, dann wäre dies der dritte große Schritt hin zu einer Bewegung von prämoderner Metaphysik zu einer integralen Post-Metaphysik, einem Schritt, von dem ich glaube dass er die bleibenden Wahrheiten der großen metaphysischen Traditionen bewahrt, aber ohne deren interpretierendes Rahmenwerk auskommt. Dies bringt uns zum Ende dieser kurzen Einführung, und an den Beginn der Hauptdiskussion einer integralen Theorie der subtilen Energien. (12)“

Salopp ausgedrückt könnte man sagen, dass Wilber es für unwahrscheinlich hält, dass bei der zunehmenden Komplexifizierung der Materie (die wissenschaftlich unstreitig ist) die Energie (an deren grobstofflicher Existenz – Elektromagnetismus, Gravitation – ebenfalls kein Zweifel besteht) gewissermaßen stehen geblieben ist. So gelangt er zu der Hypothese, dass die zunehmende Komplexifizierung im Verlauf der Evolution Materie und Energie gemeinsam betrifft, auch wenn die objektiven Messungen einer sich verfeinernden Energie (noch) nicht annähernd die Gewissheit liefern wie die von Materie.

Wilber formuliert im weiteren Verlauf des Auszug G ein Spektrum subtiler Energien, und ordnet dabei den Ebenen von Masse/Energie die entsprechenden Ebenen des Bewusstseins zu. Des Weiteren schlägt er eine Terminologie für diese Energien vor, unter Verwendung bereits gebräuchlicher Begriffe (grobstofflich, ätherisch, psychisch, kausal, nichtdual) – und betont den vorläufigen Charakter derartiger Bezeichnungen.

Dann wendet sich Wilber dem „Reizthema" Reinkarnation zu:

Reinkarnation

„Wir kommen nun zum kontroversesten Thema im Zusammenhang mit subtilen Energien, und zwar dem Thema Reinkarnation bzw. Seelenwanderung. Ich zögere, wenn es darum geht, hierüber etwas auszusagen, denn jede Stellungnahme wirkt sofort auf die andere Hälfte der Zuhörerschaft befremdend.

Ich selbst glaube, dass Reinkarnation stattfindet; im Augenblick jedoch geht es mir vor allem darum, einen Ablauf vorzuschlagen wie Reinkarnation stattfinden kann, und nicht so sehr um die Argumentation, ob sie stattfindet oder nicht. Nehmen wir einfach einmal an, dass Reinkarnation stattfindet, und fragen wir uns, wie das mit der Hypothese Nr. 3 in Einklang zu bringen ist, nämlich, dass subtile Energien mit der Komplexifizierung grobstofflicher Formen verbunden sind. Mit dem Tod löst sich die grobstoffliche Form eindeutig auf; was geschieht mit den subtilen Energien, wenn diese an diese grobstofflichen Formen gebunden sind? An dieser Stelle entscheidet man sich einfach, ob Reinkarnation existiert oder nicht. Wenn man nicht daran glaubt, dass Reinkarnation existiert, bedarf die integrale Theorie subtiler Energien, welche ich bis hierher präsentiert habe, keiner weiteren Ergänzung (jedenfalls nicht in Bezug auf Reinkarnation). Glaubt man jedoch an Reinkarnation, dann muss eine integrale Theorie in der Lage sein, diesen Vorgang aufzunehmen. Das ist durch das Hinzufügen einer weiteren Hypothese wie folgt möglich:
Hypothese Nr 4: Die Komplexität grobstofflicher Formen ist sowohl für den Ausdruck oder die Manifestation von einem höheren Bewusstsein, wie auch von subtilerer Energie notwendig.
Hypothese Nr. 4 schafft die Möglichkeit, dass die höheren Formen von Bewusstsein und Energie (d.h. höher als der Bereich der grobstofflichen Familie) ontologisch nicht an die Komplexifizierung grobstofflicher Formen gebunden sind, sondern sie als Träger für den Ausdruck von subtilen Energien im grobstofflichen Bereich selbst benötigen. Es ist

– mit anderen Worten – nicht so, dass höheres Bewusstsein und Energien aus einer ontologischen Notwendigkeit heraus an die Komplexität grobstofflicher Formen gebunden sind, sondern, dass sie eine entsprechende komplexe Form grobstofflicher Materie benötigen, um sich selbst auszudrücken, bzw. sich in und durch den materiellen Bereich zu manifestieren.
Die Frage, ob das stimmt oder nicht, ist die eine Seite; aber wenn es stimmt, dann muss etwas in der Art von Hypothese Nr. 4 ausgesagt werden. Das Vermeiden dieser Hypothese ist gleichbedeutend mit dem Vermeiden des gesamten Themas ... (29)"

Wilber argumentiert weiter:

„Diese Aussage lässt sich – entsprechend den Traditionen – auf verschiedene Weisen bestätigen.
Erstens ontologisch: während der Involution – von der gesagt wird, dass sie im Wesentlichen in den Bardo- Bereichen der Reinkarnation oder Seelenwanderung stattfindet –, wenn sich der GEIST nach außen verströmt, erschafft er einen kausalen Körpergeist [bodymind]. Der kausale Körpergeist existiert eindeutig ohne sowohl einen subtilen Körpergeist wie auch einen grobstofflichen Körpergeist, da beide noch nicht erschaffen wurden.
Zweitens, phänomenologisch: sobald man sich jede Nacht schlafen legt und zu träumen beginnt, existiert kein grobstofflicher Körpergeist, und man befindet sich überwiegend in einem subtilen Körpergeist; ähnlich auch beim Übergang in den traum- und formlosen Tiefschlaf, wo es weder einen grobstofflichen noch einen subtilen Körpergeist gibt, sondern nur einen kausalen Körpergeist; und daher können phänomenologisch die übergeordneten Körpergeist-Einheiten unabhängig von ihren untergeordneten Einheiten existieren.
Drittens existiert man in bestimmten außergewöhnlichen Wachzuständen – wie außerkörperlichen Erfahrungen (oder „Astralreisen") – in einem subtilen Körpergeist und nicht nur in einem grobstofflichen Körpergeist. Und ebenso existiert man in formlosen meditativen Zuständen in einem kausalen Körpergeist, und nicht in einem subtilen oder grobstofflichen Körpergeist.
Die Traditionen behaupten daher, dass mit dem physischen Tod und der Auflösung des grobstofflichen Körpergeists die Seele, welche jetzt in einem subtilen Zustand existiert und von einer sehr realen, jedoch

subtilen Energie (bzw. einem subtilen Körper) getragen bzw. unterstützt wird, durch eine Reihe von Bardo-Bereichen oder Stationen solange „wandert", bis sie sich aufgrund verschiedener karmischer Faktoren zu einem neuen grobstofflichen Körpergeist hingezogen fühlt, woraufhin eine Wiedergeburt in einem physischen Körper stattfindet.

Daher heißt es, dass die allgemeine subtile Körper/Energie verschiedene Geistesbereiche oder Zustände oder Bewusstseinszustufen unterstützt, einschließlich: (1) den Traumzustand in allen Menschen; (2) meditative formgebundene Zustände (z. B. savikalpa samadhi); (3) verschiedene außergewöhnliche Zustände (z. B. außerkörperliche Erfahrungen, Nahtod-Erfahrungen); (4) und den Bardo-Bereich der Seelenwanderung.

Aus diesem Grund wird beispielsweise auch gesagt, dass – wenn man zu Lebzeiten Meditation praktiziert, und dabei lernt, bei vollem Bewusstsein in den Traumzustand einzutreten (luzides Träumen) –, man dann in der Lage ist, bis zu einem gewissen Grad den Verlauf der Wiedergeburt während des Bardo zu kontrollieren, weil die Meisterung des einen zugleich die Meisterung des anderen bedeutet: es sind durchaus dieselben Bereiche.

Hypothese Nr. 4 schlägt daher vor, dass ein subtiles Bewusstsein, unterstützt durch eine sehr reale, wenngleich auch subtile Masse-Energie für ihre grundsätzliche Existenz nicht auf den grobstofflichen Bereich angewiesen ist, wenngleich ein bestimmter Grad einer Komplexifizierung grobstofflicher Materie-Energie erforderlich ist, um sich im grobstofflichen Bereich zu manifestieren. *Wenn* die Hypothese Nr. 4 stimmt, dann können wir begründet erklären, warum diese subtileren Dimensionen, obgleich sie als Potential während der Involution erschaffen wurden und dort auch existieren, sich nicht manifestieren können, solange, bis die Evolution im grobstofflichen Bereich einen bestimmten Grad der Komplexität erreicht hat. Es bedarf zunehmend komplexerer Träger für zunehmend höhere Bereiche; wenn diese höheren Bereiche sich manifestieren, dann sind sie nicht von der Komplexifizierung der Formen getrennt, sondern leuchten wegen ihnen und durch sie hindurch: noch einmal, selbst unter Verwendung von Hypothese Nr. 4 sagen wir nicht, dass die höheren Bereiche über der Materie stehen, sondern sie sind in ihr. Die Hypothese Nr. 4 fügt etwas hinzu: Auch wenn die höheren Bereiche sich in der Materie und als sich selbst manifestieren, können sie doch ohne die grobstoffliche Familie der Materie existieren.

Daher kann sich ätherische Energie erst dann manifestieren, wenn grobstoffliche Materie die komplexe Form einer lebenden Zelle angenommen hat (ein Quark ist nicht komplex genug, um ätherische, psychische oder kausale Energie zu „enthalten" oder zu kanalisieren). Mit der weiteren Komplexifizierung grobstofflicher Formen – vorangetrieben durch die Tatsache, dass selbst „die Steine sich erheben und nach Gott rufen"[54] – können immer subtilere Dimensionen von Energie und Bewusstsein durch sie hindurch leuchten, bis der gesamte Kosmos mit dem strahlenden GEIST ihrer Quelle und Soheit erstrahlt. (31)"

54 ein Hegel-Zitat.

5. Anwendungen

Größte Tiefe für größte Spanne – ein ethischer Entwurf[55]

In einer ausführlichen Anmerkung in seinem Hauptwerk *Eros, Kosmos Logos*[56], hat Ken Wilber eine Theorie der Ethik umrissen, der wir uns in diesem Beitrag zuwenden wollen. Wilbers Wertetheorie basiert auf drei Säulen – dem „Grundwert", dem „intrinsischen Wert" und dem „extrinsischen Wert" –, die alle drei gleichermaßen wichtig sind, jedoch nicht nur nebeneinander stehen, sondern miteinander verbunden sind, woraus ein gewissermaßen natürliches – weil unvermeidbares – Spannungspotential erwächst.

Grundwert
Der Grundwert leitet sich aus den Aussagen der spirituellen Traditionen ab, wonach alle Dinge und Ereignisse, welcher Art auch immer, vollkommene Manifestationen des GEISTES (oder des Einen, des Höchsten, des Absoluten, oder des Göttlichen ...) sind. Nichts was in der Welt der materiellen und geistigen Formen existiert, ob es nun als hoch oder niedrig, als heilig oder profan, als primitiv oder fortgeschritten angesehen wird, ist dem Grund des Seins näher oder ferner als irgendein anderes, und deshalb ist alles Geschaffene von letztlich gleichem Wert, und zwar von gleichem Grund-Wert. Alle Formen sind daher in gleicher Weise reine Leere und uranfängliche Reinheit.

Eine typische Aussage aus der buddhistischen Tradition dazu wäre: „Alle Wesen sind ihrer Natur nach Buddha, so wie Eis seiner Natur nach Wasser ist". Dieser Hinweis auf eine radikale Gleich-Wertigkeit ist kein unüberprüfbares Dogma; es ist eine Aussage, zu deren Überprüfung jeder eingeladen ist. Alle religiösen beziehungsweise spirituellen Traditionen haben im Laufe ihrer Entwicklung unzählige Methoden und Praktiken entwickelt und erprobt, um Menschen die Erfahrung dieser „ursprünglichen Leere", dieses „Urgrundes" oder des „Einsseins" beziehungsweise des „Einen Geschmacks" zu ermöglichen. Alle Wellen des unermesslichen Ozeans, so groß und zahlreich sie auch immer sein mögen, haben doch ausnahmslos den einen Geschmack der Nassheit, und wer diese Nassheit einmal gekostet hat, der kann aus innerer

55 Dieser Artikel wurde im Sommer 2005 geschrieben.
56 *Eros Kosmos Logos*, Krüger Verlag, 1996 S. 597f..

Erfahrung mit den Mystikern aller Zeiten sagen:

Ohne aus der Tür zu gehen, kennt man die Welt.
Ohne aus dem Fenster zu schauen, sieht man den SINN (Tao) des Himmels.
(Lao-tzu)

Diese Einsicht ist in ihrer Radikalität atemberaubend, und ebenso radikal sind die ethischen Prinzipien, welche daraus abgeleitet werden können: Der Schutz allen Seins ohne Unterschied, so wie die eine Sonne gleichermaßen auf all das Gute und das Böse scheint – ein sehr hoher, weit entwickelter, und das ganze beseelte Universum umfassender ethischer Anspruch. Doch man erkennt auch die Problematik, die daraus entstehen kann, wenn dieses Prinzip alleine zur ethischen Handlungsmaxime wird: es werden keinerlei Unterschiede gemacht, das Absolute erfährt eine Überbetonung gegenüber dem Relativen, und jegliches pragmatische Handeln droht lahm gelegt zu werden – wenn alles gleichermaßen göttlich ist, was gibt es da eigentlich noch (ethisch) zu tun? Ist dann nicht auch Ethik eigentlich überflüssig?

Intrinsischer Wert
Der intrinsische Wert, den Wilber auch als „Ganzheits-Wert" bezeichnet, leitet sich aus der Erfahrung ab, dass jedes „Ding", jedes Wesen und jedes Geschöpf einen Wert „für sich" hat, eine Autonomie, die ihm allein zusteht, und durch niemanden aberkannt werden kann. Daraus folgt jedoch auch – und hier kommen die Ebenen des Bewusstseins ins Spiel: je größer die Ganzheit eines Wesens ist, desto größer ist auch seine Tiefe und sein Wert. Je mehr ein Ding oder Wesen etwas von der Totalität der Schöpfung umfängt und verinnerlicht, desto bedeutsamer ist es auch.

Daher sind laut Wilber auch „Zellen bedeutsamer als Moleküle, weil Zellen Moleküle enthalten, und daher mehr Bedeutsamkeit des Kosmos umfassen und enthalten. Ein Affe ist bedeutsamer als eine Zelle, und so weiter". Wertunterschiede kommen ins Spiel, und mit ihnen die Frage, woher diese kommen und worauf sie sich gründen. Wilber verweist hier auf die evolutionären Forschungen insgesamt, die evolutionäre Biologie, die Entwicklungspsychologie, die entwicklungsorientierte Soziologie usw., denn was am Beispiel Atom-Moleküle-Zelle-Tier-Mensch noch nachvollziehbar ist, wird – wo es um innere Werteprinzipien und Glaubenssätze geht – höchst problematisch: wer kann nach welchen Kriterien beurteilen, was höher oder niedriger, besser oder schlechter ist? An diesem Punkt wird die mögliche Problematik dieses ethischen Prinzips offenbar, wenn es ohne Berücksichtigung der anderen Prinzipien angewendet wird, und z. B. eine bestimmte Ideologie aufgrund dogmatischer Glaubenssätze eine „gegebene" Werteordnung postuliert, nach der man sich unhinterfragt zu richten hat. Alle totalitären Systeme haben etwas Derartiges hervorgebracht, mit jeweils entsetzlichen Konsequenzen. Es gilt daher bei diesem ethischen Prinzip darauf zu achten, dass die Kriterien einer Entwicklung und Wertigkeit den Grundsätzen einer im weitesten Sinne wissenschaftlichen Überprüfung standhalten, und damit ständig weiterentwickelt und auch korrigiert werden können. Ein einfaches Beispiel: die Entwicklungspsychologie hat herausgefunden, dass sich Menschen in ihrer Entwicklung ganz allgemein von einem egozentrischen zu einem sozio-zentrischen zu einem weltzentrischen Bewusstsein bewegen (bzw. bewegen können), jedenfalls ist eine andere Reihenfolge bisher noch nie beobachtet worden – und genau das ist das Kriterium einer „natürlichen", weil durch Forschung gestützten hierarchischen Entwicklung, im Gegensatz zu einer auf Dogmen beruhenden (Herrschafts-)Hierarchie.

Auf der Grundlage dieser Forschungsergebnisse kann man sagen, dass eine weltzentrische Perspektive, die alle Menschen berücksichtigt, besser – weil weiter entwickelt – ist als eine sozio-zentrische Perspektive, die nur die Menschen einer bestimmten Volksgruppe oder eines Stammes berücksichtigt, welche wiederum besser ist als die egozentrische Perspektive, die nur sich selbst sieht. Das heißt nicht, dass die egozentrische Perspektive keinen Wert hat, sie hat durchaus einen wichtigen Wert; jeder Mensch durchläuft diese Phase, und Kinder haben ein „Recht" darauf, ihre Welt im Verlaufe ihrer Entwicklung zunächst so zu sehen. Aber sie ist gegenüber einer welt-zentrischen Perspektive untergeordnet.

Diese Werteordnungen finden in allen Rechtssystemen sämtlicher Kulturen ihren Niederschlag, und wenn es auch große Unterschiede dabei gibt, so ist man sich doch aus den Erfahrungen einer jahrtausendelangen Menschheitsgeschichte weitgehend einig darin, dass Mitgefühl besser ist als Mord, und dementsprechend wird Mord bestraft und Mitgefühl als eine wünschenswerte Tugend betrachtet. Der Ganzheits-Wert – und das macht seine Bedeutung für eine integrale Ethik aus – berücksichtigt und würdigt die Tatsache, dass sich die (inneren wie auch die äußeren) Dinge dieser Welt von Anbeginn an entwickeln, und ist so in der Lage, werteorientierte Entscheidungen zu treffen, um die man auf einem kleinen, begrenzten Planeten in Raum und Zeit nicht herumkommt.

Instrumenteller Wert

Die dritte Säule auf der dieses Ethikmodell ruht, bezeichnet Wilber als „extrinsischen“ bzw. instrumentellen Wert. Alle geschaffenen Dinge existieren nicht nur für sich, sondern sind immer auch Teile in anderen Zusammenhängen. Niemand ist eine Insel, nichts besteht isoliert für sich. Wir hängen alle voneinander ab, sind aufeinander bezogen und brauchen einander. Dies wird ganz konkret erfahrbar, wenn wir uns ernähren müssen. Da Tiere und Menschen sich nicht wie Pflanzen von Anorganischem ernähren können, brauchen sie anderes Leben, um selbst leben zu können – oder, wie es einmal formuliert wurde: „die Welt ist ein einziges großes Restaurant“.

Leitet sich aus dem oben beschriebenen intrinsischen Wert eine Rechte-Ethik ab, so folgt aus diesem extrinsischen Wert eine Pflicht-Ethik: das Recht, für sich zu sein ist untrennbar verknüpft mit der Pflicht für andere da zu sein, eine Pflicht, die – wenn man das einmal so drastisch formulieren möchte – unzählige pflanzliche und tierische Lebewesen tagtäglich mit ihrem Leben einlösen -, und die uns, die wir auf Nahrung angewiesen sind, mit der Fragestellung konfrontiert: was ist eine ethisch „richtige“ Ernährungsweise? Wie auch immer man diese Frage beantwortet, man kommt um die Feststellung nicht herum, dass alles mit allem verbunden ist, und sich daraus wechselseitige Pflichten ergeben. Ein berühmter Satz von J. F. Kennedy drückt dieses Spannungsfeld in einer Gesellschaft so aus: „Frage dich nicht [nur], was dein Land für dich tun kann, sondern auch, was du für dein Land tun kannst“. Zu einer Diskussion über Menschenrechte gehört auch die Diskussion über Menschenpflichten. Im politischen Kontext wird hier das Spannungsfeld zwischen individuellen Rechten (Meinungsfreiheit, Eigentum, Datenschutz, Reisefreiheit usw.) und kollektiven Pflichten (Steuern und Abgaben, Wehrdienst, öffentliche Sicherheit, Schulpflicht usw.) deutlich. Und natürlich spielt auch die Entwicklung bei dem extrinsischen Wert eine Rolle: je höher ein Individuum entwickelt ist, desto mehr Verantwortung kommt ihm (oder ihr) für das Ganze zu – mehr Rechte bedeuten immer auch mehr Pflichten.

Wilber fasst zusammen[57]:

> „Jedes Holon im Kósmos besitzt also den gleichen Grund-Wert als reine Manifestation des Geistes oder der Leere. Als bestimmte Ganzheit besitzt jedes Holon außerdem intrinsischen Wert, Tiefen-Wert, weil es

57 Mit Holon bezeichnet Wilber ein Teil/Ganzes und weist darauf hin, dass alles Geschaffene (materiell oder geistig) sowohl Teil als auch Ganzes ist.

> Aspekte des Kósmos als Teil seiner selbst in sich birgt (und je mehr solcher Aspekte, desto größer ist seine Tiefe, sein intrinsischer Wert, seine Bedeutsamkeit). Als Teil besitzt jedes Holon extrinsischen oder instrumentellen Wert, weil andere Holons, die ihm äußerlich sind, für ihre eigene Existenz und für ihr eigenes Überleben auf diese oder jene Weise von ihm abhängen (und je mehr Geflechten und Ganzheiten dieses Holon als Teil angehört, desto grundlegender ist es und desto größer ist sein extrinsischer Wert: es ist von instrumenteller Bedeutung für die Existenz so vieler anderer Holons)."

Der Grundwert betont die absolute Seite der Schöpfung, die Leere, das unmanifeste Eine, welches Grund und So-heit alles Seins ist. Intrinsischer und extrinsischer Wert betonen die relative Seite der Schöpfung, die Fülle des Seins, mit allen ihren relativen Formen und Unterschieden. Und – wie Wilber sagen würde – beide haben Recht, aber nur teilweise.

Man erkennt die jeweiligen Betonungen dieser ethischen Prinzipien in praktisch allen Lebensbereichen. Um ein Beispiel zu nennen: die östlichen religiösen Traditionen betonen eher den Grundwert. Der Jainismus z. B. ist eine Religion in Indien, welche die Gleichwertigkeit allen Lebens hervorhebt. Die Jainas sind Vegetarier, halten sich sehr streng an das Tötungsverbot, sind asketisch eingestellt und sehen Meditation als eine sehr wichtige Praxis an. Einige ihrer Vertreter tragen sogar Mundbinden, um keine Insekten versehentlich zu verschlucken, und kehren den Boden vor jedem Schritt.

Demgegenüber haben westliche Religionen („macht euch die Erde untertan") eine starke Betonung des Ganzheits- bzw. Teilwertes ausgebildet. Wer „seinen" Glauben mit Feuer und Schwert verbreitet und Kreuzzüge veranstaltet, der hat eine klare Werteunterscheidung und weiß ganz genau, auf welcher Seite Gott steht.

Dennoch ist es wichtig zu betonen, dass – trotz vieler Verbrechen im Namen des „einzig Wahren" – relative Unterscheidungen ebenso notwendig sind wie absolute Gleichwertigkeiten auf dem Weg zu einer integralen Ethik, die auf den – überprüfbaren – Grundprinzipien der Schöpfung beruht, und nicht auf persönlichen Vorlieben.

Eines der schmerzlichsten Dilemmata überhaupt liegt darin, dass wir uns nicht heraushalten können, da auch jedes „Nicht-tun" letztlich Konsequenzen hat. Es ist wahr, unermessliches Leid auf dieser Erde ist durch (falsches) Tun entstanden, aber auch das Unterlassen in Situationen, wo Handeln notwendig gewesen wäre, hat unzähligen Menschen und Lebewesen das Leben gekostet. In gewisser Weise können wir nicht anders, als uns gegenseitig auf die Füße zu treten – die Frage ist daher nicht, wie wir Leiden vollständig eliminieren können – diese Frage wäre „nicht von dieser Welt". Die Frage lautet vielmehr: wie können wir, unter den gegebenen Umständen und vor dem Hintergrund eines sowohl transzendenten als auch immanenten GEISTES, das Leiden so gering wir möglich halten, und die Freude am Dasein größtmöglich fördern?

Die moralische Grund-Intuition

Wilber fasst den Kern seiner ethischen Konzeption gerne in folgendem Satz zusammen, den er als moralische Grund-Intuition bezeichnet (MGI): „Erwirke und bewahre die größte Tiefe für die größte Spanne".

Diese „Intuition", so Wilber, erfährt jeder Mensch – ja, eigentlich jedes empfindende Wesen – und wendet sie, entsprechend seinem eigenen Bewusstseinsstand, auch an – wobei ab einer bestimmten Bewusstseinsebene der Mensch willens und in der Lage ist, über seine eigene moralische Intuition selbst zu reflektieren, und sich seiner eigenen Ethik und der Ethik anderer Menschen bewusst zu werden. Das ist aufregend, und manchmal auch quälend. Der Mensch ist gewissermaßen noch einmal aus dem Paradies vertrieben worden, und kann sich von diesem Punkt an nicht mehr auf ein „Das war mir nicht bewusst" zurückziehen. Das Bewusstsein wird sich seiner selbst und auch seines eigenen Werdegangs bewusst -, angefangen von einer ausschließlich selbstbezogenen Orientierung, über eine Orientierung an der eigenen Familie und dem Stamm, weiter zu einer nationalen Identität und dann zu einer globalen Identität, bis hin zu einer mitfühlenden Anteilnahme am Schicksal aller empfindenden Wesen dehnt sich – bei fortschreitender Entwicklung – der Kreis der Fürsorge immer weiter aus, als ein empfundenes und gelebtes Mitgefühl. Dieses Bewusstsein ist jedoch nicht auf die individuelle innere Erfahrung beschränkt: es zeigt sich im äußeren Verhalten, findet seinen Niederschlag in den kulturellen, gemeinschaftlichen Werten, und drückt sich auch in den Gesetzen, Institutionen und den organisatorischen Strukturen aus, und kann dort auch (wieder-)erkannt werden.

Was bedeutet nun diese MGI – größte Tiefe für größte Spanne (oder Breite oder Anzahl)?

Die Tiefe berücksichtigt, dass es Ebenen der Entwicklung mit natürlichen Werteabstufungen gibt – eine Mohrrübe ist weniger entwickelt als ein Rind, was der Grund dafür ist, warum viele Menschen weniger Skrupel haben, eine Mohrrübe zu essen als ein Steak, und warum der Tod eines Diktators im Allgemeinen weniger bedauert wird als z. B. der einer Mutter Theresa. Aber – und hier zeigt sich die Problematik von Tiefe: wer sagt, nach welchen Kriterien was höher und was tiefer ist? Spanne hingegen bedeutet Anzahl, und reflektiert den Grundwert der Gleichwertigkeit allen Lebens. Alles Leben ist seinem Wesen nach göttlich und schützenswert – mit der Schattenseite einer pluralistischen Egalität, und der Unfähigkeit Unterscheidungen – und damit auch Entscheidungen – in einer in Raum und Zeit begrenzten Welt zu treffen.

Zu diesem unvermeidlichen und permanenten Dilemma, Tiefe gegen Spanne abzuwägen sagt Wilber[58]:

> „Worum wir uns bemühen, ist, dass Menschen über Tiefe und auch über Spanne nachdenken. Wir wollen nicht – mit anderen Worten – , dass nur eines der beiden Konzepte in die Gleichung aufgenommen wird. Wenn man nur über Spanne spricht, das Bestmögliche für die größtmögliche Anzahl, dann bekommt man diese Art von Flachland, wo es heißt: ‚Nun, die Viren sollen gewinnen, sie sind die meisten, es sind empfindende Wesen, und sie sind ... usw.' ... Das ist extrem ... eine Art politischer Kommunismus sozusagen, jeder ist gleich, niemand darf auf irgendeine Weise besser sein, diese Art von Extrem.
> Doch auch Tiefe hat eine Schattenseite. Jede Art von Faschismus hatte etwas davon: ‚Wir sind die Stärksten, wir sind die Tiefsten, jeder andere ist nichts wert. Daher können wir sie prügeln, oder töten, oder überfallen oder vergasen, oder was auch immer.' Dies ist die Schattenseite, wenn man nur auf die Tiefe schaut. Was ich daher sage ist: Es gibt beides, Tiefe und Spanne, und die moralische Grundintuition besteht darin, die größte Tiefe für die größte Spanne zu bewirken. Das geschieht meiner Ansicht nach sowieso, und sollte auch geschehen – und es verhindert, dass man entweder ein Kommunist oder ein Faschist ist. Es ist dabei untersagt, einfach nur das eine oder nur das andere zu tun. Beide sind wichtig.
> Und das finde ich sehr interessant, denn ich denke, dass wir ohnedies immer mit diesen Dilemmata konfrontiert sind. Einer der so etwas

58 Sounds true, *Kosmic Consciousness*, CD 9.

wie letzten Gründe dafür, warum ich meine, dass es gut ist, zumindest darüber nachzudenken, besteht darin, dass wir heutzutage eine Art von Egalitarismus haben, welcher auf vielerlei Weise sehr gesund und großartig ist, aber wir nehmen dabei auch die Tiefe aus allen unseren Diskussionen heraus. Von jedem wird angenommen, dass er gleich ist, und er soll vor allem nicht über Tiefe nachdenken. Ich bin der Ansicht, dass diese Haltung wirkliche Schattenseiten hat, das kann auf eine eigene Weise totalitär und dominierend sein. Daher ist es wichtig, auch über Tiefe nachzudenken."

1. Leben für Leben opfern

Als wirklicher Test eines jeden ethischen Modells gilt klassicherweise die Rettungsbootsituation – zehn sitzen drin, drei müssen raus – wer geht? Dazu einige (wenige) aktuelle Beispiele, als eine Anregung zur Einstimmung auf ein komplexes Themenfeld.

Als eine Konsequenz aus den Ereignissen des 11. September will die deutsche Bundesregierung ein Luftsicherheitsgesetz verabschieden, welches den Verteidigungsminister – als „letztes Mittel" –, ermächtigt, ein Flugzeug durch die Bundeswehr abschießen zu lassen, falls die gesicherte Vermutung besteht, dass dieses Flugzeug als Waffe eingesetzt wird, bei dem der Tod einer weiteren und größeren Zahl von Menschen angenommen werden muss. Dies bedeutet ein Opfern auch unschuldiger Menschen, um ein vermutetes größeres Übel abzuwenden (was man jedoch, falls es zu einem Abschuss kommt, nie genau wissen wird). Ein staatlich legitimiertes Töten also, welches Leben nimmt um anderes Leben zu schützen – die größte Spanne für die größte Tiefe. Ein quälendes Dilemma, wenn man sich die Umstände vorstellt, unter denen eine derartige Entscheidung zu treffen wäre.

2. Folter

Folter wird zu Recht als eine „Geißel der Menschheit" bezeichnet. Sie hat unzähliges Leid über unzählige Menschen gebracht, bis hin zu den jüngsten entsetzlichen Ereignissen im Irak. Vor diesem Hintergrund ist die Forderung nach einer weltweiten Ächtung der Folter „unter allen Umständen" nur allzu verständlich.[59] Aber das Leben selbst – so scheint es – rüttelt immer wieder an unseren ethischen Tabus. Etwa zeitgleich mit dem Bekanntwerden der Folterungen im Irak wurde eine Kindesentführung in Deutschland durch

59 „Niemand darf der Folter oder unmenschlicher oder erniedrigender Strafe oder Behandlung unterworfen werden", so steht es in der am 07.08.1952 von Deutschland ratifizierten Europäischen Konvention zum Schutze der Menschenrechte.

die Androhung von Folter gegenüber dem Täter aufgeklärt. Der ansonsten geständige Täter wollte das Versteck, in dem er das Entführungsopfer gefangen hielt, der Polizei nicht mitteilen, worauf der vernehmende Beamte ihm mit Folter drohte. Daraufhin brach der Täter sein Schweigen, und die Polizei konnte das Entführungsopfer finden, welches jedoch – was die Polizei zum Zeitpunkt der Vernehmung nicht wusste – bereits tot war.
Der Polizist und sein Vorgesetzter, ein Polizeivizepräsident, wurden wegen Nötigung (§ 240 StGB) angeklagt, und mit einer Geldstrafe auf Bewährung milde abgeurteilt.

Ist Folter – unter allen Umständen – tabu und zu ächten, oder kann es – die größte Tiefe für die größte Spanne – Umstände geben, die es rechtfertigen, einem Menschen Schmerzen anzudrohen und sogar zuzufügen, um damit noch viel größeres Leid zu verhindern? Ich kann mir Situationen vorstellen, wo dies zu vertreten, ja vielleicht sogar – wiederum als letztes Mittel – sogar geboten wäre, aber die Gefahr des Missbrauchs einer derartigen „Lizenz zum Quälen" lauert dabei immer im Hintergrund, wie die Vorgänge auf der amerikanischen Gefangenenbasis Guantanamo Bay uns vor Augen geführt hat. Die Frage bleibt: Wo beginnt (und endet möglicherweise) die Würde eines Kindesentführers oder anderer Verbrecher, wie weit gehen die Rechte dieser Menschen, und wo stehen sie in der Pflicht und Verantwortung (z. B. der Auskunftspflicht über geplante oder bereits durchgeführte Verbrechen), der sie sich nicht entziehen sollten?

3. Kriege und militärisches Eingreifen

Angesichts der kriegerischen Ereignisse der jüngeren Vergangenheit auch in Europa ist die Haltung „kein Krieg, unter welchen Umstände auch immer" auf dem Rückzug. Selbst in der Bundesrepublik, wo in den Jahren nach 1968 große Teile der Bevölkerung jedem kriegerischen Eingreifen ablehnend gegenüberstanden, hat sich ein Stimmungsumschwung ereignet. Situationen wie im ehemaligen Jugoslawien, wo „ethnische Säuberungen" monatelang jeden Tag „live" per Fernseher in die Wohnzimmer übertragen wurden, haben mehrheitlich zu der Überzeugung geführt, dass es Situationen gibt, wo ein militärischen Eingreifen, d.h. ein kriegerisches Vorgehen – aus Gründen der Menschlichkeit – geboten ist, auch unter Inkaufnahme unschuldiger Opfer. Aber wo ist die Grenze? Ab wann handelt es sich nicht mehr um die innere Angelegenheit eines Landes, sondern um ein Verbrechen gegen die Menschlichkeit, welches von der Menschheit, gegebenenfalls auch mit militärischen Mitteln, beendet werden sollte? Und wie sollten die internationalen Entscheidungsstrukturen und Institutionen aussehen, die derartige Entscheidungen treffen?

Im Sudan sind in den letzten Jahren bis zu zwei Millionen Menschen kämpferischen – richtigerweise müsste man sagen organisierten verbrecherischen – Handlungen zum Opfer gefallen, direkt oder indirekt durch Mord, Vertreibung und Hunger. Ist das eine „innere Angelegenheit“ des Sudan, oder eine innere Angelegenheit Afrikas, oder ist es nicht vielmehr eine Angelegenheit der Menschheit insgesamt – eine Aufgabe für eine Weltpolizei, diesem mörderischen Treiben entgegenzutreten – um auch in diesem Teil der Welt für die „Würde des Menschen“ einzutreten? Kommt hier – in Form des Prinzips der Nicht-Einmischung – ein egalitärer Pluralismus zur Anwendung, für den es keine höheren, universellen Werte gibt, und der daher auch Bewertungen meidet[60], oder bedeutet das viel zitierte Leben auf „einer Welt“ nicht auch so etwas wie globale Nachbarschaft, mit der Verpflichtung in der Not einander zu helfen? Die Vereinten Nationen haben kürzlich beschlossen, 10.000 UN Soldaten in den Sudan zu schicken. Und wieder die quälende Frage: ab wann – wenn überhaupt – soll und muss man eingreifen: müssen es erst 1.000 Tote, 10.000, 100.000 oder 1.000.000 sein?

Beispiel Ruanda: Vor elf Jahren wurden dort innerhalb von 100 Tagen zwischen 800.000 und eine Million Angehörige des Volksstammes der Tutsi getötet. Kofi Annan, der Generalsekretär der Vereinten Nationen, und der damalige US Präsident Bill Clinton haben sich im Jahr 2000 beim ruandischen Volk entschuldigt, wobei Kofi Annan gegenüber den Überlebenden von Ruanda bekannte: „Wir werden nicht leugnen, dass die Welt gegenüber dem ruandischen Volk in der Stunde seiner größten Not versagt hat.“ Die UN haben vor kurzem den 7. April zum „International Day of Reflection on the 1994 Genocide in Rwanda“ erklärt[61].

4. Tyrannenmord

Der 20. Juli ist ein besonderer Tag in Deutschland, und auch darüber hinaus. An diesem Tag scheiterte das Attentat gegen Hitler – sämtliche Beteiligte wurden erhängt oder erschossen.

In einem gesellschaftlich beispiellosen Konsens würdigen wir heute kollektiv die Männer und Frauen des Widerstandes gegen Hitler und den Faschismus, und alle sind sich – was selten genug vorkommt – einig: Regierung und Opposition, Arbeitgeber und Gewerkschaften, kirchliche und weltliche Verbände, Männer und Frauen gleichermaßen. Wir machen dabei keine Unterschiede zwischen friedlichem Widerstand und Widerstand unter Einsatz

60 Oft ohne zu merken, dass das Vermeiden von Wertungen selbst eine versteckte Wertung darstellt: „Keine Wertungen zu haben ist besser als zu werten“ ist ein Werteurteil.

61 Zitiert aus: Ruanda, Bericht von einem Besuch zehn Jahre nach dem Völkermord, Zeitschrift Praxis der Systemaufstellung, S. 12.

von Gewalt. Gerade das Datum des gescheiterten Bombenattentats auf Hitler wurde als Gedenktag gewählt.
Wir akzeptieren (kollektiv) den Tyrannenmord – unter den damaligen Umständen – auch unter Inkaufnahme „unschuldiger" Opfer, also derjenigen Personen, die zufällig zum Zeitpunkt des Zündens der Bombe mit Hitler in einem Raum waren. Was bei einer rein strukturellen Betrachtungsweise die Merkmale von Terrorismus hat – eine in einer Aktentasche versteckte Bombe wird in einem vollbesetzten Raum zur Zündung gebracht – bekommt vor dem damaligen Hintergrund ein ganz anderes ethisches Gewicht. Wir akzeptieren (kollektiv) eine Form der Selbstjustiz, und verneigen uns vor den Männern und Frauen des 20. Juli 1944.

Doch was bedeutet das für die Auseinandersetzung mit den bestehenden Tyranneien in der Welt? Darf z. B. Amerika „auf eigene Faust" einen Krieg gegen einen Diktator beginnen?[62] Darf man das – auch unter Kriegsgegnern unbestrittene – hunderttausendfache Leid, welches das Hussein-Regime seinen Landsleuten angetan hat, mit dem Leid eines Krieges und der sich daran anschließenden leidvollen Zeit einer politischen und gesellschaftlichen Instabilität beenden? Interessant in diesem Zusammenhang ist auch die Reaktion der Kriegsgegner: Zu Zeiten der Hussein-Diktatur fielen Hunderttausende der Willkür dieses Terrorregimes zum Opfer. Dies bleibt jedoch weitgehend unbeachtet: keine Friedensdemos, Mahnwachen, Gebete und öffentliche Empörungen – und auch keine politischen Aktivitäten. Die Devise war: „business as usual". Als jedoch die Amerikaner anfingen Bomben auf Bagdad abzuwerfen, erwachte plötzlich das allgemeine Mitgefühl für die Leiden der Iraker, und es begann eine Welle von Protestdemonstrationen, die dann mit dem Ende des Krieges ebenso abrupt endete, wie sie begonnen hatte. Und jetzt, wo das Leiden der Iraker unter einem beispiellos brutalen Terror weitergeht, demonstriert niemand mehr für Frieden und gegen Terror im Irak.

So verständlich die Empörung und das Entsetzen über einen „auf eigene Faust" und mit haltlosen Begründungen begonnen Krieg auch sind, so müssen sich diejenigen, die dagegen demonstrieren doch auch fragen lassen, warum sie nicht auch schon vorher auf die Straße gegangen sind, und warum sie nicht jetzt auch gegen den Terror demonstrieren. Geht es ihnen wirklich um das Beenden des Leidens eines Volkes, oder geht es ihnen in Wahrheit um etwas anderes?

Die brennende politische Frage in diesem Zusammenhang lautet: Wie

62 Wobei dieser Krieg anfangs nicht „humanitär", sondern mit der Vernichtung von behaupteten/vermuteten Massenvernichtungsmittel begründet wurde, ein Verdacht, der sich als falsch herausgestellt hat.

könnte eine Weltordnung aussehen, die sowohl einem Saddam Hussein nicht erlaubt, jahrelang sein eigenes Volk zu terrorisieren, *und* einem George Bush nicht erlaubt, auf eigene Faust einen Krieg zu beginnen?

Tierversuche, Gentechnik, Embryonenforschung, Organspende ... die Liste der Dilemmata ist lang, und wird, so scheint es, mit zunehmender Bewusstheit immer länger, weil immer mehr empfindende Wesen in den Kreis der Fürsorge mit aufgenommen werden. Darf man Tiere töten, um sich zu ernähren? Wo ist die Grenze, falls es eine gibt, und wie ist es z. B. mit den Tibetern, die sich, aufgrund der klimatischen Verhältnisse in ihrem Land, seit Generationen nur von Fleisch ernähren können, und deren Physiologie sich darauf eingestellt hat? Der Dalai Lama hat versucht sich fleischlos zu ernähren und wurde krank; darf er, als spiritueller Mensch, Fleisch essen?

5. Schwangerschaftsabbruch

Laut statistischem Bundesamt gab es 2004 in Deutschland 129600 Abtreibungen.[63] Leben gegen Leben – das Leben einer Mutter ohne ein (weiteres) Kind wird abgewogen gegen das Leben eines werdenden Kindes. Wo ist hier die „richtige" Mitte zwischen einem „Mein Bauch gehört mir", wo alle Rechte bei der werdenden Mutter liegen, und alle Pflichten beim Fötus, und einem „Abtreibung ist Mord"-Verdikt, mit genau der umgekehrten Verteilung von Rechten und Pflichten? Die meisten der demokratisch verfassten Staaten sind der Auffassung, dass etwa in den ersten drei Monaten der Fötus eine geringere „Tiefe" hat als die Interessenlage der Mutter, so dass sie abtreiben kann, wenn sie das wünscht, und nicht nur, wenn ihr Leben bedroht ist. Es kann sein, dass das Ausmaß an Leiden und Sorgen in ihrem Leben, sofern sie das Kind in die Welt bringt, derart groß ist, dass die Tiefe-gegen-Spanne Abwägung in diesem Fall zu ihren Gunsten ausfällt. Vom dritten bis zum sechsten Monat und darüber hinaus verändert sich das, und der Fötus hat ausreichend Tiefe, so dass es nicht mehr erlaubt ist ihn – sozusagen – wie eine Nicht-Wesenheit zu behandeln. So weit die gesetzliche Regelung, als Spiegelbild eines kollektiven Bewusstseins. Die persönliche Entscheidung wird einem dadurch jedoch nicht abgenommen, sondern bleibt in jedem Einzelfall ein schwieriges Dilemma.

63 www.destatis.de.

Entscheidungen und Bewusstsein

Worum es bei all dem geht ist – einmal mehr – Bewusstwerdung, und eine bewusste ethische Lebenspraxis, im eigenen Inneren wie im Außen, im Individuellen wie auch im Kollektiven. Es gibt bei der MGI – darauf weist Wilber immer wieder hin – keine Musterlösungen, es handelt sich um keine mathematische Aufgabe, die durch das Einsetzen von verschiedenen Variablen zu einer eindeutigen Lösung führt. Wir müssen uns alle, jeder für sich, und dann miteinander, darüber verständigen, wie wir die größte Tiefe für die größte Anzahl erreichen wollen, und keines davon darf vernachlässigt werden, – mit allen damit verbundenen Risiken und schmerzvollen Entscheidungen.

Diese konkrete Art von ethischer Betrachtung macht ehrlich. Sie verlangt, dass die eigenen Karten auf den Tisch gelegt werden, sie macht individuelle und kollektive blinde Flecken sichtbar, zeigt Entwicklungsunterschiede auf, lässt zukünftige Entwicklungen offen, lenkt auch den Blick auf Strukturen und Institutionen, zwingt dazu, implizit vorgenommene Wertungen explizit zu machen, und sie ist – und das ist entscheidend –, auf einer Wissenschaft der Intersubjektivität gegründet, einer Wissenschaft der Ethik und des Guten, und nicht auf Dogma und Vorurteil. Mitgefühl ist besser als Mord, und ein weltzentrisches Bewusstsein ist besser als ein sozio-zentrisches Bewusstsein, welches wiederum besser ist als ein egozentrisches Bewusstsein. 10.000 (oder mehr) Jahre der Menschheitsgeschichte haben uns dies immer wieder vor Augen geführt. Es lohnt sich dafür einzustehen, und wir sind dies auch unseren Vorgängern schuldig, die nicht selten unter dem Einsatz ihres Lebens für diese Wahrheiten eingetreten sind. Doch wir sind ebenso zur Achtsamkeit und Sorgfalt auf diesem Weg aufgerufen, und zum Ausleuchten der eigenen Schatten und Unvollkommenheiten. Nur allzu oft wurden unter dem Vorwand der Verbreitung von Wahrheit die abscheulichsten Verbrechen begangen.

„Die Würde des Menschen ist unantastbar. Sie zu achten und zu schützen ist die Verpflichtung aller staatlichen Gewalt". Mit diesem Satz beginnt, nach der Präambel, das Grundgesetz der Bundesrepublik Deutschland. Ich bin jedes Mal aufs Neue tief bewegt von seiner – alle Menschen einschließenden – ethischen Kraft. Es ist erstaunlich und Ehrfurcht gebietend, welchen weiten – und leidensvollen – Weg die Menschheit zurückgelegt hat, um diesen hohen Anspruch nicht nur individuell zu denken, sondern ihn auch kollektiv in einer Verfassung niederzuschreiben, und zur Maxime staatlichen Handels zu erklären. Die Würde des Menschen ist unantastbar, und zwar überall auf der Welt.

Doch es gibt Situationen, wo die Würde eines Menschen gegen die Würde eines anderen abgewogen werden muss, und wo Leid gegen Leid steht; wie und worauf begründet entscheiden wir uns dann? Und wie treten wir, die wir uns der Würde aller Menschen verpflichtet fühlen, denjenigen gegenüber, die sich nicht daran halten, und die Menschenrechte mit Füßen treten?

Die Entwicklung von immer besseren Antworten und Handlungsweisen auf diese Fragen ist eine der großen Aufgaben der Menschheit – und damit von uns allen.

Erleuchtung ist nicht Erleuchtung

Seit einiger Zeit gibt es die spirituelle Zeitschrift *What is enlightenment?*[64] (WIE), die unter dem gleichen Titel auch einen deutschsprachigen Ableger hat. Klugerweise nähert man sich dort dem Thema „Erleuchtung" nicht mit einer Feststellung, sondern mit genau dieser Frage: Was ist Erleuchtung? Dieser Beitrag möchte dieser Frage ebenfalls nachgehen und konkret fragen: Was weiß eigentlich ein Erleuchteter, Erwachter, Eingeweihter – und, noch wichtiger, was weiß er oder sie nicht (manchmal ohne dies selbst zu erkennen)?

Absolutes Wissen vs. Relatives Wissen

Um eine schon bekannte Analogie erneut zu strapazieren: wenn wir den allumfassenden Kosmos, das „All(es)" als einen Ozean betrachten, dann wird Erleuchtung oft mit dem Schmecken des Wassers verglichen. Und wenn ich einmal gekostet habe wie Wasser schmeckt, dann kenne ich den ganzen Ozean, denn alle seine Wellen bestehen aus Wasser. Dies ist die „Erfahrung" des Absoluten, die absolute Erleuchtung, der „Eine Geschmack".[65] Diese Erfahrung[66] jedoch, von der alle spirituellen Traditionen berichten, sagt mir (noch) nichts über die relative Welt, die – sich ständig weiter entwickelnde – Welt der Manifestation im Materiellen sowie im Geistigen (der andere Teil der Erleuchtungsgleichung: „Form ist nichts anderes als Leere, und Leere ist nichts anderes als Form".)[67] Es ist jedoch gerade die relative Welt mit ihren Problemen und Widersprüchen, die uns „Normalsterbliche" gewöhnlich beschäftigt. Wie finde ich den richtigen Partner, wie werde beziehungsweise bleibe ich gesund, wie gehe ich mit Hass und Gewalt um, wie ernähre ich mich richtig, wie kann ich glücklich sein, wie mache ich meine Steuererklärung, oder auch: wer führt gerade die Bundesligatabelle an, oder wie sind die aktuellen Modetrends?

Um hierüber etwas aussagen zu können nutzt mir das absolute Wissen, welches jenseits von Raum, Zeit und Manifestation ist und sich über die Jahrhunderte nicht ändert („alle Wellen sind nass"), wenig; wenn ich wissen will, was in der geschaffenen Welt der Formen und Erscheinungen los ist – die einzelnen Wellen des Ozeans – muss ich sie „surfen", sie alle kennen lernen und studieren, in ihrer Einzigartigkeit erfahren, und auf der Höhe der Zeit sein. Keine Welle gleicht einer anderen. Ich muss mir also eine entspre-

64 www.WIE.org/de
65 Ein Begriff aus dem ZEN.
66 welche keine Erfahrung neben anderen Erfahrungen ist, sondern der Grund aller Erfahrungen, das „Einfach Das" eines jeden Augenblicks, von Augenblick zu Augenblick.
67 Aus dem Herzsutra

chende – relative – Kompetenz aneignen, z. B. im psychologischen, medizinischen, politischen, gesellschaftlichen, beziehungsorientierten oder physikalischen Bereich, um entsprechende Fragen beantworten zu können.

Landkarten verstehen vs. verwirklichen

Die – authentische – Literatur zum Thema Erleuchtung ist umfangreich, wächst ständig weiter an und ist so leicht zugänglich wie noch nie. Das hat den Vorteil, dass immer mehr Menschen ungehinderten Zugang zu diesen spirituellen Schätzen der Menschheit haben, es führt aber auch dazu, dass manche glauben, ein intellektuelles Verständnis wäre gleichbedeutend mit einer authentischen Verwirklichung. Doch die Landkarte ist nicht das Gelände, und eine Sammlung wundervoller Zitate ersetzt keine spirituelle Praxis. Das ist von außen nicht immer leicht zu erkennen. Wenn etwa im Satsang[68] die „Erleuchtete" beispielsweise auf Fragen antwortet: „Wer fragt?", oder „Erreiche zuerst den Zustand des Seins, dann hast du keine Fragen mehr", oder „Das höchste Selbst kennt alle Antworten", oder „Es gibt nur ein Problem, und zwar dein Ego", dann ist nicht sofort klar, ob es sich um die authentischen Antworten einer Verwirklichten aus dem Jetzt handelt, oder etwa um „Geborgtes" aus der einschlägigen Literatur. „Ich bin erleuchtet", „Alles ist eins" „Wie oben so unten" „Es gibt (k)einen Gott": sagen kann das jede(r) nach dem Erlernen der Sprache – doch die Verwirklichung dieser Erfahrungsinhalte ist etwas ganz anderes.

Die Philosophie, ja im Grunde alle Geistes- und Religionswissenschaft, steht vor einer ähnlichen Fragestellung: reicht es als Philosophiestudent z. B. aus, alle philosophischen Landkarten (Bücher) der Welt zu studieren und sie dann neu zu formulieren, oder fehlt dabei nicht etwas ganz Wesentliches? Alles das, was andere dazu aufgeschrieben haben – so wertvoll es auch ist – ersetzt niemals (im Falle von Philosophie) eine eigene introspektive Praxis. Wer dem GEIST auf den Grund gehen will, dabei jedoch die nahe liegendste Informationsquelle, den eigenen Geist, außer acht lässt, der wird nicht sehr weit – oder besser gesagt: nicht sehr tief – kommen.

Ich, Wir und Es – die Erkenntnisbereiche

In praktisch allen Sprachen der Welt weisen die Pronomen der ersten, zweiten und dritten Person auf unterschiedliche Erkenntnisbereiche hin. Nehmen wir an, ich sitze mein Leben lang auf einer Meditationsmatte, und

68 Ein Satsang ist eine Begegnungsform zwischen einem „erleuchteten" oder „erwachten" Menschen, und Schülern bzw. Interessierten. Insbesondere durch die Advaita Bewegung ist diese Form der Zusammenkunft im Westen populär geworden.

erforsche den eigenen Ich-Raum bis auf seinen Grund – was weiß ich dann? Ich kann dann vielleicht – aus einer authentischen Praxis heraus – sagen: „Ich und der Vater sind eins", oder „Alle Wesen sind ihrer Natur nach Buddha, so wie Eis seiner Natur nach Wasser ist". Aber ist das dann alles? Die Kenntnis des eigenen Ich-Raumes macht nicht automatisch beziehungsfähig, und eine hohe Beziehungsfähigkeit wiederum ist relativ unabhängig z. B. von einer ökologischen Kompetenz.

Mit anderen Worten: die (subjektive) Ich-Perspektive alleine wird mir niemals die (intersubjektive) Du/Wir-Dimension meines In-der-Welt-seins enthüllen, und auch nicht die (objektive) Dimension des In-der-Welt-seins. Für Erstere brauche ich die Praxis eines beziehungsorientierten Lebens, z. B. in Familie und Beruf, und für Letzteres brauche ich die Praxis einer objektiven Beobachtung äußerer Dinge, wie sie z. B. in den Wissenschaften wie Physik, Chemie, Ökologie und Verhaltensforschung praktiziert wird. Alle drei Erkenntnisbereiche sind wichtig auf dem Weg zu einer umfassenderen Sichtweise („Erleuchtung"), und halten für jeden Menschen einzigartige Erfahrungen bereit. Die Konzentration auf nur einen dieser Wege (subjektiv, intersubjektiv, objektiv) als das allein Seligmachende führt – vorsichtig formuliert – zu Einseitigkeiten.

Zustände und Stufen

Eine weitere wichtige Unterscheidung besteht zwischen vorübergehenden Zustandsänderungen und bleibenden, aus einem schrittweisen, oft lebenslangen Entwicklungsprozess hervorgegangenen Bewusstseinsstufen oder Ebenen. Manche Menschen haben zum Beispiel in der Kindheit eine tiefgreifende, jedoch zeitlich begrenzte spirituelle Erfahrung gehabt, von der sie ihr ganzes Leben lang zehren, ohne an diesen Zustand anknüpfen zu können, oder ihn in ihrem weiteren Leben zu stabilisieren. Andere entwickeln sich schrittweise (und oft ganz unspektakulär) durch die verschiedenen Ebenen des Bewusstseins hindurch, stabilisieren sich so auf immer höheren Ebenen, und sprechen aus der unmittelbaren Augenblickserfahrung, und nicht aus der Erinnerung. In dieser Hinsicht lohnt es sich, die spirituellen Techniken auf ihre Wirkung zu überprüfen: werden – diskontinuierliche – Zustandsänderungen herbeigeführt, oder wird kontinuierliche und strukturelle Entwicklung angestrebt und gefördert? „Erleuchtung an einem Wochenende"-Kurse beispielsweise können zu tiefgreifenden, aber vorübergehenden Zustandsänderungen führen, während regelmäßige Meditation und Kontemplation, aber z. B. auch eine soziale Praxis und das systematische Studium der Wissenschaften zu bleibenden Entwicklungen führen. Beide Wege haben jeweils ihre Vorzüge, aber es lohnt sich, sie voneinander zu unterscheiden. Handelt es sich bei meiner „Erleuchtung“ um etwas Vorübergehendes, oder um etwas was „unter allen Umständen“ bleibt? Wie tief gründen sich meine Erfahrungen, und wovon hängen sie ab? Wie können sich aus vorübergehenden Veränderungen bleibende Strukturen entwickeln, und wie können spirituelle Praktiken alltagstauglich gemacht werden, so dass sie regelmäßig und unter normalen Lebensumständen ausgeübt werden können?

Erfahrungen und Interpretationen

Ein wesentlicher Punkt dabei ist die Unterscheidung zwischen der Erfahrung selbst und der Interpretation durch den Erfahrenden. Eine plötzliche Zustandsänderung („Erleuchtung“) wie z. B. eine Lichterfahrung, ein Klangerlebnis, eine Vision oder eine Einheitserfahrung wird immer durch diejenige Bewusstseinsstufe interpretiert, auf der sich der Mensch in seiner Entwicklung (z. B. kognitiv oder emotional) gerade befindet (etwas anderes steht ihm oder ihr nicht zur Verfügung). Und so kann ein und dieselbe Erfahrung jeweils ganz unterschiedliche Interpretationen erfahren, ohne dass das dem Interpretierenden bewusst ist: Dazu ein Beispiel von Wilber[69]:

> „Nehmen wir eine Erfahrung des subtilen Zustandes eines intensiven inneren Leuchtens, verbunden mit einem Empfinden von universeller Liebe. Nehmen wir an, der betroffene Mensch lebt im Westen und ist Christ, so dass seine kulturelle Prägung (die auch eine wichtige Rolle für den Kontext seiner Interpretation spielt) diese Erfahrung eines inneren Lichtes als eine Begegnung mit Jesus Christus (oder dem Heiligen Geist) interpretieren wird. Diese religiöse Erfahrung des subtilen Bereiches kann praktisch auf jeder Stufe geschehen – von magisch zu mythisch zu rational zu pluralistisch zu integral, doch sie wird in jedem Fall durch die grundlegenden Beschränkungen der einzelnen Ebenen interpretiert werden.
>
> Ein paar einfache, stilisierte Beispiele: auf der magischen Stufe wird Jesus als ein persönlicher Retter erfahren, der magisch die Welt verändert, um mein persönliches Verlangen und meine Launen zu befriedigen. Jesus der Magier, der Wasser in Wein verwandelt und Brot in Fische, und der über das Wasser läuft (wir sprechen hier nicht über den ontologischen Inhalt dieser Interpretationen, wenn es ihn denn gibt; Jesus mag über das Wasser gegangen sein oder auch nicht, aber auf dieser Bewusstseinsstufe

69 Aus: *Integral Spirituality*, p. 92. Wilber verwendet im Text die Terminologie von Jean Gebser für die Stufen des Bewusstseins.

würde es das für mich bedeuten). Diese Stufe ist prä-konventionell und egozentrisch, so dass sich Jesus nur um mich kümmert. Auf der nächsten Stufe, der mythischen Stufe, hätte die gleiche Art von subtiler Zustandserfahrung die Interpretation einer Kommunion mit Jesus, dem ewigen Wahrheitsbringer zur Folge. Diese Stufe ist absolutistisch in ihren Glaubensüberzeugungen, so dass man entweder an die Welt glaubt so wie es geschrieben steht, oder für immer in der Hölle schmort. Diese ist die ethnozentrische Stufe, wo nur diejenigen errettet werden, die an Jesus Christus als ihren persönlichen Retter glauben. Auf der nächsten Stufe, der mental-rationalen Stufe, wird Jesus Christus zu einer menschlichen Figur, voll göttlich und voll menschlich, aber menschlich in einer nun überzeugenderen Weise, als ein Lehrer der universellen Liebe eines auf Vernunft gegründeten Gottes. Weil diese Stufe der Beginn der post-konventionellen und weltzentrischen Stufen ist, ist es auch die erste Stufe der Entwicklung, wo die Rettung durch Christus gefunden wird, wo aber auch andere Menschen auf anderen Wegen gleichermaßen errettet werden können. Auf der pluralistischen Stufe führen tiefgreifende spirituelle Erfahrungen einen Menschen vielleicht dazu, ein Buch zu schreiben wie *Postmodern Bible*, ein wunderbares Beispiel – von denen es Tausende gibt – der Interpretation von Jesus Christus durch die Linse der pluralistischen Entwicklungsebene. Die integrale Stufe, für [Jean]Gebser nur eine einzige Stufe, ist für uns jedoch die Öffnung für mindestens vier höhere strukturelle Stufen der Entwicklung, von denen jede großen Wert auf eine Integration der eigenen Erfahrungen des Christus-Bewusstseins mit anderen Ausdrucksformen des Heiligen Geistes auf der ganzen Welt legt..."

„Wir wollen heiter Raum um Raum durchschreiten ..."[70]

„Meister, Meister, ich habe soeben Erleuchtung erfahren!", berichtet begeistert der Schüler dem Meister. „So, so", antwortet dieser, „und was passiert wenn du schläfst?". – Es ist eine (große) Sache, im Wachzustand bewusst zu sein, sich nicht mehr von den eigenen Gedanken und Gefühlen unbewusst mitreißen zu lassen, die Wahrnehmung zu erweitern, und die „Dinge so zu sehen wie sie sind" – und es ist noch eine ganz andere Sache, diese Bewusstheit auch im Traumzustand beizubehalten, und dann auch noch in den Zustand des traumlosen Tiefschlafes hinein auszudehnen, so dass Bewusstheit „rund um die Uhr" durch alle Hauptzustände bestehen bleibt, als ein Bezeugen der Welt der Erscheinungen und der Leere. Erst dann kann man

70 Aus dem Gedicht „Stufen" von Hermann Hesse.

eigentlich von einem erwachten Menschen sprechen.[71] Ob dies bei all denjenigen, die sich heute als „erleuchtet" oder „erwacht" bezeichnen auch der Fall ist, steht auf einem anderen Blatt. Aber die Frage – an einen Erwachten – ist jedenfalls legitim: „Wie tief geht deine Verwirklichung: dehnt sie sich auf alle drei großen Bereiche des Seins, auf Wachen, Träumen und Tiefschlaf aus, oder ‚nur' auf bestimmte Augenblicke des Wachzustandes?"

Ausdruck – es gibt nichts Gutes, außer man tut es

Eine spirituelle Erfahrung ist das eine, der Ausdruck und die Vermittlung dieser Erfahrung etwas ganz anderes. Hier spielen – neben der Erfahrung selbst – das relative Wissen und die Kompetenz des Verwirklichten, sein kultureller Hintergrund, Fähigkeiten, Neigungen und Vorlieben eine große Rolle. Die allgemeine Vorstellung von einem Erwachten, der auf einem Kissen sitzt und Lehrreden hält, ist nur eine von vielen Möglichkeiten des Ausdrucks. Vielleicht wird eine neue wissenschaftliche Revolution in die Welt gebracht (wie z. B. zu Beginn des vorigen Jahrhunderts in Form der Quantenphysik, deren Begründer sich alle auch zutiefst der Mystik verbunden fühlten), vielleicht erfolgt eine politische Reform von weltbewegender Dimension (wie seinerzeit ein Gorbatschov aus der Mitte einer total verkrusteten, von allen politischen Kommentatoren bereits abgeschriebenen sowjetischen Nomenklatura), vielleicht entsteht Musik von noch nie gehörter Schönheit (von J.S. Bach gibt es einen handschriftlichen Eintrag in seine Bibel: „Bey einer andächtigen Musik ist allezeit Gott mit seiner Gnadengegenwart") oder ein van Gogh-Gemälde als visuelle Pforte zum Göttlichen, oder vom Höchsten inspirierte Poesie, oder eine technische Erfindung, die aus Wind Strom erzeugt ...

Je nachdem, welche Seite der Erleuchtung betont wird – Tun oder Nicht-Tun -, kann etwas ganz anderes dabei herauskommen. Da gibt es den bewegungslosen Zeugen, im Absoluten ruhend, die Welt der Erscheinung in ihrem wechselvollen Spiel beobachtend – und den heimatlosen Vagabunden, der „mit leeren Händen auf dem Marktplatz" unerkannt und unermüdlich wirkt und bewegt. Eine hohe Verwirklichung wird oft in Verbindung gebracht mit stillsitzenden oder achtsam dahinschreitenden Menschen, aber ein – manchmal auch wild bewegtes – Tätigsein in der Welt ist nicht immer ein Zeichen von einem sich Verlieren im Samsara, und ein meditatives Sitzen in Stille weist nicht automatisch auf einen erleuchteten Nirvana-Zustand hin.

71 Von Ramana Maharshi gibt es dazu den Ausspruch: „Was nicht im traumlosen Tiefschlaf gegenwärtig ist, ist nicht wirklich".

Womit wir wieder bei der Eingangsfrage angelangt wären:
Was ist denn nun Erleuchtung?
Siehst du die Buchstaben vor dem Hintergrund?
Hörst du den Wind?
Wer ist nicht erleuchtet?

Licht und Schatten

Teil I: Das Ich, das Du und das Es in Meditation und Psychotherapie[72]

Zwei der großen Erkenntnisdisziplinen bzw. Methodiken, die sich mit dem inneren Raum des Menschen, seinem Ich-Raum, beschäftigen, sind Meditation und Psychotherapie. Meditation – in all ihren Formen – gibt es schon seit Jahrtausenden, und auch die Psychotherapie blickt mittlerweile auf eine über hundertjährige Geschichte – und Praxis – zurück, und einige ihrer Vorläufertraditionen reichen bis in die Zeiten des frühen Schamanismus. Beide interessieren sich für das „Innere eines Ich“, also für das z. B., was in Ihrem und in meinem Innenraum vor sich geht: Bilder, Gedanken, Gefühle, Körperempfindungen, Visionen ...

Worum geht es dabei, und wie arbeiten diese zwei doch recht unterschiedlichen Herangehensweisen?

Beginnen wir mir der Psychotherapie, und einer ihrer ganz großen Entdeckungen: dem individuellen Unbewussten, und, in seiner psychodynamisch verdrängten Form, dem Schatten. Was heute ganz selbstverständlich zum Allgemeinwissen gehört, ist im Hinblick auf die Menschheitsgeschichte erst eine relativ junge Entdeckung: Impulse der ersten Person, also Phänomene die im Ich-Raum eines Menschen auftauchen, können verdrängt und abgespalten werden. Damit sind sie jedoch nicht verschwunden und „aus der Welt“, sondern tauchen als zweite oder auch dritte Personen im Ich-Bewusstseins desjenigen wieder auf, der sie verdrängt hat.

Ein einfaches – und in der Kürze der Darstellung stilisiertes – Beispiel von Wilber:

> „Wenn ich mich über meinen Chef ärgere, dieses Gefühl von Ärger jedoch für meinen Selbst-Sinn eine Bedrohung darstellt, dann werde ich diesen Zorn oder Ärger vielleicht unterdrücken oder abspalten. Damit werde ich den Ärger jedoch nicht los, das Einzige was geschieht ist, dass der Ärger in meinem Bewusstsein zu etwas Fremdartigem wird. Ich fühle den Ärger, aber es ist nicht mehr mein Ärger. Ich habe die ärgerlichen Gefühle auf die andere Seite meiner Ich-Grenze geschoben,

72 Dieser Beitrag basiert auf einer Vorveröffentlichung von Wilbers Buch *Integral Spirituality* aus dem Kapitel *The Shadow and the Disowned Self.*

und sie erscheinen mir in meinem eigenen Ich und Selbst als fremdartig, und nicht zu mir gehörend. In dem Augenblick, wo ich den Ärger auf die andere Seite meiner Ich-Grenze schiebe, wird er zu einem Ereignis einer zweiten Person [Du] innerhalb meiner ersten Person [Ich]. Das heißt, ich bin mir des Ärgers bewusst, doch er ist zu einem ‚Du' in meinen eigenen Selbst geworden. (‚Zweite Person' bedeutet dabei die Person zu der gesprochen wird, ich bin also immer noch in einem Austausch mit diesem Ärger). Ich spüre vielleicht, wie der Ärger in mir hochsteigt, doch das geschieht so, als ob ein ärgerlicher Nachbar an meine Tür klopft. Ich fühle den Ärger, doch ich sage zu ihm: ‚Was willst du denn von mir?' Ich sage nicht ‚Ich bin ärgerlich', sondern ‚irgendjemand anders ärgert sich, und das bin nicht ich' – es fühlt sich so an, als ob der Ärger nicht zu mir gehört. Verleugne ich diesen Ärger weiterhin, dann kann er völlig abgespalten, und zu einem Ereignis einer dritten Person werden. Mein Ärger kann zu einem ‚Es', d.h. zu etwas völlig Fremdem in meinem eigenen Bewusstsein werden, und vielleicht als Symptom einer Depression auftreten, vielleicht auf andere Menschen übertragen werden, vielleicht auch auf meinen Chef projiziert werden."[73]

Dieses – vereinfachte – Beispiel zeigt den Weg einer typischen phänomenologischen Ereignisabfolge: Ich-Subjekte – wie unangenehme Gedanken, Gefühle, Körperempfindungen – können im Bewusstsein auftauchen, dort verdrängt und zurückgeschoben werden, und werden dann als ein Anderes gefühlt.[74] Die Urheberschaft daran geht verloren, und es tauchen Schattenelemente im eigenen Bewusstsein auf. Das Ziel der Psychotherapie besteht nun darin -, um einen meist langen und komplexen Prozess auf einen Nenner zu bringen – mit den abgespaltenen, als ein fremdartiges „Es" auftauchenden Phänomenen Kontakt aufzunehmen, in einen inneren Dialog mit ihnen zu treten (in dessen Verlauf sie zu einem „Du" werden), und dann schließlich die Urheberschaft anzuerkennen, und sie als – eigene – Ich-Anteile im eigenen Selbst zu integrieren. Der Psychotherapeut bzw. die Psychotherapeutin wirkt als eine Interpretin, eine Hermeneutikerin des Ich-Raumes des Patienten, die versucht die Symptome und Phänomene zu deuten, deren wahre Bedeutung zu erkennen, und sie dem Autor zu übersetzen, so wie ein Dolmetscher eine fremde Sprache (Symptom) in eine Sprache übersetzt, die einem geläufig ist.

73 *Integral Spirituality*, p. 120.

74 In dem Film *A beautiful mind* wurden diese abgespaltenen Impulse des Hauptdarstellers als konkrete Personen in der Außenwelt – mit konkreten Schauspielern – dargestellt. Die Impulse waren so weit abgespalten, dass sie dem Betreffenden als konkrete Personen in der Außenwelt gegenübertraten.

Dies ist eine großartige Entdeckung des Westens: im Verlauf der Entwicklung eines Menschen können – auf jeder Stufe und in jedem Augenblick – Ich-Impulse durch Abwehrmechanismen abgewehrt und verdrängt werden[75], und ein Eigenleben entwickeln, welches der Psyche selbst mehr und mehr fremdartig erscheint – bis hin zu schwer wiegenden psychischen Erkrankungen.[76] So gut wie nichts von diesen Erkenntnissen findet sich in den meditativen bzw. kontemplativen Traditionen, und an dieser Stelle kann es – vorsichtig formuliert – zu Missverständnissen bei Meditierenden kommen, die glauben, mit Meditation alles Innere (auf)lösen zu können. Ein wesentliches Merkmal der Kontemplation oder Meditation ist die Dis-Identifikation von allen psychischen Inhalten – „was immer in deinem Geist an Phänomenen erscheint, lass es los". Doch wenn diese Phänomene, wie oben beschrieben, noch nicht integrierte Ich-Anteile sind, die als „Du" und „Es" Phänomene erscheinen – dann macht Meditation (ohne es zu wollen) genau das, was die Verdrängung bereits begonnen hat, sie schiebt bereits Verdrängtes immer weiter zurück in den Hintergrund der Psyche, und verschärft die innerpsychische Situation – anstatt sie zu lösen. Wirkliche Transzendenz – die große Stärke von Meditation und Kontemplation – kann nur in Bezug auf diejenigen inneren Anteile geschehen, für die bereits die Urheberschaft anerkannt, und die im Ich integriert sind, und von deren ausschließlicher Identifikation man sich dann in der Meditation lösen kann. Was Meditation jedoch nicht kann ist, den Schatten zu bearbeiten. Wenn dies nicht erkannt wird – und in den spirituellen Traditionen findet sich so gut wie nichts darüber, weil dieses Wissen noch relativ jung ist -, dann verstärkt Meditation den Schatten, und die damit verbundenen Probleme. Depressive Impulse oder negative Emotionen beispielsweise werden „dis-identifizert", was sie jedoch nicht löst, sondern lediglich immer weiter in den Schattenbereich abdrängt.

Mit den Worten von Wilber:

> „Gesunde Entwicklung und gesunde Transzendenz ist ein und dasselbe, da Entwicklung ‚transzendiere und bewahre' bedeutet. Das Subjekt [die Identifikation] einer Stufe wird zum Objekt der nächst höheren Stufe, so lange bis alle relativen Subjekte und Selbste transzendiert sind, und es nur noch den reinen Zeugen oder das reine Selbst gibt, die leere

75 Was nicht notwendigerweise etwas Schlechtes oder Schlimmes ist – Abwehrmaßnahmen sind oft überlebensnotwendig für die Existenz der Psyche, und ein wichtiger Teil des psychischen Immunsystems. Probleme entstehen jedoch, wenn die Urheberschaft daran auf Dauer verloren geht.

76 Die hier besprochenen Störungen im Ich-Raum sind natürlich nicht die einzige Ursache psychischer Erkrankungen, es gibt genetische Faktoren, medizinische Faktoren, kulturelle Faktoren, Umweltfaktoren usw.

Öffnung in welcher der GEIST spricht ... Wenn jedoch – an irgendeinem Punkt der Entwicklung – die Urheberschaft zu Aspekten des eigenen Ichs geleugnet wurde, dann erscheinen diese Aspekte als ein ‚Es', doch das ist keine Transzendenz, sondern reine Pathologie. Die Leugnung der Urheberschaft ist nicht Dis-Identifikation, sondern Ablehnung. Es ist der Versuch, sich von einem Impuls zu dis-identifizieren, BEVOR die Urheberschaft zu diesem Impuls anerkannt und gefühlt wurde, und diese Abkehr von der eigene Urheberschaft führt zu Symptomen, und nicht zur Befreiung..."[77]

Wenn also jemand mit Meditation beginnt, dann wird z. B. Zorn als ein Objekt im eigenen Bewusstsein auftauchen. Doch es kann sich dabei sowohl um Zorn als einen verdrängten Schatten handeln, als auch um bereits integrierten Zorn, der jetzt losgelassen werden kann. Das Problem dabei ist: die Praxis der Meditation selbst kann diesen Unterschied nicht erkennen, sie ist dafür nicht „konstruiert". Umgekehrt kann auch noch so viel gute Psychotherapie die Transzendenz von dem, was bereits integriert ist, nicht bewerkstelligen, weil sie – gewissermaßen berufsbedingt – immer auf der Suche nach dem Schatten ist (und diesen Schatten manchmal auch dort noch sucht, wo schon längst das Licht hell leuchtet).

Die Lösung liegt – wie so oft – in einer Integration von Psychotherapie und Meditation. Meditation ist eine wunderbare Methode um zu erkennen, was der eigene Innenraum zu bieten hat. Diese Inhalte haben jedoch eine oft lange Entwicklungsgeschichte – Geschichte und Geschichten im wahrsten Sinne des Wortes – hinter sich, und bedürfen der Interpretation. Hier hat die Psychotherapie Lösungen anzubieten, bei denen es um Ehrlichkeit und Integrität der eigenen Innerlichkeit gegenüber geht, und ein Annehmen der eigenen Urheberschaft und Verantwortung für die Inhalte dessen, was man erfährt. Ist diese Urheberschaft dann jedoch anerkannt, und sind die Inhalte integriert – vom Es zum Du zum Ich -, und die Schatten aufgelöst, dann ist der nächste Schritt ein Schritt zur Transzendenz, und hier sind wiederum Meditation und Kontemplation die geeigneten Methoden.

Zum Schluss dieser etwas abstrakten Darstellung noch ein Beispiel: Nehmen wir an, jemand entscheidet sich mit Meditation zu beginnen, und er oder sie nimmt an einem Zen Kurs teil. Hauptinhalt dieses Kurses ist Zazen, das Sitzen in Stille, und die damit zwangsläufig verbundene Beobachtung des

77 *Integral Spirituality*, p. 128, Hervorhebungen von Wilber.

eigenen Ich-Raumes. Der- oder diejenige erfährt hier – manchmal zum ersten Mal bewusst im eigenen Leben – die Phänomenologie dessen was sich im eigenen Geist abspielt. Dies ist eine der segensreichen Wirkungen der Meditation – sie öffnet den inneren Raum, einen Raum, der, bei dem was die offiziellen Bildungseinrichtungen (wie Schule und Universität) anzubieten haben, so gut wie gar nicht untersucht wird. (Dieser Raum kann auch nur von einem selbst – subjektiv – untersucht werden, im Gegensatz zu den äußeren Räumen, die einer objektiven Betrachtung durch alle Menschen offen stehen. Auch ein Therapeut wird, wenn ein Klient zu ihm kommt, zuerst die Frage stellen: „Wie kann ich ihnen helfen?", was meint: „Sagen Sie mir, was sich in Ihnen abspielt, damit ich Ihnen bei der Deutung helfen kann").

Der Zazen Schüler sitzt also auf dem Kissen, hat z. B. vom Leiter des Kurses die Anleitung bekommen, die Atemzüge ununterbrochen von 1 bis 10 zu zählen, und übt sich darin. Was nun in den allermeisten Fällen geschieht ist, dass die eigene Psychodynamik das Durchzählen immer wieder unterbricht, oft minutenlang, Gedanken und Gefühle reißen den Übenden mit, Seifenopern und Dramen werden innerlich durchgespielt, alle möglichen Bilder und Assoziationen tauchen auf usw. Und jetzt beginnt es interessant zu werden – welche dieser Phänomene sind bereits angenommen und integriert, und was davon ist abgespalten, und packt die günstige Gelegenheit beim Schopf um sich – endlich! – zu Wort zu melden? Dieses Unterscheidungsvermögen, zu dem die spirituelle Tradition nur wenig anzubieten hat, ist jetzt gefragt. Anders gefragt: mit welchen Inhalten meines Ich-Raumes sollte ich mich schleunigst vom Meditationskissen erheben, und auf die psychotherapeutische Couch legen, und welche Inhalte gilt es – auf dem Kissen – zu transzendieren? Eine Faustregel dabei ist: je fremder, hartnäckiger und eigendynamischer die Phänomene sind, desto wahrscheinlicher handelt es sich um Abgespaltenes und Verdrängtes. Je vertrauter und bekannter sie sind, desto eher sind sie integriert. Das Zählen der Atemzüge ist dabei eine große Hilfe: lassen sich die Phänomene leicht beim Zählen betrachten, und ziehen sie vor dem inneren Auge vorüber „wie die Wolken am Himmel", oder tauchen sie urplötzlich und überfallartig auf, nehmen das Bewusstsein in Beschlag, und lösen endlose gedankliche und emotionale Assoziationsketten aus?

Nehmen wir an, es breitet sich in der Meditation ein immer wiederkehrendes Gefühl von Deprimiertheit aus, das so gar nicht zu einem selbst als einem „fröhlichen Menschen" zu passen scheint. Dann lohnt es sich, mit diesen Phänomenen therapeutischen Rat in Anspruch zu nehmen. Der Vorteil dabei ist, man kann dem Therapeuten bereits konkrete, phänomenologisch gewonnene Erfahrungen schildern, die dieser benötigt, um mit der Interpretation zu beginnen[78]. Er (oder sie) wird dann im Verlauf des Prozesses zu einer inneren Annäherung an diese fremdartigen Erscheinungen einladen – den Weg vom Es zum Du. Er (oder sie) wird vielleicht zum inneren Dialog mit der Depression einladen, sie „zum Tee bitten", dazu auffordern mit ihr in Kontakt zu treten, und sie gefühlsmäßig zu spüren. Dabei können sich die Phänomene dramatisch verändern (was sich wiederum durch Meditation gut erkennen lässt). So wird vielleicht aus einer diffusen Deprimiertheit plötzlich „heller" Zorn, ein erster Schritt der Rückübersetzung. Der nächste therapeutische Schritt ist dann der vom Du zum Ich, von der Annäherung über den Dialog bis zur Annahme, Wiedererkennung („Das bin ja ich selbst") und Integration in die eigene Persönlichkeit. Der Zorn ist jetzt ein Teil von mir, er gehört zu meiner Egozentrik, mit der ich nun nicht mehr ausschließlich identifiziert bin, die ich jedoch, z. B. wenn es um Ich-Durchsetzung im Beruf geht, jederzeit zur Verfügung habe. Sie muss sich jedoch nicht mehr störend und fremd bemerkbar machen, sondern „gehört zu mir", wie auch meine Füße und meine Nase.

Dies ist ein bedeutendes und interessantes Untersuchungsfeld für zukünftige Forschungen, sowohl im Bereich der meditativen Traditionen, wie auch in der Psychotherapie. Es geht dabei um die Versöhnung einer großen, introspektiven, „monologischen" Tradition, mit einer ebenso großen, wenn auch bedeutend jüngeren dialogischen Methodik – es geht, salopp gesagt, um die Integration von Buddha und Freud.

Teil 2: Das Spiel mit dem Schatten

Was du hast und nicht haben willst, das behältst du, das verstärkt sich, das verschlimmert sich. Was dich informiert, das ist OK – was dich affektiert, da hast du ein Thema. (Henning von der Osten, Primärtherapeut)

Meditative Techniken sind gut geeignet, das absolute Selbst, den immer – also auch jetzt – gegenwärtigen Zeugen erfahrbar werden zu lassen, und die verschiedenen spirituellen Traditionen haben hervorragende Methoden entwickelt, die das Ich, das individualisierte, endliche, sterbliche Selbst überwinden und zu unserer absoluten, unsterblichen Wesensnatur hinführen. Dies ist

78 Natürlich kann auch medizinische Hilfe in Anspruch genommen werden.

ein großer, unschätzbar wichtiger Beitrag. Aber Überwindung bedeutet nicht automatisch auch Heilung, und was Meditation nicht kann (und womit sich Meditation auch nicht beschäftigt) sind die Inhalte des Ich, insbesondere dasjenige, was auf dem bisherigen Entwicklungsweg abgespalten und verdrängt wurde, und in Form von Projektionen „gelebt" wird. An dieser Stelle kommen die aufdeckenden und heilenden Methoden wie z. B. Psychotherapie ins Spiel, die sich um die Erkennung des psychologischen Schattens und die Rücknahme von Projektionen bemüht. Psychotherapie heilt das Ich, Meditation transzendiert es. Beides ist wichtig.[79]

Im Teil 2 dieses Beitrages wollen wir uns eine ebenso wirksame wie praktikable Methode zur Schattenarbeit anschauen, welche kürzlich vom Integralen Institut unter der Leitung von Wilber in einem *Integral Life Practice Starter Kit* vorgestellt wurde, einem „Baukasten" für eine Praxis integralen Lebens.

Der 3-2-1 Prozess zur Schattenarbeit[80]

Bei dieser Arbeit geht es darum, so ehrlich wie möglich uns selbst gegenüber hinsichtlich unseres Schattens zu werden, also der abgespaltenen oder verleugneten Anteile unseres eigenen Selbst. Die meisten psychodynamischen Theorien stimmen darin überein, dass diejenigen Dinge, die uns am meisten stören, Teil unseres eigenen endlichen Selbstes sind, mit denen wir noch nicht im Reinen sind. Im 3-2-1 Prozess machen wir uns diese Anteile in einem dreistufigen Prozess wieder zu eigen. Wir verwenden dazu die Perspektiven unserer Wahrnehmung, die sich in praktisch allen Sprachen der Welt als Pronomen einer dritten, zweiten und ersten Person (daher 3-2-1) niedergeschlagen haben.

Aus vielerlei Gründen schieben wir im Laufe unseres Lebens Anteile von uns selbst aus unserem Ich-Erleben heraus. Vielleicht ist es etwas, für das wir uns schämen, vielleicht ist es peinlich oder bedrohlich für uns, oder vielleicht werden wir dafür von unserer Umgebung bestraft, jedenfalls entscheiden wir

79 Wilber, der ja in seinen Veröffentlichungen die Bedeutung einer meditativen Praxis immer wieder betont und auch selbst intensiv praktiziert, weist ebenso deutlich auch auf Grenzen hin, so z. B. in einem der Dialoge mit Andrew Cohen in der Zeitschrift *what is enlightenment*: „Das ist der Grund, warum von Menschen, die sich sehr in ihre meditative Praxis vertiefen, nach fünf, zehn oder zwanzig Jahren am Ende nur noch ein riesiger Schatten bleibt, und alles andere verschwunden ist. Und wenn sie Lehrer sind, dann treffen sie sich zum Mittagessen und sprechen über ihren Schatten! Sie können dabei sehr viel Achtsamkeit gegenüber dem Schatten aufbringen, doch sie können ihn nicht heilen."

80 Quelle: Integral Life Practice Starter Kit Version 1.0, My ILP Handbuch S. 72. Das Schattenmodul ist eines von vier vorgeschlagenen Basismodulen einer integralen Praxis. Die drei anderen Module sind: a) Körperarbeit (grobstofflich, subtil, kausal), b) eine spirituelle Praxis, und c) kognitives Verstehen, z. B. Wilber's Integraler Ansatz (AQAL).

uns dafür, die Urheberschaft für bestimmte Aspekte (Gedanken, Gefühle, Impulse) unseres Ich-Erlebens zu leugnen. Dabei kann es sich sowohl um positive wie auch um negative Aspekte handeln – wir können uns sowohl unserer eigenen Größe als auch unserer eigenen „Niedrigkeit" schämen. In beiden Fällen projizieren wir sie als ein Du, und machen so den Schritt von einer ersten zu einer zweiten Person. „Du bist ärgerlich." „Du bist selbstbezogen." „Du bist bewundernswert", und so weiter. Und im jeweils anderen tauchen diese unsere Aspekte dann wieder auf.

Die Bedrohung einer Emotion oder Situation, die wir gerade verschoben haben, kann sogar so groß sein oder werden, dass wir sie noch weiter weg von uns verbannen und zu einer dritten Person, einem Es machen, dem jegliche Menschlichkeit und Innerlichkeit abgeht. Wir nehmen dann den Schatten oft als einen Ärger, eine Gegenreaktion, Angst, Phobie, Zorn, Aversion oder auch Vergötterung gegenüber bestimmten Menschen, Dingen oder Situationen wahr, ohne dass uns dabei bewusst wird, warum das so ist.

Wenn man in einer derartigen Lage seine meditativen Anstrengungen verstärkt, z. B. aufgrund einer großen Unruhe im eigenen Geist („Ich meditiere, um endlich mal zur Ruhe zu kommen ..."), dann verschlimmert dies die Situation eher noch, weil Meditation im Allgemeinen eine DIS-Identifikation von den eigenen Erfahrungen empfiehlt, wohingegen das – im wahrsten Sinne des Wortes – hier Not-wendige gerade eine RE-Identifikation mit den abgespaltenen Dimensionen unserer eigenen Erfahrung wäre. Nur dasjenige, was wir vorher bewusst in Besitz genommen haben, können wir auch loslassen. Abgespaltenes befindet sich jedoch nicht mehr in unserem Besitz, es hat begonnen, ein Eigenleben in unserer Psyche zu führen. Und hier liegt der Nutzen von Schattenarbeit.

Mit den Worten der Autoren des „Starter Kits":

> „Zusammengefasst: Die Dissoziation verläuft von einer ersten Person zu einer zweiten Person und zu einer dritten Person: 1-2-3. Die Umkehrung der Dissoziation geht daher von 3 zu 2 zu 1, dem 3-2-1 Prozess. Wir fassen diesen Prozess auch zusammen mit: Schau es an (3), rede mit ihm (2), und schließlich SEI es (1). [Face it, talk to it, BE it]."

Persönliche Beispiele

Sehen wir uns einige praktische Situationen an, die einen Anlass für diesen Prozess bieten könnten. Das Telefon klingelt, jemand möchte mir einen Lotterieschein verkaufen, ich lehne dankend ab. Damit ist das Thema eigentlich erledigt. Doch warum beschäftige ich mich noch mit diesem Telefonat – leicht verärgert – einige Minuten lang in meinem Geist?

Jemand schreibt mir eine Mail, in der er mich kritisiert. So weit so gut, das passiert. Was an dieser Mail informiert mich, und was affektiert mich, regt mich auf? Vielleicht hat der Kritiker ja Recht? Ich antworte auf die Mail. Ist das Thema damit für mich erledigt, oder trage ich es tage- oder sogar wochenlang mit mir herum, vielleicht auch in meinen Träumen?

Ich schaue Fernsehen und höre Nachrichten – was berührt mich, was lässt mich kalt, und was regt mich auf? Wieso hake ich bei bestimmten Personen z. B. des öffentlichen Lebens ein? Was leben diese Leute (an eigener uneingestandener Größe beziehungsweise „Niedrigkeit") für mich aus?

Acht Leute warten mit mir an der Bushaltestelle – wieso irritiert mich der Typ mit der Zigarette, und warum schaue ich immer wieder bewundernd zu der Frau im blauen Kleid?

So weit ein paar Beispiele aus meiner eigenen Psycho-matik. (Die Psychosomatik als solche wäre ein eigenes Thema ...).

Praxisanleitung

Die praktische Arbeit orientiert sich – praktischerweise – an dem, was in unserem Bewusstsein vor sich geht. (Ich verwende ab hier der Einfachheit halber das „Du" in der Anrede).

Wähle eine für dich „schwierige Person" aus, die dich anzieht oder abstößt (z. B. einen romantischen Partner, eine(n) Vorgesetzte(n), einen Elternteil) oder wähle eine Figur aus einem Traum, oder eine Körperempfindung, die Unruhe in deinem Bewusstsein erzeugen. Erinnere dich daran, dass es sich dabei sowohl um eine positive als auch um eine negative Unruhe handeln kann. Folge dann den drei Schritten, die weiter unten beschrieben sind. In einer kürzeren Version investierst du vielleicht fünf Minuten für jede Perspektive, für eine längere Version zehn bis 15 Minuten oder länger.

Du kannst sprechend durch diesen Prozess gehen, oder auch etwas aufschreiben. Wenn du sprichst, dann stelle dir die Person oder Sache, um die es geht vor, wie sie dir gegenübersitzt.

Das Folgende sind Originaltexte aus dem *Starter Kit*:

> Drei Schritte
> 3- SCHAU ES AN
> Beschreibe die Person, das Bild oder die Wahrnehmung detailliert und

lebendig unter Verwendung von Pronomen der dritten Person (z. B. er hat ..., sein Verhalten ist ..., sie macht immer ..., es ist ...). Dies ist eine Gelegenheit, um deine Erfahrung gründlich zu erforschen, speziell dasjenige was dich ärgert. Spiele das was dich stört nicht herunter – nimm' die Gelegenheit wahr, es so vollständig, klar und ehrlich wie möglich zu beschreiben.

2- SPRICH MIT IHM
Tritt in einen Dialog mit diesem Bewusstseinsobjekt ein, in dem du Pronomen der zweiten Person verwendest (du, ihr). Dies ist eine Gelegenheit für dich, mit der Störung in Beziehung zu treten und direkt mit der Person, dem inneren Bild oder der Wahrnehmung zu sprechen. Du kannst z. B. Fragen stellen wie „Wer/was bist du? Wo kommst du her? Was möchtest du von mir? Was möchtest du mir sagen? Was für Geschenke hältst du für mich bereit?" Und dann erlaube der Störung dir zu antworten. Sei offen für mögliche Überraschungen in diesem Dialog.[81]

1- SEI ES
Jetzt sprichst oder schreibst du in einer und als eine erste Person, und wirst zu dieser Person, diesem Bild oder dieser Wahrnehmung, die du erkundet hast. Verwende dabei die Pronomen der ersten Person (ich, mir, mein). Sieh die Welt, einschließlich dich selbst, vollständig aus der Sicht dieser Störung, und erlaube dir nicht nur die Gemeinsamkeiten dabei zu entdecken, sondern auch die Identität, das ein-und-dasselbe-Sein. Schließe dies mit einer Aussage der Identifikation wie folgt ab: „Ich bin ..." oder „... ist meins".

Jetzt integriere diese Perspektive, und fühle sie als einen Teil deines Seins.

Zusammenfassung
Schattenarbeit ist ein – durch nichts anderes zu ersetzender -, unverzichtbarer Teil einer integralen (Lebens-)Praxis. Worum es dabei geht ist die Zurücknahme von Projektionen und fehlgeleiteter Emotionalität („Ladung", positiv oder negativ), und das Sich-zu-eigen-machen von eigener Energie, die in fortwährenden Verdrängungsprozessen gebunden ist – weil, mit den

81 Dabei geht es nicht um ein „magisches" Lesen z. B. von Gedankeninhalten anderer Menschen, sondern um eine Bewusstseinserweiterung und einen Perspektivwechsel im eigenen Bewusstseinsraum, das sich nähern, in Resonanz treten und sich hineinversetzen in ein Anderes, was zu neuen Erkenntnissen und Einsichten führen kann.

Worten Wilbers, „der Schatten von ganz unten bis nach ganz oben reicht". Probleme bleiben dabei weiterhin zwar Probleme, und Unterschiede bleiben Unterschiede, und es erfolgen nach wie vor Wertungen und Entscheidungen, aber die irritierende „Ladung" ist aus all diesen Prozessen heraus. Gedanken und Gefühle klären sich, und auch körperliche Symptome können sich positiv entwickeln – und natürlich sollte dieses Spiel mit dem eigenen Schatten immer auch seinen spielerischen Charakter behalten, und man muss sich nicht jeden herumliegenden Schuh auch anziehen. Doch es lohnt sich, den Irritationen in der Außenwelt im eigenen Inneren buchstäblich auf den Grund zu gehen.

Die Dinge sind dann in ihrem So-Sein einfach das was sie sind, ohne Verzerrungen, Überhöhungen oder Ausblendungen, und aus diesem So-Sein heraus entstehen nicht zuletzt Zu-frieden-heit und effizienteres Handeln.

Teil 3: Licht und Schatten – Das Spiel im Licht, die Bedeutung der Meditation für die eigene Entwicklung

Was gaffst du viel, mein Mensch?
Der Anti-Christ und's Tier
(Im Fall du nicht in Gott) sind alle zwei in dir. (Angelus Silesius)

Der wahre Suchende ist der, der auf der Suche nach sich selbst ist.
Gib alle Fragen auf außer der einen: „WER BIN ICH?"
Schließlich bist du dir nur einer Tatsache gewiß: DU BIST!
Das „ICH BIN" ist sicher, das „ich bin dies" ist es nicht.
Bemühe dich herauszufinden, was du in Wirklichkeit bist.
(Sri Nisargadatta Maharaj)

Beginnen wir mit einer Erläuterung, warum und wie Meditation funktioniert bzw. funktionieren kann, und wenden uns danach den praktischen Beispielen zu. Ein mittlerweile des öfteren zitierter Satz des Entwicklungsforschers und Autors Robert Kegan, mit dem er den inneren Entwicklungsvorgang zusammenfasst, lautet: „Das Subjekt einer Ebene wird zum Objekt des Subjektes der nächst höheren Ebene." Betrachten wir dazu das Beispiel des Entwicklungsschrittes der Individuation. Ein Kind „lernt" im Laufe seiner Entwicklung die Normen und Regeln der Eltern und Umgebung, und internalisiert sie bis zu einem gewissen Grad. Das nicht-reflektierte Selbstgefühl des Kindes ist das eines Mitgliedes einer Familie, es *ist* diese Gemeinschaft mit ihren Normen und Regeln.[82] Irgendwann kommt der Zeitpunkt, wo das Kind sich von der überwiegenden Identifikation mit der Familie hin zu einem Individuum entwickelt. Es beginnt, die internalisierten Normen und Regeln innerlich zu objektivieren und zu reflektieren, und macht seine bisherige Identifikation zu einem Objekt innerer Betrachtung, mit den dazugehörigen Auseinandersetzungen, Abgrenzungen, Rebellionen, Kritik usw. Wird dieser Prozess auf eine gesunde Weise abgeschlossen, dann entwickelt sich der Teenager zu einem selbst-bewussten Individuum, welches in der Lage ist, die Vorstellungen anderer kritisch zu hinterfragen, Nützliches und Richtiges davon zu integrieren, und eigenständige Vorstellungen zu entwickeln und zu artikulieren. Das Subjekt einer Ebene (die Identifikation als Gruppenmitglied) ist zu einem Objekt (d.h. einem inneren Betrachtungsgegenstand)

82 Dasjenige, womit wir identifiziert sind, ist uns nicht bewusst, es ist – in einem Bild – das Wasser, in dem wir wie ein Fisch schwimmen. Erst wenn wir aus dem Wasser herauskommen und Abstand gewinnen, erkennen wir, wo wir waren bzw. sind.

des Subjektes der nächst höheren Ebene (der individualisierte Teenager) geworden[83]. Dieser Prozess setzt sich immer weiter fort, und wird in der Meditation unterstützt: wir setzen uns z. B. auf einen Stuhl oder ein Kissen, und beobachten den Strom unserer Gedanken – was diesen augenblicklich zu einem Objekt unseres Bewusstseins macht, und uns die Möglichkeit der Ent-Identifikation und Weiterentwicklung gibt. Darin liegt eine der großen Stärken von Meditation: der eigene Entwicklungsprozess wird beschleunigt.

Wir *haben* dann unsere Gedanken, Meinungen, Vorstellungen, Visionen oder was auch immer, aber wir *sind* sie nicht mehr, jedenfalls nicht ausschließlich, was ein anderer Ausdruck für Transzendenz und Entwicklung ist.[84] Und dies gilt für alle Inhalte unseres Bewusstseins, so lange bis wir zu dem erwachen, wer oder was wir wirklich sind. Dazu noch ein Zitat von Sri Nisargadatta:

> **„Um zu wissen, was du bist, musst du zunächst das untersuchen und kennen, was du nicht bist. Entdecke alles, was du nicht bist: Körper, Gefühle, Gedanken, Zeit, Raum, dies oder das. Nichts, was du konkret oder abstrakt wahrnimmst, kannst du sein. Gerade der Vorgang der Wahrnehmung zeigt, dass du nicht das bist, was du wahrnimmst.**
> **Je genauer du verstehst, dass du auf der Ebene des Verstandes nur in negativen Begriffen beschrieben werden kannst, umso schneller wirst du zum Ende deiner Suche kommen und realisieren, dass du das unbegrenzte Sein bist".**

Aus der Fülle des Angebotes und Erfahrungsschatzes der spirituellen Tradition möchte ich nun einige (wenige) ebenso wirksame wie praktikable Methoden zur Meditation aus dem erwähnten Starter Kit vorstellen.

Der Big Mind Prozess[85]

Dieser von Genpo Roshi entwickelte, geführte meditative Prozess vereinigt westliche psychologische Elemente des „Voice Dialogues" mit östlichen Ele-

83 Eine misslungene Entwicklung kann a) in einer Fixierung liegen, einem Festhalten an „alten" Vorstellungen, ohne diese mit Abstand betrachten und ggf. loslassen zu können, bzw. b) einer Dissoziation oder Abspaltung, wo die vorherige Ebene nicht integriert (d.h. gute Traditionen bewahrt), sondern komplett negiert und abgespalten wird, eine Haltung die nicht trans-konventionell, sondern anti-konventionell ist, und damit keine Entwicklung darstellt. (Eine Haltung, die während der 68-er Bewegung verbreitet war).

84 Dies setzt jedoch voraus, dass wir bereits genügend „Schattenarbeit" geleistet haben, Projektionen zurückgenommen, und unsere Urheberschaft für unsere Geistesinhalte angenommen und richtig zugeordnet haben.

85 The MyILP Handbook, p.66.

menten der Zen-Meditation.[86] Er verbindet damit westliche Schattenarbeit mit östlicher „Lichtarbeit".

Ausgehend von der phänomenologischen Erfahrung, dass viele Inhalte des eigenen Bewusstseins sich bei Erwachsenen in Stimmen[87] (voices) artikulieren, die man in sich hören kann, werden bei diesem Prozess diese Stimmen nacheinander aufgerufen und in ihrer Bedeutung gewürdigt und anerkannt, um dann aber auch wieder losgelassen zu werden, um Raum zu geben für das ICH BIN, welches die Öffnung, der Rahmen oder die „leere Fülle" ist, in welcher all die Stimmen erscheinen. Der Vorgang unterscheidet dabei dualistische Stimmen, wie den Beschützer, den Controller, den Skeptiker, die Angst, das Opfer, das verletzte Selbst, das verletzliche Kind, Verlangen, den suchenden Geist – von transzendenten Stimmen wie: der Weg, allumfassender GEIST (Big Mind), allumfassendes Mitgefühl (Big Heart). Erstere geben dem relativen Aspekt des Menschseins Raum und Stimme, Letztere dem absoluten Aspekt – und somit kann diese Praxis einem dabei helfen, als ein „integriertes, frei-wirkendes menschliches Wesen" in der Welt zu sein, ohne gänzlich von dieser Welt zu sein.

Am Anfang steht das Kennenlernen, die Würdigung der positiven Aspekte und damit die Integration der relativen Stimmen, die, aus welchen Gründen auch immer, oft in den Schatten gedrängt wurden, von wo sie dann im Verborgenen unkontrolliert wirken. Gerade die spirituellen Traditionen haben manche von ihnen, so z. B. das Verlangen, für alles Leid in der Welt verantwortlich gemacht. Ohne Verlangen jedoch gäbe es keine Entwicklung und keinen Fortschritt. Das Problem besteht in der Anhaftung am Verlangen, und nicht im Verlangen selbst. Oder nehmen wir den Skeptiker, der in Zeiten des positiven Denkens keinen guten Ruf hat. Aber er bewahrt uns vor Leichtgläubigkeit und Bauernfängerei, und kann sogar, bei radikaler Anwendung, zur Erleuchtung führen, durch die Verneinung jeglicher phänomenaler Wahrnehmung bis zu dem, was – unleugbar – übrig bleibt, dem ICH BIN, wic im Eingangszitat beschrieben.

Das Wachrufen der absoluten Stimmen in uns – keine der Stimmen, relativ und absolut, müssen künstlich „gemacht" werden, sie sind alle in uns – erinnert uns an die Dimensionen unseres Seins, die frei von Zeit und Raum sind,

86 Genpo Roshi ist autorisierter Zen-Roshi, und hat die Methode des Voice Dialogue bei Hal und Sidra Stone studiert, siehe z. B. Hal und Sidra Stone, *Du bist Viele.*
87 Anstelle von Stimmen kann man auch von jeweils unterschiedlich entwickelten Persönlichkeitsanteilen sprechen.

unser ursprüngliches Antlitz.

In jedem Augenblick unseres Lebens können wir uns der relativen und absoluten Persönlichkeitsanteile und deren Stimmen in uns bewusst(er) werden, und sie immer besser kennen lernen und integrieren.

Meditative Untersuchung[88]

Bei dieser Methode wird – in Anlehnung an klassische Meditationstechniken – der oder die Praktizierende dazu eingeladen, über das Denken hinauszugehen und im reinen, formlosen Bewusstsein zu ruhen.

Sitze aufrecht und atme natürlich ein und aus.
Beginne damit, deine Atemzüge zu zählen, von eins bis zehn, und wenn du bei „zehn" angelangt bist, beginne wieder mit „eins"[89]
Bringe so viel Bewusstheit wie möglich in diesen Vorgang, und vermeide ein mechanisches Zählen.
Jeder Atemzug bringt dich in die Gegenwärtigkeit dieses Augenblicks.
Achte auf die Ruhepunkte zwischen den Atemzügen.
Du bist auf deinen Atem konzentriert, und tauchst gleichzeitig immer tiefer in das Geheimnis des Jetzt ein.

Wenn man in der Lage ist, das Zählen für etwa fünf oder mehr Minuten aufrechtzuerhalten, kann das Zählen losgelassen werden.[90]

Sei ganz gegenwärtig für alles was im Augenblick geschieht, und folge einfach nur noch deinem Atem.

Wenn du bemerkst wie dein Geist umherwandert, kannst du dies sanft durch ein Fragewort untersuchen: „Vermeidung?" oder alternativ „Kontraktion?" oder „Wer bin ich?". Dabei geht es nicht um eine Analyse des Gedankens oder die Ursache seines Auftauchens. Bemerke den Gedanken, stelle die Frage, und kehre in den Augenblick zurück.

Diese Praxis kann mit der Zeit in die reine Gegenwärtigkeit des „Nur-sitzens" führen, bei der die Aufmerksamkeit ganz in der Gegenwart ruht, und alle Erscheinungen und Formen in der Erfülltheit der Leere befreit sind. Diese Bewusstheit kann sich dann auch in das alltägliche Leben hinein ausdehnen.

88 The MyILP Handbuch, Integral Inquiry p.65.

89 Man kann dabei beim Einatmen und Ausatmen zählen, oder nur beim Einatmen, oder nur beim Ausatmen.

90 Dies kann sich durchaus erst nach einigen Jahren der Praxis einstellen.

Das 1-2-3 Gottes[91]

Wir stehen zu allem, einschließlich des Göttlichen, dem Mysterium und großen Geheimnis, durch Perspektiven in Beziehung.
Wir können über das Göttliche in der dritten Person denken, wissen und sprechen.
Wir können mit dem Göttlichen in eine Beziehung der zweiten Person eintreten und beten, fragen, empfangen und in Kommunion sein.
Wir können meditieren und uns selbst fühlend erleben und (er)kennen als das Göttliche in der ersten Person, unserer Quelle und unserem Sein.
Diese Dimensionen des Göttlichen können wir – in jedem Augenblick – erfahren und zum Ausdruck bringen:

Ich betrachte Gott als alles was erscheint – die große Vollkommenheit dieses und eines jeden Augenblicks.
Ich trete in Beziehung mit dem Göttlichen als ein geliebtes, unbegrenztes DU, welches mir Segen und Vergebung schenkt, und dem ich mich mit Dankbarkeit hingebe.
Ich ruhe in Gott als mein eigener Zeuge und ursprüngliches Selbst, dem ICH BIN der/die ICH BIN, eines mit Allem.

(Die Worte „Gott" oder „das Göttliche" können ersetzt werden durch das, was für die praktizierende Person für das Höchste steht, z. B.: „Geist", „Allah", „das Eine", „das Namenlose", „die Existenz").

Das Göttliche der dritten Person zeigt sich in allem Wahrgenommenen, der Schönheit der Natur, der Ästhetik einer mathematischen Formel, den Bewegungen einer Tänzerin – und die objektivierende Wissenschaft und Erkenntnis singt das Lied dieses manifestierten Gottes der äußeren Betrachtung, und erforscht und würdigt ihn im Erkennen seines Wirkens. Tätiges Wirken, das Entdecken und Gestalten eines sich entwickelnden Gottes bzw. einer Göttin, der/die Form, Fleisch und Gestalt angenommen hat.

Das Göttliche der zweiten Person, das Du, zeigt sich in all unseren Beziehungen, und besonders in unserer Beziehung zum Göttlichen. Wir öffnen uns für das Geheimnis dieser Beziehung z. B. im Gebet:

In mir ist es finster, aber bei dir ist Licht
Ich bin einsam, aber du verlässt mich nicht
Ich bin kleinmütig, aber bei dir ist die Hilfe

91 The MyILP Handbook, p. 68.

Ich bin unruhig, aber bei dir ist Frieden
In mir ist Bitterkeit, aber bei dir ist die Geduld
Ich verstehe deine Wege nicht, aber du weißt
Den rechten Weg für mich. (Dietrich Bonhoeffer)

Das Göttliche der ersten Person ist das ICH BIN der/die ICH BIN, das lebendige Vermächtnis aller spirituell/religiösen Traditionen, als eine Einladung an alle Menschen, diese Dimension des Göttlichen zu erfahren und zu verkörpern.

> Ja, ICH bin DU, dein SELBST, der Teil von dir, der ICH BIN sagt und ICH BIN ist. Dieser transzendente, innerste Teil von dir, der sich im Inneren regt, während du liest, der auf dieses mein Wort antwortet, der seine Wahrheit versteht, der alle Wahrheit erkennt und allen Irrtum ablegt, wo er ihn auch findet, – nicht jener Teil, der all diese Jahre von Irrtum genährt wurde. Denn ICH bin dein wahrer Lehrer, der einzig wirkliche, den du je kennen wirst, und der einzige Meister.
> *ICH, DEIN göttliches SELBST.*[92]

92 aus: Das unpersönliche Leben, S. 8.

Kommunikation als Lebenspraxis

Kommunikation[93] als ein Austausch und In-Beziehung-sein mit anderen Menschen und Wesen eignet sich wie kaum etwas anderes dazu, als eine Praxis zum eigenen Wachstum verstanden zu werden. Zum einen ist es etwas, was man ständig und „sowieso" tut, zum anderen spricht Kommunikation sehr viele menschliche Erfahrungsbereiche an und lässt kaum einen Lebensbereich unberührt.

Wir wollen im Folgenden einige dieser Erfahrungsbereiche und Merkmale von Kommunikation betrachten und dabei auch auf Zitate eines sehr populären Buches zum Thema zurückgreifen, dem Buch *Gewaltfreie Kommunikation* (GFK) von Marshall B. Rosenberg.

Was ist Kommunikation?

> **„Was gibt uns die Kraft, die Verbindung zu unserer einfühlsamen Natur selbst unter schwierigsten Bedingungen aufrechtzuerhalten?"[94]**

Eine *erste Person* (ich) ist die Person die spricht, eine *zweite Person* (du) ist die Person zu der gesprochen wird (erste und zweite Person bilden zusammen ein gemeinschaftliches Wir), und eine *dritte Person* (er, sie, es) ist eine Person oder Sache über die gesprochen wird. Diese Grundsstruktur des in-der-Welt-seins hat in den Personalpronomina praktisch aller Sprachen ihren Niederschlag gefunden, und es ist auch die Grundstruktur von Kommunikation. Daraus ergeben sich die Betrachtungsschwerpunkte einer Kommunikation als Lebenspraxis:

a) Die Beschäftigung mit dem Individuum welches kommuniziert, seiner Entwicklung (seiner Geschichte und seinen Geschichten) und seinen Hauptperspektiven der Wahrnehmung und des Ausdrucks (subjektiv, intersubjektiv, objektiv).

b) Den intersubjektiven, gemeinschaftlichen Aspekten von Kommunikation, der dialogischen Dynamik, mit einer jeweils eigenen Geschichte und Entwicklung, und

c) den Kommunikations„gegenständen", d.h. dem worüber gesprochen wird, und den objektiven Aspekten von Kommunikation

93 In diesem Aufsatz wird Kommunikation im engeren Sinne als der verbale Austausch zwischen zwei oder mehreren Menschen betrachtet. Die Grundüberlegungen können jedoch auch auf andere (z. B. nicht-verbale) Kommunikationsformen angewandt werden.

94 Alle Zitate sind, sofern nicht anders angegeben, aus dem Buch *Gewaltfreie Kommunikation*, Marshall B. Rosenberg.

Der Mensch als kommunizierendes Subjekt

> „Die bedeutendste Anwendung der GFK liegt vermutlich in der Art und Weise wie wir mit uns selbst umgehen."

> „Wenn sich mein Kollege mehr Gedanken über Details macht als ich, ist er ‚pingelig und zwanghaft'. Andererseits, mache ich mir mehr Gedanken über die Details als er, ist er schlampig und schlecht organisiert'."

> „Wir sind gefährlich, wenn wir uns der Eigenverantwortung für unser Verhalten, Denken und Fühlen nicht bewusst sind."

> „Je intensiver du deiner inneren Stimme zuhörst, desto besser wirst du erfassen, was in der äußeren Welt vor sich geht." (Dag Hammarskjöld)

Im Subjekt und Individuum findet eine innerpsychische (oder intrapsychische) „Kommunikation" statt, mit einem verbalen (und auch nicht verbalen) Austausch der unterschiedlichen Persönlichkeitsaspekte, die oft als gefühlte oder gehörte innere Stimmen (Voices[95]) erfahren werden. Der erste Schritt besteht darin, Zugang zu seinem eigenen Innenleben zu bekommen, die Aufmerksamkeit nach innen zu richten, diese Innenwahrnehmung auch in schwierigen Situation zu halten, sich bei sich selbst auszukennen und dort zu Hause zu sein.

Folgeschritte bestehen darin, die Inhalte des eigenen Bewusstseins genauer kennen zu lernen (Gedanken, Gefühle, Körperempfindungen), sie richtig zu interpretieren, verborgene und verdrängte Persönlichkeitsanteile („Schatten") ans Licht zu bringen, und mit der Dynamik des eigenen Innenlebens insgesamt vertraut zu werden. Besonders wichtig dabei ist die Betrachtung und Gestaltung schwieriger Emotionen wie Hass, Gier, Neid, Eifersucht, Ärger, Groll, Zorn, Wut, Ironie, Zynismus, Negativität und Widerständen allgemein.

> „Der erste Schritt zum vollständigen Artikulieren unseres Ärgers besteht darin, die andere Person von jeglicher Verantwortung für diesen Ärger zu trennen ... Wir können das Verhalten der anderen Person als Auslöser identifizieren, und gleichzeitig ist es sehr wichtig, eine klare Trennlinie zwischen Auslöser und Ursache zu ziehen."

95 Diese Stimmen sind oft internalisierte Stimmen von wichtigen Bezugspersonen wie den Eltern oder Lehrern, und stammen aus der eigenen frühen Kommunikations"geschichte". Wichtig für die Kommunikation sind Stimmen wie der innere Kritiker, der Richter, das Kind, der Wächter (Controller), das Opfer, der Skeptiker und die Stimme der Angst. Es kommt darauf an, den inneren Wahrnehmungsraum so weit zu öffnen, dass alle diese Stimmen ihren Platz darin haben, ohne jedoch zu be-stimmen.

Die „Kunst“ besteht darin – und es ist tatsächlich eine Kunst bzw. ein zu erlernendes Handwerk -, diese Energien und Emotionen zuerst einmal bei sich wahrzunehmen, die eigene Autorenschaft und Verantwortung dafür zu übernehmen, tieferliegende und verdrängte Persönlichkeitsanteile zu integrieren, und sie dann weder (erneut) zu verdrängen noch impulsiv auszuagieren, sondern in konstruktiver Weise zu kultivieren und zu gestalten.

> **„Ich habe einundzwanzig Jahre lang verschiedene amerikanische Bildungsstätten durchlaufen und kann mich nicht daran erinnern, dass mich einmal jemand gefragt hätte, wie ich mich fühle.“**

Sowohl die Innenperspektive als auch der Umgang mit dem was sich dabei zeigt ist etwas, was man erlernen muss, wofür jedoch das öffentliche Bildungssystem nur wenig bereit hält – dort wird fast überwiegend nur die Außenwahrnehmung gelehrt und gelernt. Die entsprechenden Methodiken wie Meditation, Introspektion, praktizierte Phänomenologie oder einfach nur Körperwahrnehmung haben in der öffentlichen Wahrnehmung immer noch einen alternativen wenn nicht gar exotischen „touch“. Dennoch ist die Schaffung des Zugangs zum eigenen Inneren die Grundvoraussetzung für eine gelungene Kommunikation.

> **„Auf die nochmalige Bitte, seine Gefühle auszudrücken, erwiderte er: ‚Ich habe das Gefühl, die Leute, die so etwas machen, haben eine Persönlichkeitsstörung.‘ Ich erklärte ihm, dass auch dies eine Meinung statt einer Gefühlsäußerung sei.“**

> **„Wir sprechen oft das Wort *fühlen* aus, ohne damit wirklich ein Gefühl auszudrücken.“**

> **„In der GFK unterscheiden wir zwischen Wörtern, die wirkliche Gefühle ausdrücken, und Wörtern die beschreiben, *was wir darüber denken wie wir sind.*“**

Technisch gesprochen geht es um die Entwicklung der „intrapsychischen Entwicklungslinie“[96], mit Eigenschaften wie

96 Howard Gardner spricht von introspektiver Intelligenz und Selbst-Reflektion, der Fähigkeit sich „von innen“ zu kennen, und sich dabei gleichzeitig objektiv zu betrachten. Bei diesen Entwicklungslinien handelt es sich um gewachsene (entwickelte) Strukturen des Bewusstseins, d.h. dasjenige mit dem wir (meist unbewusst) unsere Erfahrungen interpretieren. Die Bewusstwerdung dieser Hintergrundstrukturen und ihre Entwicklung trägt wesentlich zur Verbesserung der eigenen Kommunikation, und zum Verständnis von Kommunikation allgemein bei. Die Ausführungen zu den Entwicklungslinien in diesem

- der Fähigkeit, mit sich selbst in Kontakt zu sein
- einer realistischen Selbsteinschätzung der eigenen Fähigkeiten
- emotionaler Selbstkontrolle
- Gewissenhaftigkeit und Verlässlichkeit
- der Fähigkeit sich zu motivieren, und „aus sich selbst heraus“ initiativ zu werden
- Toleranz von Chaos und Veränderung
- Anpassungsfähigkeit und Einfallsreichtum

Das Potential dafür bekommen wir alle in die Wiege gelegt, doch die Entwicklung dieser Fähigkeiten müssen wir selbst in die Hand nehmen.

> **„Mir ist gerade klar geworden, dass ich mich 36 Jahre lang über deinen Vater geärgert habe, weil er meine Bedürfnisse nicht erfüllt hat, und jetzt merke ich, dass ich ihm nicht ein einziges Mal klar gesagt habe, was ich brauche.“ (77)**

Eine einfache Stufenunterscheidung einer innerpsychischen Entwicklung wäre:

Stufe 1: Auf Gedeih und Verderb den eigenen Emotionen ausgeliefert:
Das eigene Innenleben ist einem selbst weitgehend unbekannt, und andere Menschen oder äußere Umstände werden als die Ursache eigener Gefühle betrachtet. Gefühle werden eher als von außen verursacht als von innen erzeugt erfahren.

Stufe 2: Fähigkeit der Selbst-Kontrolle[97]*:*
Auf dieser Ebene der emotionalen Entwicklung gibt es ein allgemeines Verständnis für die herrschenden sozialen Regeln, innerhalb derer akzeptables Verhalten und Kommunikation stattfinden. Unpassende Kommentare, unkontrollierte emotionale Ausbrüche oder das Ausagieren negativer Impulse werden vermieden.

Stufe 3: Die Fähigkeit, Rückmeldungen zu akzeptieren und aufzunehmen:
Auf dieser Ebene besteht bereits eine Vertrautheit mit den eigenen Emoti-

---

Aufsatz entnehme ich einem Seminarmanuskript von Brett Thomas und John Forman: *Introduction to the integral Psychograph*, herausgegeben vom *Integrale Institute*.

97 nicht zu verwechseln mit Verdrängung. Bei der hier gemeinten Selbstkontrolle werden die Emotionen innerlich wahrgenommen, als etwas Eigenes erkannt, und können in der Wahrnehmung „gehalten“ werden.

onen und das Kennen der eigenen Auslöser und „Knöpfe", die bestimmte emotionale Reaktionen hervorrufen. Konstruktive Kritik wird nicht mehr personalisiert, Kränkungen und Beleidigungen werden ertragen, und ihnen wird angemessen begegnet. Rückmeldungen sind willkommen, und eine Gelegenheit für Veränderungen.

*Stufe 4: Die Fähigkeit emotionale Antworten als Referenzpunkte zu betrach*ten: Menschen auf dieser Ebene sind sich ihrer eigenen Innerlichkeit in hohem Masse bewusst. Sie bleiben emotional ruhig und positiv, auch inmitten von Stress und Konflikt. Diese Menschen sind meist sehr motiviert und initiativ.

Stufe 5: Die Fähigkeit, als ein „Container" und Rahmen zu wirken, in dem die emotionale Entwicklung anderer stattfinden kann:
Diese Menschen können sich leidenschaftlich in ihrem Beruf oder in einer Aufgabe engagieren, ohne sich jedoch darin zu verlieren. Innere Erfahrungen werden erfolgreich gestaltet, es herrscht eine große Transparenz nach innen und außen sowie eine optimistische und engagierte Grundstimmung, die weitgehend unabhängig ist von äußeren Umständen. Die eigenen Stärken und Grenzen sind bekannt, und die Kommunikation ist ein lebendiges Geben und Nehmen, ohne Arroganz und Abwehrhaltung. Diese Menschen sind in der Lage, die schwierigen Emotionen anderer (aus) zu halten, ohne reflexartig zu reagieren oder den Gleichmut zu verlieren. Ihre Interaktion unterstützt emotionale Bewusstheit und ein gutes Gefühl derer, die sich um sie herum befinden. Positive emotionale Zustände werden kultiviert und bei anderen gefördert.

Übungen: Die Übungen einer ersten Person des In-der-Welt-seins, ein Auf-sich-selbst-Zugehen, helfen uns dabei, uns von innen her zu kennen und „Herr im eigenen Hause" zu sein. Sie lassen sich in zwei große Gruppen unterscheiden:

a) aufdeckende, öffnende und kennen lernende Methoden und Techniken
b) gestaltende Techniken und Methodiken

Erstere verschaffen mir einen bewussten Zugang zu einem Daseinsbereich. Letztere helfen mir dabei, mich darin zurechtzufinden und mich dabei zu entwickeln.
Zur Gruppe a) gehören z. B. Meditation, Kontemplation, Introspektion, autogenes Training, oder einfach nur in sich hineinhören. Weiterhin Assoziationsübungen, Ich-Erzählungen, Ich-Ausdruck (Tanz, Musik, Malerei ...), und

Tagebuch. In jedem Augenblick kann man sich die Frage stellen: „Spüre ich gerade was in mir vorgeht, habe ich Kontakt mit meinem Innenleben?"
Zur Gruppe b) gehören z. B. alle psychodynamischen Techniken, Methodiken zum Aufdecken unbewusster Inhalte, Voice Dialogue , Traumarbeit, Affirmationen und Visualisierungen, kognitive Therapie, und Vergebensübungen.

Kommunikation als Gemeinschaftserleben – das „Wunder eines Wir"

> „ ... er brachte fast zwanzig Minuten lang seinen Schmerz zum Ausdruck, und ich hörte auf die Gefühle und Bedürfnisse hinter jeder Aussage. Ich stimmte nicht zu und lehnte nicht ab."
> „Wenn wir im einfühlsamen Kontakt bleiben, ermöglichen wir es dem Sprechenden, mit tieferen Ebenen seiner selbst in Kontakt zu kommen."

Zwei oder mehr Menschen berühren sich in der Kommunikation miteinander, ein „wir" entsteht. Dieses „wir" besteht aus dem, was die Beteiligten an Psychodynamik und Entwicklung mitbringen, *und* es hat eine Eigenständigkeit, die mehr ist als die Summe der daran beteiligten Individualitäten. Dieses Wir ist wie ein gemeinsamer Tanz, den keiner der Beteiligten alleine tanzen kann.

> „Erstes Stadium – emotionale Sklaverei: Wir übernehmen die Verantwortung für die Gefühle anderer.
> Zweites Stadium – „rebellisch": Wir ärgern uns; wir wollen für die Gefühle anderer nicht länger verantwortlich sein.
> Drittes Stadium – emotionale Befreiung: Wir übernehmen die Verantwortung für unsere Absichten und Handlungen."

Die Qualität dieses „wir" hängt sehr von der Entwicklung der Beteiligten ab, ihrer Fähigkeit, die unterschiedlichen Perspektiven (subjektiv, intersubjektiv, objektiv) einnehmen zu können, und von der Klärung der eigenen Psychodynamik.

Beziehungsorientierte Fähigkeiten, die Fähigkeiten sich auf andere Menschen oder Wesen beziehen zu können, entwickeln sich ebenfalls. Sie beinhalten

- Empathie und Mitgefühl
- Die Fähigkeit anderen bei ihrer Entwicklung zu helfen
- Ein Bewusstsein für Gemeinschaften, ein kulturelles Bewusstsein

- Kommunikation
- Überzeugungsfähigkeit
- Konfliktmanagement und Teamarbeit

Auch hier kann uns eine einfache Stufenabfolge zur Orientierung dienen:

Stufe 1: Sozial unbewusst:
Auf dieser Stufe werden Konflikte entweder vermieden oder grundlos angezettelt. Es besteht ein Mangel an Vertrauen und die Unfähigkeit, in einem Team zusammenzuarbeiten. Die Gefühle, Wahrnehmungen und Bedürfnisse anderer liegen außerhalb des eigenen Wahrnehmungshorizontes, Feinheiten in Sprache und Ausdruck werden nicht bemerkt. Kommunikation geschieht „aneinander vorbei", und die Einflussmöglichkeiten auf andere sind minimal.

Stufe 2: Die Fähigkeit, konstruktive Rückmeldungen zu geben:
Menschen auf dieser Ebene äußern sich schriftlich und mündlich angemessen und konstruktiv, und können in Teams arbeiten. Sie sind in der Lage konstruktive Kritik zu äußern und anzunehmen, und haben die Fähigkeit andere wahrzunehmen und unterschiedliche Perspektiven und Standpunkte einzunehmen.

Stufe 3: Die Fähigkeit sich an Kommunikation anzupassen:
Das Zuhören geschieht jetzt so, dass dasjenige, was gesagt wurde, richtig wiedergegeben werden kann. Der Mensch ist in der Lage seinen Kommunikationsstil an eine gegebene Situation anzupassen, speziell bei Konflikten. Die eigenen Erwartungen und diejenigen anderer Menschen können mit den Möglichkeiten einer gegebenen Situation in Einklang gebracht werden.

Stufe 4: Die Fähigkeit zu unterschiedlichen Kommunikationsformen:
Auf dieser Stufe wird gegenseitiger Respekt gefördert. Die kommunikativen Fähigkeiten sowohl schriftlich als auch mündlich sind vielseitig, ein „soziales Radar" erlaubt die angemessene Interaktion mit anderen. Es bestehen Beziehungsnetzwerke und regelmäßige Kommunikation mit Gleichgesinnten, mit Menschen denen Empfehlungen und Ratschläge gegeben werden, sowie auch mit Menschen von denen man überwiegend beraten wird. Die Fähigkeit zu Lösungen in Konflikten komplizierter Prozesse wächst.

Ebene 5: Die Fähigkeit, Kommunikation zu orchestrieren:
Menschen auf dieser Entwicklungsebene sind in der Lage, komplexe Kon-

flikte zu lösen, und Spannungen in produktive Veränderungen zu verwandeln. Sie sind vertraut mit zwischenmenschlichen Dynamiken, und gestalten in Organisationen die Kommunikationsflüsse erfolgreich, sowohl von oben nach unten als auch von unten nach oben. Sie sind ansprechbar und gut vernetzt, und erfragen aktiv Rückmeldungen und Kommentare. Ihre Kommunikation ist inspirierend. Sie haben ein hohes Maß an Selbstbeobachtung erreicht und können so ihr Kommunikationsverhalten in jedem Augenblick an die Gegebenheiten anpassen. Sie pflegen Nachbarschaft, Freundschaften und Beziehungen.

Übungen: Alles das was beziehungsorientiert geschieht, – ein Aufeinander-Zugehen – und die gemeinschaftliche Dimension des In-der-Welt-seins erhellt, ist bereits eine Übung in diesem Bereich. Auch hier lassen a) öffnende und kennen lernende Übungen von b) gestaltenden Übungen unterscheiden.

Zur Gruppe a) gehören z. B. bewusste Wir-Erfahrungen und deren Beschreibungen (unter Verwendung des Pronomen der ersten Person plural (wir, unser): Freundschaften, Feindschaften, berufliche und private Beziehungen, intime Beziehungen, Familien, Nationen.
Zur Gruppe b) gehören z. B. Paartherapie, systemische Aufstellungen, Rollenspiel, Tonglen (eine buddhistische Praxis des Mitgefühls), Gebet und Konfliktlösungen, bis hin zu einer internationalen Friedenssicherung, wie sie im Weltsicherheitsrat der Vereinten Nationen angestrebt wird.

Die objektive Dimension der Kommunikation

> „Wenn du ein Problem durcheinander bringen willst, kann ich dir sagen, wie das geht: vermische das, was ich tue, mit deiner Reaktion darauf."

Die objektive Dimension der Kommunikation ist ebenso bedeutend wie die subjektive und die intersubjektive Dimension, auch wenn sie manchmal etwas vernachlässigt wird. So finden wir auch in der *Gewaltfreien Kommunikation* (S. 115) den Merksatz: „Intellektuelles Verstehen blockiert Empathie". Doch es ist nicht das intellektuelle Verstehen das Problem, sondern ein Mangel an Empathie.[98] Ein angemessenes intellektuelles Verständnis ist eine

98 Eine *ausschließlich* objektive und objektivierende Kommunikation ist in der tat, wie oft gesagt wird, kalt, gefühllos und analysierend, und macht aus einem lebendigen Gegenüber leicht ein „Kommunikationsobjekt". Dies liegt jedoch nicht am Gebrauch der objektiven Perspektive, sondern an ihrer einseitigen Verabsolutierung. Eine ausgewogene Kommunikation würde die drei Hauptperspektiven (subjektiv, intersubjektiv und objektiv) gleichermaßen berücksichtigen, und ihre jeweilige Größe und Grenze würdigen.

Bereicherung für jede Kommunikation.[99] Rosenberg ist sich dessen natürlich auch bewusst. Sein GFK Prozess umfasst vier grundlegende Stufen, von denen die erste lautet: *Beobachten.*[100] Beobachtung ist jedoch typischerweise das Einnehmen einer objektiven Perspektive. Die Bedeutung der objektiven Dimension bei der Kommunikation beginnt wieder bei mir selbst: Bei der Erkundung meiner eigenen Psychodynamik ist neben einem empathischen Erleben auch das objektive Erkennen und Beschreiben meiner Bewusstseinsinhalte von Bedeutung. Ich betrachte mich selbst gewissermaßen von innen her mit Abstand, und „sehe" was geschieht – Gedanken, Gefühle, Körperempfindungen. Die Beschreibung einer Entwicklungslinie (wie oben aufgeführt) ist ebenfalls das Ergebnis einer objektiven Perspektive.[101]

Ein weiterer wichtiger Beobachtungsgegenstand ist mein Kommunikationspartner. So wichtig es ist, diesen als lebendigen Menschen emphatisch wahrzunehmen, ihn zu spüren und mich in ihn hineinzufühlen, so wichtig ist es jedoch auch, dasjenige, was er mir sagt und wie er es mir sagt in einer objektiven Art und Weise wahrzunehmen. Ansonsten laufe ich Gefahr, alles zu subjektivieren und auf mich zu beziehen und bin dann nicht mehr in der

---

99 Die Kognition – als eine Fähigkeit zur Unterscheidung und Objektivierung – stellt eine eigene Entwicklungslinie dar. Eine einfache Entwicklungsabfolge (aus einem Business-Kontext) wäre:
Stufe 1: Die Fähigkeit konkrete Anweisungen entgegenzunehmen, lineares Denken.
Stufe 2: Die Fähigkeit Anweisungen zu verstehen, zu interpretieren. Offenheit für andere Meinungen.
Stufe 3: Die Fähigkeit Anweisungen zu geben. Unterschiedliche Ansichten und Interpretationen können einander gegenübergestellt werden. Aktives Erfragen und Sammeln von Informationen. Ursachenforschung wird ohne Schuldzuweisungen betrieben.
Stufe 4: Die Fähigkeit zur Bildung und Vertretung „starker" Standpunkte. Innere Vorstellungen und Motive können nach außen überzeugend artikuliert werden. Szenarios können überblickt, und an neue Ziele angepasst werden. Feinheiten, Widersprüche und Unstimmigkeiten werden sowohl innerlich als auch in äußeren Zusammenhängen erkannt.
Stufe 5: Die Fähigkeit unterschiedliche Meinungen nach ihren Hintergründen zu hinterfragen. Bewusstwerdung der eigenen persönlichen und kulturellen Konditionierungen. Denken in Meta-Systemen und übergeordneten Zusammenhängen. Konzentration sowohl auf äußere wie auf innere Einflussfaktoren. Laufende Überprüfung eigener Vorstellungen. Innere und äußere Konflikte werden (aus) gehalten, mit dem Ziel integrierender Lösungen. Paradoxien können erkannt, und Mehrdeutigkeiten toleriert werden.

100 Die 3 weiteren Schritte des GFK Prozesses lauten: *Gefühle, Bedürfnisse* und *Bitten.* Diese 4 Schritte sind ein schönes Beispiel für die Integration der 3 Hauptperspektiven: Ich beginne (objektiv) mit der *Beobachtung* dessen was geschieht. Ich gehe dann (subjektiv) tiefer in mich hinein, und nehme die darunter liegenden *Gefühle* wahr. Dann steige ich (subjektiv) noch tiefer in mein Ich-Erleben hinein, und erspüre meine den Gefühlen zugrundeliegenden *Bedürfnisse.* Mit dem was ich dabei in mir erfahren habe gehe in nun (intersubjektiv) in den Austausch und formuliere meine *Bitte(n).*

101 Eine bedeutende Unterscheidung ist die zwischen Bewusstseinsphänomenen und Bewusstseinsstrukturen. Erstere werden subjektiv erlebt, gefühlt und empfunden, als das was auch immer sich im eigenen Bewusstseinserleben zeigt. Letztere sind eine objektive Betrachtung dieser subjektiven Erscheinungen, bei der Strukturen zum Vorschein kommen können, die sich einer alleinigen subjektiven Betrachtung entziehen, jedoch auf die Kommunikation einen entscheidenden Einfluss haben. Dies sind z. B allgemeine Entwicklungslinienstrukturen wie im Text beschrieben, es können auch Entwicklungsebenenstrukturen wie egozentrisch, soziozentrisch und weltzentrisch sein, es können dabei aber auch (mehr oder weniger verborgene) psychodynamische Strukturen wie Angst, Groll, Macht, Kontrolle usw. zum Vorschein kommen.

Lage zu erkennen was, „meins“ ist, und was „seins“ bzw. „ihres“ ist.

Ein weiterer wichtiger Aspekt hinsichtlich einer objektiven Perspektive bezieht sich auf die Kommunikationsinhalte, die Aussagen und deren Wahrheitsgehalt. Eine einfache Unterscheidung kann uns das verdeutlichen. Es gibt Aussagen, die in einer Art heterarchischem Verhältnis zueinander stehen, und als „Geschmacksfragen“ bezeichnet werden: „Was schmeckt besser, die Thunfischpizza oder die mit Käse und Oliven?“ „Passt das weiße Hemd besser zur blauen oder zur braunen Hose?“ „Sollen wir dieses Jahr lieber an die See oder in die Berge fahren?“ Zu diesen Fragen gibt es unterschiedliche individuelle Meinungen, sie sind jedoch nicht allgemein entscheidbar, sie existieren gleichberechtigt miteinander und sind „Geschmackssache“. Eine Auseinandersetzung „lohnt“ sich nicht. Anders verhält es sich mit Aussagen wie: „Der Eiffelturm in Paris ist höher als der Funkturm in Berlin“, „Ein Smart verbraucht mehr Benzin als ein Ferrari“, „Angela Merkel ist Mitglied der SPD“. Diese Aussagen haben hierarchischen Charakter, sie lassen sich in „richtig(er)“ und „falsch“ einordnen, und bei ihnen „lohnt“ sich eine Auseinandersetzung, weil es dabei um die Wahrheit bzw. Richtigkeit einer Aussage geht. Bei äußerlich Messbarem ist das schnell einsichtig, bedeutsamer sind jedoch diejenigen Wahrheiten, die sich nicht nur an Äußerlichem festmachen lassen, sondern auch z. B. Werte („Mitgefühl ist besser als Mord“) betreffen, oder historische Ereignisse. So wurde im Jahr 2006 vom Iranischen Präsidenten die (sinngemäße) Aussage getroffen, „der Holocaust hat nicht stattgefunden, sondern ist eine Erfindung des Westens“. Ist das eine subjektive Meinung (die man unkommentiert lassen sollte), oder ist es (auch) eine intersubjektiv auf ihren Wahrheitsgehalt überprüfbare Aussage? Es ist Letzteres, und es ist eine Falschaussage, die (aus gutem Grund) nach deutschem Recht sogar einen Straftatbestand darstellt („Verbreitung der Auschwitzlüge“).

Für die Unterscheidungsfähigkeit von „Geschmackssachen“ und entscheidbaren Aussagen (richtig/falsch, besser/schlechter) ist eine objektive bzw. objektivierende Perspektive von großer Bedeutung.

Übungen: Die Übungen der Perspektive der dritten Person – das Zugehen auf die objektive Welt – umfassen alles das was allgemein unter Wissenschaft verstanden wird, aber schon bei einer realistischen Einschätzung seiner selbst und der eigenen Lebenssituation beginnt. Es geht darum Abstand zu nehmen, und die (persönlichen, zwischenpersönlichen und äußeren) Dinge so objektiv wie möglich zu sehen.

Kommunikation als Lebenspraxis – von Augenblick zu Augenblick

Fassen wir das Gesagte stichwortartig zusammen:

- sich selbst von innen her kennen und spüren (Innenwahrnehmung)
- die Fähigkeit andere Menschen innerlich zu berühren, und an deren Innenleben teilzuhaben, ohne dies mit der eigenen Innenwahrnehmung zu vermischen (Empathie)
- laufende Schattenarbeit, das Kennen und Bearbeiten der eigenen psychodynamischen Auslöser und „Knöpfe".
- Realistische Einschätzung der eigenen Entwicklung: intrapsychisch (Subjektivität), interpsychisch (Intersubjektivität), und kognitiv (Objektivität), durch Selbstbeobachtung und die Annahme von Rückmeldung anderer. Offenhalten der Möglichkeit, dass andere Menschen (in bestimmten Entwicklungslinien) weiter entwickelt sind als man selbst, und Ausschau halten nach diesen Menschen, um von ihnen zu lernen.
- Realistische Einschätzung des Entwicklungsstandes anderer, um sie dort abholen zu können wo sie stehen. Entwicklung einer Kommunikation, die auf unterschiedliche Entwicklungen Rücksicht nimmt.
- Fähigkeit zum Perspektivewechsel: subjektiv, intersubjektiv, objektiv; und Kennen der Größe und Grenze der jeweiligen Perspektive.
- Kommunikationsverhalten vs. innere Entwicklung. Es ist *eine* (gute) Sache, während eines Kommunikationsseminars innerhalb weniger Tage ein neues und besseres Kommunikationsverhalten zu trainieren, es ist jedoch eine *ganz andere* Sache, bleibende strukturelle Veränderungen vorzunehmen (Ebenen- und Linienentwicklung, Perspektiverweiterung, Schattenintegration), die sich dann auch dauerhaft in einer besseren Kommunikation zeigen. Unterbleibt diese kontinuierliche Arbeit, besteht die Gefahr dass (an)trainierte oder angelesene Verhaltensänderungen lediglich zu *vorübergehenden* Änderungen führen, die den Praxistest im Alltag nicht bestehen
- Wir-Entwicklung bewusst gestalten (Beziehungen, Freundschaften ...).

> „Empathie macht es möglich, dass wir unsere Welt mit neuen Augen sehen und weiterkommen können."

Ein Tag

Es ist noch früh am Tag. Meine Frau ist schon aufgestanden, doch ich habe heute frei und bleibe noch im Bett liegen. Eine leichte Traurigkeit schwingt nach – und ich erinnere mich an ein paar Traumerlebnisse der letzten Nacht, bei denen ich orientierungslos in einer mir fremden Umgebung herumirrte.

Ich setze mich im Bett auf, nehme eine meditative Haltung ein, und spüre diesem Gefühl nach, ohne es deuten zu wollen. Dann stehe ich auf und begrüße meine Frau. In dieser Begrüßung liegt die gesamte Geschichte unseres Zusammenseins, eine über die Jahre gewachsene „Kultur“ und Struktur des Miteinanders, und doch ist jeder Augenblick frisch und neu. An diesem Morgen wird das für uns erlebbar.

Ich entscheide mich zu einer Wanderung in der Umgebung, und nehme die frische Klarheit dieses Spätsommertages in mich auf. Ein Gefühl von Abschied kommt auf. Es sind nur wenige Menschen unterwegs, und ich begegne ihnen im Vorübergehen mit einem freundlichen Gruß. Von einer Wiese mit Apfelbäumen läuft ein großer Hund bellend auf mich zu. Nach einer Schrecksekunde wende ich mich dem Tier zu und atme dabei tief ein und aus. Ein Gefühl freundlicher Neugier des Hundes mir gegenüber entsteht, er steht schwanzwedelnd vor mir und schaut mich an. Meinem Impuls, ihn zu streicheln gebe ich dennoch lieber nicht nach. Die Besitzerin hat vergeblich versucht den Hund zurückzurufen, und kommt jetzt zu uns herüber. Sie schaut mich ein bisschen verlegen an („der tut nichts“) und es entwickelt sich ein kurzes Gespräch. Diese entstehenden Gespräche sind immer wieder ein gemeinsames Abenteuer, das sich im Miteinander gestaltet – Beginn, Verlauf, und Ende eines Wir. Ich spüre, wie ich im Austausch den Kontakt mit mir verliere, und nehme ihn wieder auf. Auf dem Rückweg kommt mir ein Nachbar entgegen, mit dem ich vor kurzem einen Disput hatte. Es ist zu spät um die Straßenseite zu wechseln, also nehme ich so gut es geht die Irritation des letzten Austausches wahr, und wir begrüßen uns. Es wird ein gutes Gespräch, wir können die Unstimmigkeit bereinigen. Ich fühle mich erleichtert und angeregt. Zu Hause angekommen rufe ich meine E-Mails ab, lösche etwas genervt die Werbemails, schaue mir die Namen der Absender an, und fühle meine Reaktionen darauf – manche freudig, manche neutral, manche gemischt. Ich beginne mit einem Absender, mit dem ich gerade virtuell einen Konflikte austrage, lese seine Mail, und achte auf meine Reaktionen dabei. Abwehr kommt hoch – und Ärger. Ein Stimmengewirr in mir wird laut, und es beginnt ein innerer Monolog von Anklagen und Rechtfertigungen, der eine im Moment nicht kontrollierbare Eigendynamik entwickelt. Ich drucke mir die Mail aus, und lese sie noch einmal so bewusst wie möglich. Ich stelle mir den Absender innerlich vor, so gut es geht, und die ärgerliche Dynamik verstärkt sich noch. Ich möchte darauf antworten, aber nicht jetzt, sondern wenn ich so weit bin, dass ich mir den Absender als ein lebendiges Gegenüber vorstellen kann. Ich nehme mir vor, dies im Laufe des Tages zu üben.

Ein Freund ruft an. „Wie geht's dir?“ fragt er mich. Was für eine wunderbare Frage, denke ich. Sie ist ebenso wichtig wie die Fragen „wer bin *ich*?“, „wer bist *du*?“ und „was ist *es*?“ Wir telefonieren lange miteinander, und fügen unserer über viele Jahre gewachsenen Freundschaft ein weiteres gemeinschaftliches Erlebensmoment hinzu. Angeregt und inspiriert beenden wir unser Gespräch.

Am Nachmittag treffe ich mich mit meiner Mutter zum Kaffeetrinken, sie macht in der Nähe Urlaub. Eine nun schon über fünfzig Jahre dauernde Gemeinschaft verbindet uns, eine starke Gemeinsamkeit, mit einer wechselvollen Geschichte. Ich erlebe viel von mir selbst in dieser Begegnung und kann mich erneut darin üben dies anzunehmen. Das Gespräch kommt auf die Jugend meiner Mutter im Berlin der 30iger Jahre, und sofort entstehen Lebendigkeit und Frische im Austausch.

Gegen Abend treffe ich wieder mit meiner Frau zusammen – wir wollen zu einem Möbelcenter zum Einkaufen fahren. Bei dieser Vorstellung kommen in mir unangenehme Kindheitserinnerungen hoch, von übervollen Kaufhäusern, genervten Menschen, Reizüberflutung, schlechter Luft und einer generellen Ablehnung irgendetwas zu kaufen – wieder eine Gelegenheit für mich, mir das anzuschauen. Das Möbelcenter ist hell und freundlich, dennoch fühle ich mich zuerst isoliert und abgeschnitten inmitten all dem Trubel. Ich bleibe stehen, halte mich am Einkaufswagen fest, und nehme dann mit einem tiefen Atemzug die Stimmung in mich auf, betrachte die Menschen und versuche mich ihnen zu öffnen. Das gelingt, mein Herz geht auf, ein warmes Gefühl durchströmt mich, und das Lied „wonderful world“, herrlich gesungen von Louis Armstrong, erfüllt mich plötzlich.

I see trees of green, red roses too
I see them bloom, for me and you.
And I think to myself... what a wonderful world.

Ich fühle mich mit dem Leben um mich herum intensiv und unterschiedslos verbunden, und höre dabei eine Stimme in mir: „Was soll das – du bist hier in einem Einkaufszentrum!“. Ja, stimmt. Doch ich bleibe bei dem Gefühl, es tut gut, und schaue mir die Menschen an, die an mir vorüberströmen. Schwangere Frauen in Erwartung ihres Babys, junge Paare, die einen Haushalt gründen, Einzelpersonen auf der Suche nach etwas Besonderem, das zu ihnen passt, kleine Kinder, die auf den ausgestellten Möbeln herumtoben. Meine Frau und ich werden uns schnell einig und wir freuen uns über einen neuen Teppich.

Abends vor dem Fernseher bemühe ich mich, durch die Nachrichten zu den Ereignissen in der Welt Kontakt aufzunehmen, nicht nur mittels

Informationen, sondern auch durch mitfühlende Teilhabe. Vor dem Schlafengehen lasse ich den Tag Revue passieren. Mir fällt dabei wieder ein leichtes Gefühl von Trauer auf – der Wein beim Abendbrot, der nahende Herbst, das Ende der Ferien, die Vergänglichkeit des Seins? Ich folge diesem Erleben, konzentriere mich auf meinen Atem, wünsche meiner Frau eine „gute Nacht", und schlafe bald ein.

Systemische Aufstellungen – eine Annäherung an das „Wir“

Was am gegenseitigen Verstehen so bemerkenswert ist, ist nicht, dass ich ein einfaches Wort wie „Hund“ nehmen kann und auf einen wirklichen Hund zeigen und sagen kann: „Das meine ich“. Das Bemerkenswerte ist vielmehr, dass Sie wissen was ich damit meine! Vergessen sie das simple empirische Zeigen! Sehen Sie sich vielmehr dieses intersubjektive Verständnis an. Ist es nicht in höchstem Maße erstaunlich? Es bedeutet, dass Sie und ich in gewissem Umfang ein anderes Innen bewohnen können ... Dies ist ein Wunder. Wenn es einen GEIST gibt, dann kann man ihn hier aufspüren.

Ken Wilber, *Eine kurze Geschichte des Kosmos*, S. 154

In den zurückliegenden Jahrzehnten hat die systemische Aufstellungsarbeit zum Beispiel „nach Bert Hellinger“ eine enorme Verbreitung gefunden – national und international. Was als eine Gruppen-Gestaltarbeit im kleinen Kreis begann, hat mittlerweile auch in den Medien ein Echo gefunden. Ein Publikum, welches in die Millionen geht hat von dieser Arbeit schon gehort bzw. auch selbst schon „aufgestellt“. Was in alternativen Kreisen fast schon ein „Muss“ ist, ruft dagegen beim Mainstream immer noch teilweise heftigen Widerstand hervor – von unwissenschaftlichem Hokuspokus und von unverantwortlicher therapeutischer Pfuscherei[102] ist die Rede, bis hin zu Nazi-Vorwürfen gegen Bert Hellinger.[103] Was ist von all dem zu halten, und zuvor: was ist eigentlich systemisches Aufstellen?

Es gibt viele Varianten und Ansätze zu dieser Arbeit, worum es jedoch methodisch im Kern geht ist, ein „System“ (eine Ursprungs- oder Gegenwartsfamilie, eine Beziehung, eine Arbeitssituation usw.) mit Stellvertretern – das sind im Allgemeinen Seminarteilnehmer – aufzustellen, d.h. räumlich zueinander anzuordnen (nah beieinander, weit voneinander weg, zueinander gewandt, voneinander abgewandt usw., je nachdem, wie der Aufsteller oder die Aufstellerin „ihr“ System subjektiv erlebt), und sich dann die Dynamik dieses Systems entfalten zu lassen, sie anzuschauen und aktiv zu entwickeln und zu gestalten. Dabei leistet der Aufstellungsleiter Hilfestellung, greift auch direkt ein, gibt Hinweise oder auch Kommentare, stellt Personen um und Ähnliches. Durch diese Methode soll das Innere eines Systems, seine Dynamiken, Kräfteverhältnisse, Spannungen, Stärken, Schwächen, Schatten, Mus-

102 Siehe z. B. der Artikel „Da sitzt das kalte Herz“ in der Wochenzeitschrift DIE ZEIT 21.08.2003 Nr.35, und der Artikel „Seelenheilung im Minutentakt“ in der Süddeutschen Zeitung Nr. 101 vom 3. Mai 2005.
103 Zu diesem Vorwurf nimmt Hellinger in der Zeitschrift „Praxis der Systemaufstellung Nr. 1/2005 S. 7 Stellung.

ter usw. sichtbar und erlebbar gemacht werden, und Lösungen gestaltet und damit auch zum Wirken gebracht werden. Kann so etwas funktionieren, und wenn ja auf welcher Grundlage?

Was ist ein „Wir“[104]?

Die erste Frage die einem begegnet, wenn man herausfinden möchte ob systemische Aufstellungen funktionieren können ist die Frage: „Was ist ein ‚Wir'“? Findet man darauf keine Antwort, dann wird man auch mit systemischen Aufstellungen nichts anfangen können, oder, anders gesagt, die Antwort auf die Frage „Was ist ein Wir“ hat einen großen Einfluss darauf, wie man diese Arbeit einschätzt. Der Frage: „Was ist ein ‚Ich'“? gehen die Menschen schon seit Jahrtausenden systematisch nach, die Schamanen, die Weisen und Heiligen, die Mystiker, die Psychologen und Therapeuten, und es gibt – bei allen Unterschieden im Detail – mittlerweile ein allgemein akzeptiertes Verständnis davon was ein „Ich“ ist, und wie das „Spektrum des Bewusstseins“ eines Menschen in seinen Grundzügen aussieht.

Demgegenüber ist die Fragestellung nach einem „Wir“ noch relativ jung, und es ist bezeichnend, dass – wieder einmal – die Praxis (wie z. B. die des Familienaufstellens, bzw. gruppendynamischer und gemeinschaftlicher Prozesse allgemein) der Theorie vorangeht, und Phänomene hervorbringt welche nach einer theoretisch fundierten Erklärung verlangen – möglichst ohne auf metaphysische Spekulationen zurückzugreifen. Was ist also ein „Wir“, oder – anders gefragt -, ist ein „Wir“ mehr als nur eine objektive Ansammlung von irgendetwas, seien dies Steine (Haufen) oder Bäume (Wald) oder Mücken (Schwarm) oder Tiere (Herde) oder Menschen (Paar, Familie, Stamm, Volk). Was verbirgt sich hinter Begriffen wie „Volksseele“, „Gruppengeist“ oder „wirkendes Feld“, und was bedeutet es, wenn wir in der ersten Person Plural (wir) sprechen und ein Pronomen verwenden welches alle Hauptsprachen dieser Welt unabhängig voneinander gebildet haben? Welche Wirklichkeit wird mit diesem Pronomen abgebildet? Was meint beispielsweise jemand, wenn er oder sie sagt: „Wir Familienmitglieder sind ...“ oder „Wir Deutsche sind ...“? Was bedeutet es, zum Beispiel in einem anderen Land zu leben oder die Schule, die Firma oder die Beziehung zu wechseln? Gibt es außer den sichtbaren strukturellen Unterschieden (Architektur, Organisation, Abläufe usw.) noch etwas Unsichtbares anderes, z. B. ein anderes „Wir-Erleben“? Die meisten Menschen werden diese Frage mit „ja“ beantworten, aber

104 siehe dazu: Ken Wilber, „excerpt C: The Ways We Are in This Together“, veröffentlicht auf www.shambhala.com.

worin genau besteht dieser Unterschied, und wie kann man ihn erfahren, beschreiben und gestalten?

Zuerst ist festzustellen, dass es nicht so ist, dass „unabhängige" Individuen sich zu Gemeinschaften zusammenfinden, sondern dass – bereits immer schon von Anfang an – individuelle und soziale Entwicklung *miteinander* stattfindet (und nicht hintereinander). Jedes „Ich" existiert nicht (nur) für sich, sondern ist immer schon in kulturelle Zusammenhänge eingebettet, vor deren Hintergrund dieses „individuelle" Ich seine Wahrnehmungen erfährt und von dem sein Verhalten geprägt ist. Die meisten dieser kulturellen Hintergründe – wie z. B. die in unseren Sprachen eingebetteten Muster – sind und bleiben dabei unbewusst. Der erste Mensch war kein Individuum, sondern eine Gruppe von Individuen, ebenso wie der erste Elefant oder die erste Ameise. Der erste Adam war kein erster Adam, sondern es müssen – gleichzeitig – viele Adams und Evas erschienen sein – wo immer wir auch die Grenze zwischen Affen und Menschen ziehen mögen -, sonst wären „wir" heute nicht hier. Individuelle und kulturelle Entwicklung geschieht parallel und miteinander, und nicht nacheinander. Eine Gruppe ist nicht mehr, aber auch nicht weniger als ein Individuum.
Was sind nun dieses „Wirs", in welche wir von Anfang an eingebunden sind und die laufend ihren – unvermeidbaren – Einfluss auf uns ausüben? Sind es nur objektiv beobachtbare und beschreibbare Systeme und Prozesse? Sind es Meta-Individuen, eine neue Form der Evolution, wo das Individuum in einem größeren Ganzen aufgeht, mit einer eigenen „Gruppen-Seele"? Was entsteht und passiert, wenn sich Menschen zu Gemeinschaften zusammen tun?

Wir verstehen uns – Sie lesen gerade diesen Beitrag, und verstehen ihn (umgekehrt wäre es ebenso), und das ist ganz erstaunlich. Natürlich gibt es auch Missverständnisse und Un-Verständnis, aber auch das ist lediglich ein Hinweis darauf, dass es so etwas wie Intersubjektivität und gegenseitiges Verstehen gibt. Wir teilen – ohne uns persönlich zu kennen – miteinander bereits eine Art von kulturellem Hintergrund (wie z. B. eine gemeinsame Sprache, Gewohnheiten, Gebräuche, Bildung, Information usw.). Mit anderen Worten, Sie und ich sind bereits in einer Art von phänomenologischem Raum der *ersten Person Plural*, also einem „Wir-Raum". Dieser Raum ist nicht äußerlich, er ist nicht sichtbar. Dieser Raum ist eine innere Erfahrung, welche wir miteinander teilen – d.h. es gibt bei einem „Wir" mehr als dasjenige, was objektiv/empirisch beobachtbar ist. Wir verstehen einander: zwei „Ichs" überlappen bzw. überschneiden sich in einem „Wir". Sie und ich sind also Teil dieses „Wir". Aber dieses „Wir" ist kein Über-Ich, welches Sie und mich in einem einzigen Organismus subsumiert, der dann alles, was wir denken und tun, regelt und steuert. Mit anderen Worten, Sie und ich sind *in* diesem „Wir", aber wir sind nicht internalisiert oder von ihm „vereinnahmt". Daher ist der Begriff „Gruppen-Seele" problematisch, weil ein „Wir" – im Gegensatz zu einem „Ich" – keine individuelle Identität hat, kein singuläres, wahrnehmendes „Ich", kein individualisiertes Bewusstsein, welches sich selbst als ein „Ich" erfährt. Gemeinschaftlich geteilte Innerlichkeit und Muster: ja – individualisiertes Bewusstsein: nein. Diese Unterscheidung ist der Schlüssel zum Verständnis von individuell und kollektiv. Sie und ich (und vielleicht noch viele andere) sind in einer Gemeinschaft mit einem eigenen Erlebensraum, einer eigenen Geschichte, und eigenen phänomenologischen Grenzen. Wie alle innerlichen Grenzen kann man diese Wir-Grenze in der äußeren Welt jedoch nicht sehen (man kann sie jedoch in einer Aufstellungsarbeit sichtbar machen). Doch Sie und ich wissen genau, wo diese Grenze verläuft. Sie und ich sind in einem „Wir", einem Wir mit definierten Grenzen. Doch Sie und ich sind nicht internalisiert in Bezug zu diesem wir, das heißt Sie und ich sind keine Komponenten oder Teile dieses „Wir", Sie und ich sind Mitglieder – unsere individuellen Ich's sind *Partner* in einem „Wir", und nicht *Teile* eines „Wir".

Was nun *ist* in Bezug auf dieses „Wir" internalisiert, bzw. was sind die tatsächlichen Komponenten dieses gegenwärtigen „Wir"? Sie und ich sind in einem „Wir", wenn unsere *Austauschbeziehungen* in Bezug auf dieses „Wir" internalisiert sind. Das was eine Beziehung, eine Familie, eine Gemeinde oder eine Nation ausmacht sind die Austauschbeziehungen, welche die jeweiligen Mitglieder miteinander teilen (und von denen die meisten den Mitgliedern nicht bewusst sind). An einem einfachen Beispiel erläutert: wenn zwei Menschen Schach miteinander spielen, dann folgen sie bestimmten – äußerlich nicht sichtbaren – Regeln, und diese Regeln sind in diesem Fall ihre Austauschbeziehungen, ihr „Wir". Hält sich einer der beiden nicht mehr an die Regeln, dann ist er „aus dem Spiel", das heißt er ist nicht mehr Mitglied dieser Gemeinschaft, er ist aus dem „Wir" heraus, (auch wenn er an seinem äußeren Platz sitzen bleibt, d.h. strukturell/räumlich im System bleibt).

Dieses „Wir" ist nicht irgendwo an irgendeinem Platz; es ist nicht über uns, geht uns nicht voraus, ist nicht außerhalb von uns – Sie und ich tragen es in uns, doch es kann nicht auf Sie oder mich reduziert werden und auch nicht von Ihnen oder mir alleine abgeleitet werden. Es ist ein Ganzes, welches mehr ist als die Summe seiner Austauschbeziehungen – was der Grund dafür ist, warum es ein Eigenleben hat. Ich kann aus mir selbst heraus dieses Wir nicht verändern; und Sie können es auch nicht; wir können diesen Tanz nur gemeinsam tanzen. Dieses „Wir" drückt sich in unseren Liebesbeziehungen, Freundschaften, Feindschaften, Bekanntschaften, Arbeitsbeziehungen, in unserer Nationalität usw. aus. Wir sind alle eingebunden in unzählige „Wirs", die wir selbst mit-erschaffen haben, und an deren Entwicklung wir aktiv teilnehmen.

Um ein gegenwärtiges „Wir" zu verstehen, ob Beziehung oder Nation, ist die Kenntnis der Geschichte dieses „Wir" unverzichtbar. Wie hat dieses Wir begonnen, was ist unterwegs alles geschehen, und wie hat es sich entwickelt? Dieses „Wir" ist ein Raum, in dem sich zwei oder mehr Individuen auf irgendeine Art berühren – und diese Erfahrungen von Generation zu Generation weitergeben. In diesem „Wir" bleiben wir Individuen, doch wir sind nichts ohne den anderen. Und dieses „Wir" übt einen bedeutenden Einfluss auf uns aus, unser Bewusstsein wie auch unser Verhalten.

Diese zum Teil sehr machtvoll erlebten, und oft über Jahrhunderte gewachsenen Muster regeln die Austauschbeziehungen der Mitglieder von Gemeinschaften. Sie ermöglichen den Individuen sich zu begegnen, sich auszutauschen, sich zu entwickeln, und sich selbst überhaupt erst als ein „Ich" zu erfahren. Sie können aber auch – wie im Fall von Sekten oder totalitären Systemen – Individualität extrem begrenzen, Wachstum und Austausch behindern. Sie helfen uns bei unserer Entwicklung und fördern unsere Sozialisation, sie können aber auch als Bremse wirken, wenn wir uns über das was kollektiv „üblich" ist hinaus entwickeln wollen.

Diese Systemidentität führt „ein Leben für sich" – was bedeutet, ein Leben bestimmt durch eigene Geschichte, Gewohnheiten und Muster. Dieses „Wir" führt ein Eigenleben, aufgrund seiner Vergangenheit im Raum unserer gemeinsamen Berührung, eine lebendige Geschichte unseres Zusammenseins. Dieses „Wir" ist real und wirklich (auch wenn man es mit den Augen der objektiven Wissenschaft nicht sieht) und kann daher auch zum Gegenstand von Untersuchung, Gestaltung und Therapie gemacht werden.

Die Praxis systemischer Aufstellungen

Geht man nun – im Sinne einer Arbeitshypothese – von der Existenz zahlloser intersubjektiver Realitäten aus, in die jeder Mensch individuell und schicksalhaft eingebunden ist (Beziehungen, Arbeit, Gemeinde, Nation usw.), dann stellt sich die Frage, inwieweit sich dieses Eingebundensein mit seinen Einflüssen und Auswirkungen sichtbar machen lässt, um sich so in einem therapeutischen Prozess aufzeigen und gestalten zu lassen. (Diese Frage ist eine Analogie zur individuellen psychotherapeutischen Fragestellung, wo unbewusste, vergessene oder verdrängte Muster sichtbar gemacht werden und Heilung durch diese Sichtbarmachung stattfinden kann). Und hier kommt nun die in den letzten Jahrzehnten entwickelte systemische Aufstellung ins Spiel. Was durch diese Methode sichtbar – und fühlbar – werden kann ist die Innen- und die Außenseite eines Systems, z. B. einer Herkunftsfamilie. Die Innenseite durch empathische Resonanz, d.h. Einfühlungsvermögen[105], die Außenseite durch objektives Beobachten. Die Stellvertreter(innen) nehmen den Platz zum Beispiel eines Familienmitgliedes ein (es kann sich dabei auch um einen Verstorbenen handeln) und „spüren" sich in diese Rolle hinein. Es kann so ein mehr oder weniger stimmiges Bild dieses Wir entstehen und der Aufstellungsleiter hat die Möglichkeit, Unausgewogenheiten wie zum Beispiel die Ausgrenzung von Familienmitgliedern („schwarze Schafe") zu erkennen, Schatten und Tabus aufzuhellen, Verstrickungen sichtbar zu machen, unterbrochene Hinbewegungen zu Ende zu führen, versöhnende Gesten zu gestalten usw., um so zu einem insgesamt gesunderen „Wir" zu gelangen, welches dann wiederum heilend auf die beteiligten Individuen einwirken kann.

a) Geht man von der Existenz einer „Wir-Dimension" aus (und die phänomenologische Evidenz dafür ist überwältigend, selbst Kritiker eines eigenständigen, wenn auch mit den anderen Erlebnisräumen verbundenen Wirs verwenden in ihrem Sprachgebrauch das Pronomen der ersten Person Plural) dann ist es grundsätzlich möglich und sinnvoll, diese Wirs zu erforschen, von außen (Systemtheorie), aber auch von innen (Aufstellungsarbeit, Hermeneutik, kulturell-empathische Studien, Meinungsumfragen). Und zu diesem Experiment ist jeder eingeladen, die Methode ist klar beschrieben, und kann subjektiv, intersubjektiv und objektiv erfahren und erforscht werden.

b) Lässt sich dieses Wir – unabhängig vom Beobachter – allein objektiv beschreiben, im Sinne eines „so ist es"? Die Antwort darauf ist ein klares „Nein", und an dieser Stelle haben die Kritiker auf einen wichtigen Punkt hingewiesen.[106] Die Interpretation spielt eine wesentliche – und unvermeid-

105 Das Einfühlungsvermögen, d.h. die Fähigkeit bis zu einem gewissen Grad am Innenraum eines anderen Menschen teilzuhaben, ist die Grundlage von Verständnis überhaupt. Anders gesagt – wenn es so etwas wie ein gegenseitiges Einfühlen nicht gäbe, gäbe es auch kein Wir, und eine Verständigung wäre nicht möglich.

106 Insbesondere an diesem Punkt macht sich die Kritik z. B. an Äußerungen von Bert Hellinger fest, wie die Überschrift des bereits erwähnten ZEIT Artikels „Da sitzt das kalte Herz" zeigt, oder auch Interviewäußerungen wie „Ein Therapeut kann niemandem schaden.... außer, der andere will das haben."

bare – Rolle bei Aufstellungen, und zwar sowohl bei den Teilnehmer(innen) als auch bei den Leitern. Eigene unbewusste Anteile färben unweigerlich die eigene Erfahrung und Interpretation, und daher sind verabsolutierende Aussagen wie „diese Beziehung ist beendet", oder „du musst deinen Beruf wechseln, das ist eindeutig" usw. sehr problematisch, weil sie das interpretierende Element ausschließen und den Eindruck allgemeiner und „über den Dingen stehender" absoluter Wahrheit vermitteln.[107] Aufstellungsarbeit ist phänomenologisch und arbeitet mit dem „was sich zeigt" beziehungsweise „was ist". Doch das was sich zeigt und was ist, ist immer schon auch Gegenstand individueller Wahrnehmung und Interpretation. Daraus folgt, dass Aufsteller(innen) über eine hohe eigene innere Kompetenz verfügen sollten, das heißt sie sollten sich – zum Beispiel durch eine therapeutische und meditative Praxis – in ihrem eigenen Innenraum gut auskennen, um die Gefahr von Projektionen so gering wie möglich zu halten (vermeiden lässt sich das grundsätzlich nicht). Darüber hinaus sollten Aufsteller(innen) über eine hohe intersubjektiv-empathische Kompetenz verfügen, d.h. die Fähigkeit, ein „Wir" von innen her zu erfassen, und es dann aber auch – Abstand nehmend – gestalten zu können.[108]

c) Das Setting, also der strukturelle Durchführungsrahmen spielt eine wichtige Rolle. So wird z. B. Bert Hellinger vorgeworfen, dass er in öffentlichen „Massenveranstaltungen" eine therapeutische (?) Arbeit vorführt, die eigentlich nur im Rahmen einer geschützten Kleingruppe gemacht werden sollte. Ohne auf dieses Thema näher einzugehen soll hier auf die Bedeutung dieser strukturellen Aspekte hingewiesen werden (Gruppengröße, Raum, Dauer, Öffentlichkeit).

d) Metaphysische oder religiöse Glaubensgrundsätze („die Verstorbenen sind jetzt hier") sind für die Arbeit nicht notwendig, sie schaden aber auch nicht. Der Schwerpunkt der Arbeit liegt bei dem, was sich phänomenologisch im Prozess zeigt – wie z. B. Gefühle von Hass, Unversöhnlichkeit, Liebe, Zuneigung, Eifersucht, Kälte, Einsamkeit usw., mit diesen Phänomenen wird gearbeitet – und mit einer entsprechend vorsichtigen Interpretation. Ein

107 Diese Subjektivität an sich ist kein Problem, sie ist dem Kosmos wesenseigen, und spielt immer mit, (z. B. auch bei der Individualtherapie), insbesondere wenn es um die Interpretation von Innerem geht. Worum es geht ist, sich dieser Dimension bewusst zu sein.

108 hier liegt ein weiterer Ansatzpunkt berechtigter Kritik, der jedoch weniger mit der Methode des Aufstellens zu tun hat, sondern mit denjenigen die sie anwenden. Die Technik der Aufstellungsarbeit lässt sich innerhalb eines Wochenendkurses erlernen – aber das ist nur die technische, funktionale Seite. Die – viel wichtigere – Fähigkeit, Wir's zu erspüren und emphatisch angemessen zu erfassen, benötigt viele Jahre der (Lebens)Erfahrung und Lebenspraxis.

erklärendes Rahmenwerk kann bei Bedarf z. B. nach Abschluss einer Aufstellung angeboten werden.

e) Eine wichtige Abschätzung einer jeden (nicht nur therapeutischen) Methode ist die der Größe und Grenzen: Was kann systemische Aufstellungsarbeit leisten und was nicht?
Die systemische Aufstellung ist eine sehr wirksame Methode, systemische Dynamiken erlebend zu erfahren. Sie kann sehr heilsam sein und das eigene Leben von Grund auf verändern, aber sie ersetzt keine medizinische Behandlung, Einzeltherapie, Verhaltens- oder Bewegungstherapie usw., auch wenn das Lösen von Problematiken in Beziehungen natürlich auch positive Effekte auf den Körper und die Psyche hat.

Hinzu kommt, dass viele systemische Probleme über Jahre, manchmal auch über Generationen „gewachsenen" sind und ein starkes Momentum haben, welches sich nicht an einem Wochenende oder einem Tag auflösen lässt. Aber es kann ein Anfang gemacht und dem eigenen Leben eine neue Richtung gegeben werden. Die Betrachtung unserer Intersubjektivität ist ebenso bedeutend wie die unserer Subjektivität (Psychotherapie) und Objektivität (Medizin). Keiner dieser Erlebnisräume darf vernachlässigt werden. Doch jede dieser Methodiken zeigt jeweils nur einen Teil der „Wahrheit", und dieser Teil ist – unvermeidlich – nicht „absolut und eindeutig" gegeben, sondern immer auch ein Stück Interpretation, weshalb verabsolutierende Aussagen – zu Recht – als „dogmatisch" bezeichnet werden. Um das am Beispiel einer Beziehung noch einmal zu verdeutlichen: Ich kann eine Beziehungssituation systemisch/kulturell betrachten, wie z. B. bei einer Familienaufstellung, ich kann sie systemisch/strukturell betrachten, indem ich mir z. B. Tagesabläufe, Verhaltensmuster, Finanzstrukturen und die Wohnsituation anschaue, ich kann die Mitglieder der Beziehung jeweils von innen her (Psychotherapie) oder von außen her (individuelles Verhalten) einzeln betrachten, ich kann mir den politischen, ökonomischen und gesellschaftlichen Kontext anschauen, in dem diese Beziehung steht und wie er auf sie einwirkt usw. – jedes mal erhalte ich einen anderen Blick auf diese *eine* Beziehung, und alle diese Perspektiven liefern eine Aussage über den Zustand der Beziehung, einen wichtigen Puzzlestein zum Gesamtbild. Aber keines von all dem liefert jemals das ganze Bild.

Persönliches Fazit

Die Praxis der systemischen Aufstellung durch StellvertreterInnen kann dabei helfen, die Muster, verborgenen Strukturen und unbewussten kollektiven Aspekte sichtbar zu machen und durch eine gestalterische Interventionen heilenden Lösungen zuzuführen. Durch ein empathisches Einfühlen in ein aufgestelltes System kann Unbewusstes und Verborgenes erfühlt, dargestellt, und bewusst gemacht werden. Systemische Arbeit ist so das „Pendant" zur Psychotherapie, nur dass es bei der Aufstellungsarbeit vorrangig nicht um verborgene Muster und Strukturen in Individuen, sondern in Systemen und Gemeinschaften geht, und deren – oft problematische – Auswirkungen auf Individuen.

Systemisch/empathische Therapie mit ihrem Schwerpunkt auf dem Erleben und Gestalten eines „Wir" ist – im Hinblick auf die vier Quadranten von Wilbers integralem Ansatz – gewissermaßen die vierte Säule einer integralen Therapie, neben Psychotherapie (links oben), Verhaltenstherapie (rechts oben), und objektiver Systemtherapie (rechts unten). Sie lenkt das Augenmerk auf den unteren linken Quadranten, unser beziehungsmäßiges In-der-Welt sein. Darin liegt die „Würde" dieser Methodik und ihr wichtiger Beitrag. Die „Katastrophe" tritt dann ein, wenn (wie bei allen anderen Methoden auch) diese Art der Erkenntnisgewinnung verabsolutiert wird, und die Aussagen daraus den Charakter des „Allein Seligmachenden" erhalten.

Was ich mir persönlich wünsche:

a) hinsichtlich des Mainstreams eine größere – und im besten Sinne wissenschaftliche – Offenheit gegenüber der Wirklichkeit der Intersubjektivität, und den therapeutischen Möglichkeiten diesbezüglich

b) hinsichtlich der Praxis der systemischen Aufstellung eine realistische Abschätzung nicht nur was sie systemische Aufstellung leisten kann, sondern auch wo ihre Grenzen liegen, einschließlich der Grenzen desjenigen, der eine Aufstellung leitet

... und einen Dialog zwischen beiden.

Wer sind wir?

Und: Woher kommen wir, wohin gehen wir?

Der Frage „wer bin ich?“ gehen wir Menschen seit Jahrtausenden nach. In den unterschiedlichen Kulturen und zu den verschiedenen Zeiten wurden eine große Anzahl von Übungen und Methodiken zu ihrer Beantwortung entwickelt und auch Antworten formuliert. Die Erforschung der objektiven Seite der Dinge – „Was ist es?“ – wird seit der Zeit der Aufklärung intensiv und systematisch betrieben, und es ist – nach langen Auseinandersetzungen – mittlerweile auch bei den Religionen und den spirituellen Traditionen allgemein akzeptiert, dass die objektive Perspektive – neben der Vertiefung subjektiver individueller Einsichten – ein bedeutender Teil der Bewusstwerdung ist.

Die Frage „Wer sind wir?“ hingegen wird noch nicht so lange gestellt, die ersten systematischen Antworten darauf sind nicht sehr alt, und die Forschung im Bereich von Intersubjektivität wird erst seit wenigen Jahrzehnten wissenschaftlich vorangetrieben.

Ich möchte im Folgenden am Beispiel der Demoskopie[109], einer (von vielen) Methodiken zur Betrachtung und Untersuchung eines „Wir“, die Bedeutung dieser Sichtweise erläutern. Das klingt erst einmal merkwürdig: wie soll etwas, was in der öffentlichen Wahrnehmung zum Teil mit Attributen wie „abstrakt“, „über einen Kamm geschert“, „Kaffeesatzleserei“, „Zahlenakrobatik“ „Meinungsmanipulation“ usw. bezeichnet wird, zur Bewusstwerdung, ja sogar zur (spirituellen) Entwicklung beitragen können?

Das – aus der individuellen Perspektive gesehen – Ungewöhnliche dieser Sichtweise kann man sich an folgendem Lotteriebeispiel klar machen: wie kommt es, dass obwohl

a) niemand weiß wie viele Menschen z. B. in der kommenden Woche einen Lotterieschein ausfüllen, und
b) niemand weiß, welche Zahlen oder Wetten sie dabei abgeben, und welche Absichten sie dabei haben, und
c) niemand weiß, was letztendlich für Zahlen gezogen werden oder für Ergebnisse herauskommen,

wie kommt es also, dass es sich trotz aller dieser Ungewissheiten und prinzipiell unbestimmbaren Ereignisse bereits im Vorhinein ausrechnen lässt, wie

109 Das Wort „Demoskopie“ kommt aus dem Griechischen und besagt soviel wie „das Volk betrachten“.

viel – im Durchschnitt und auf lange Sicht – der eingezahlten Beträge von der Lotterie ausgeschüttet und wie viel einbehalten werden? Dies hat etwas von Zauberei und Magie, oder auch, wenn man will, von einem Wunder oder göttlichem Wirken. Obwohl – mit anderen Worten – das individuelle Verhalten (oder auch die individuelle Meinung und Intention) unbestimmt ist, lässt sie sich doch kollektiv bestimmen, und – mit einer gewissen, ebenfalls bestimmbaren und berechenbaren Fehlerwahrscheinlichkeit – voraussagen, z. B. bei bevorstehenden Wahlen. Das ist – von der subjektiven Perspektive aus betrachtet – ganz erstaunlich. Es scheint den freien, individuellen Willen zu relativieren, und es ist daher kein Wunder, dass diese Art von Betrachtung erhebliche Mühe hatte sich durchzusetzen, bis in die heutige Zeit hinein. Sie erfordert einen grundsätzlichen „Perspektivwechsel". Dazu schreibt die Gründerin des ersten deutschen Meinungsforschungsinstitutes, Elisabeth Noelle-Neumann[110]: „Als ich die 1963 veröffentlichte Fassung dieses Buches schrieb, wusste ich noch nicht, wie extrem schwer es Menschen, und ganz speziell auch Intellektuellen, fällt, diesen Wechsel der Perspektive vom Individuum zur nur durch Merkmale zusammengeklammerten abstrakten Gruppe zu vollziehen."[111] (18). Oder: „Das Befremdliche des Verfahrens insgesamt – durch die Befragung einiger hundert oder einiger tausend Menschen das Verhalten oder die Meinung von Millionen aufzudecken – braucht kaum besonders ins Bewusstsein gebracht zu werden." (28) Interessant sind dabei auch die Hinweise auf die Historie der Schwierigkeiten, diesen Perspektivwechsel zu vollziehen. „Im Alten Testament findet sich ein Hinweis, dass die auf den Menschen gerichtet statistische Tätigkeit als bedenklich empfunden wurde. Die Veranstaltung einer Volkszählung durch David wurde von Gott durch eine Pest, die 70.000 Tote forderte, gestraft (2. Samuel, 24, I. Chron. 21)". (31) Ob es sich um die Feststellung einer Sterbestatistik, oder um die erstaunlichen Regelmäßigkeiten scheinbar willkürlicher und von der individuellen menschlichen Intentionalität abhängigen Handlungen wie Eheschließungen, Geburten oder Verbrechen handelt, der Kontrast zwischen dem (individuell) Unvorhersehbaren einerseits, und offenkundigen (kollektiven) Gesetzesmäßigkeiten andererseits hatte – zumindest in der Vergangenheit, und in der Zeit des Beginns von Statistiken und Aussagen über Menschen –, etwas Unheimliches. Manche sahen darin Teufelswerk, andere hingegen „Die

110 die Zitate stammen, sofern nicht anders angegeben, aus dem Buch: Elisabeth Noelle-Neumann, Thomas Petersen: *Alle, nicht jeder, Einführung in die Methoden der Demoskopie* dtv 1996.

111 In einer Fußnote schreibt Fr. Noelle-Neumann: „Für die hier vorgenommene Unterscheidung zwischen Individualbereich, Persönlichkeitsbereich, Ganzheitsbereich einerseits und Merkmalsbereich andererseits wurden von mir in der Phase der Einführung der Demoskopie auch die Begriffe Einzahlbereich und Mehrzahlbereich vorgeschlagen, um eine Unterscheidung bewusst zu machen, an die wir nicht gewöhnt sind." (29)

göttliche Ordnung in den Veränderungen des menschlichen Geschlechtes aus der Geburt, dem Tode und der Fortpflanzung desselben erwiesen“[112] Noelle-Neumann zitiert in ihrem Buch auch eine Kritik an der repräsentativen Meinungsforschung aus der jüngeren Zeit von Siegried Unseld, dem früheren Chef des Suhrkamp Verlages: „Ich selbst bin nicht gefragt worden, also kann man über meine Meinung überhaupt nichts sagen. Gleich mir sind 99,9 Prozent der Bevölkerung nicht gefragt worden, also kann man auch über die Meinung dieses Teils der Bevölkerung nichts sagen“ (41). Genau darin liegt das Missverständnis bei diesem Perspektivwechsel. Repräsentative Umfragen sagen eben *nichts* über ein Individuum aus, dafür jedoch umso mehr über ein Kollektiv: *Alle, nicht jeder.* Diese Kollektivinformationen wiederum lassen sich, auch mit noch so intensiver individueller Nachforschung wie Introspektion oder Meditation niemals ermitteln und werden auch nicht durch die objektivierenden Wissenschaften zum Vorschein gebracht. Man benötigt dazu andere, und zwar auf die Intersubjektivität gerichtete Methoden und Instrumentarien.

Wozu braucht man derartige Aussagen überhaupt? Sind Berechnungen wie die der durchschnittlichen Lebenserwartung beispielsweise zu irgendetwas nutze, oder sind es lediglich Spielereien, wenn man z. B. im Internet unter *www.novafeel.de/lebenserwartung-berechnen.php* Geburtsdatum und Geschlecht eingibt und einem dann der Computer sagt, wie lange man noch zu leben hat?[113]

Die Bedeutung derartiger Informationen wird einem schnell klar wenn man bedenkt, dass überall dort wo es um Entscheidungen für eine Gemeinschaft, also für ein „Wir“ geht, dass dort auch (korrekte) Aussagen über dieses Wir und seine äußeren und inneren Merkmale von entscheidender Bedeutung für die Qualität derartiger Entscheidungen sind. Praktisch ausnahmslos *alle* politischen oder wirtschaftlichen Entscheidungen, d.h. alle sozialen und kulturellen Entscheidungen in Gemeinschaften, ob groß oder klein, fallen darunter, von einer Beziehung und Familie über einen Kleingartenverein und ein Unternehmen bis hin zu Entscheidungen von Nationen und den Vereinten Nationen. Sie alle sind in ihrer Entscheidungsfindung abhängig von Informationen über die Gemeinschaft um die es geht, im Falle der Vereinten Nationen die gesamte Weltgemeinschaft. Diese Informationen können *nur*

112 Der Titel eines 1761 erschienenen Buches (Autor ist ein Hr. Süßmilch).

113 Im Falle des Autors heißt es: „Herzlichen Glückwunsch, Sie gehören zu den 92,189%, der mit Ihnen an Ihrem Geburtstag geborenen, die noch leben... Diese Daten (errechnet aus der aktuellen Sterbetafel des Statistischen Bundesamtes Wiesbaden) ergeben folgenden statistischen Todestag: 23.06.2031. Carpe Diem“.

durch geeignete Methodiken der Betrachtung eines „Wir" erbracht werden, und nicht durch die einzelne, individuelle Perspektive.

Die Anwendung einer individuellen Sichtweise auf eine Gemeinschaft, ohne diese als Gemeinschaft selbst zu betrachten und zu befragen, wird zu Recht mit Totalitätsherrschaften in Verbindung gebracht, bei denen sich ein „Wir" einem „Ich" bedingungslos unterzuordnen hat: „Führer befiel, wir folgen"[114]. So ist es auch kein Zufall, dass die Widmung des Buches *Alle, nicht jeder* lautet:

> „Für Erich Peter Neumann, Pionier der politischen Umfrageforschung. Er hoffte, dass die Demoskopie helfen würde, die Demokratie besser zu verteidigen als es vor Einführung der Demoskopie am Anfang der dreißiger Jahre beim Zusammenbruch der Weimarer Republik möglich war."

Hier liegt die Größe und Bedeutung dieser Betrachtungsweise: *Wir* lernen *uns* kennen und erleben *uns* als eine Gemeinschaft von Individuen, die bei aller individueller Unterschiedlichkeit sehr viel gemeinsam haben, und diese Gemeinsamkeiten haben in den Sprachen in Form der Personalpronomina ihren Niederschlag gefunden, wenn wir sagen „wir ..." oder „unser ...". Wenn es einen Gott gibt, dann gibt es ihn oder sie oder es auch als Plural, als eine Gemeinschaft und ein Miteinander, und die Entdeckung dieses gemeinschaftlichen Miteinanders gehört zu den aufregendsten Abenteuern der Bewusstwerdung.

Diese Perspektive führt uns über eine ausschließliche Ichbezogenheit hinaus[115], und lädt uns dazu ein uns als Mitglieder von Gemeinschaften und Teilen von Systemen zu sehen, und so zu Erkenntnissen zu gelangen die wiederum entscheidend sind für die Art uns Weise, wie wir uns verwalten, regieren, und wie wir miteinander umgehen. Diese Informationen über uns

---

114 Um so bedenklicher ist es, wenn totalitäre Herrscher sich des Instrumentes der Meinungsumfragen bedienen, um Informationen über „ihr" Volk zu erklangen. Diese werden dann nicht im demokratischen Sinn („Democratia: dem Volke dienen") verwendet, sondern zur Durchsetzung totalitärer Ziele. Vor diesem Hintergrund ist es interessant, dass Frau Noelle-Neuman, Jahrgang 1916, selbst im Laufe ihres Lebens ein totalitäres System „von innen heraus" kennerlernte, und in dieser Zeit für die NS Wochenzeitschrift *Das Reich* Artikel verfasste. Interessierte finden zu dieser Thematik Informationen im Internet.

115 Noelle-Neumann erwähnt, dass im Zusammenhang mit den Erkenntnissen der Moralstatistik „neben der Abstinenz der Philosophen ebenso die eigentümliche Unbeteiligtheit der Soziologen auffällt". (37) Dies ist vor dem Hintergrund der vier Quadranten von Wilber und der Tendenz, die jeweils eigene Perspektive zu verabsolutieren, unmittelbar einsichtig: Die Philosophie geht klassischerweise von der Subjektivität (links oben) aus, wohingegen die Soziologie typischerweise die Perspektive rechts unten einnimmt, indem sie Kollektive von außen betrachtet, ohne mit jemandem reden zu müssen. Demoskopie hingegen ist in ihrer allgemeinen Ausrichtung eine Betrachtung des unteren linken Quadranten, eine Methodik zu Aufdeckung von kollektiven Meinungen (und deren Strukturen und Entwicklung allgemein).

wirken dann auf uns selbst zurück, auf unser individuelles Bewusstsein und Verhalten, und damit ist die Wissenschaft des „Wir“ – wie jede andere Wissenschaft auch – nicht nur eine beschreibende Wissenschaft, sondern eine die in ihrem Vorgehen und durch ihre Ergebnisse auch gestaltet, und einen aktiven Entwicklungsbeitrag leistet. Von der Entscheidung über einen gemeinsamen Urlaub einer Familie bis hin zu der Entscheidung, ob die Vereinten Nationen Truppen in ein Land schicken und dort auch militärisch aktiv werden – immer geht es dabei um die Frage was *wir* wollen, oder was das Beste für *uns* ist. Um dies jedoch entscheiden zu können, müssen wir zuerst wissen „wer wir sind“. Dabei helfen uns Methodiken wie die der Demoskopie.[116]

Was kann man damit konkret anfangen?

Wir alle leben in unterschiedlichen Beziehungen und Gemeinschaften, und verwenden bei deren Beschreibung die erste Person plural: „Wir ...“ oder wenn wir uns auf andere Gemeinschaften beziehen: „Die [plural] ...“. Dabei können wir uns die Frage vorlegen, ob wir hier wirklich wissen worüber wir reden, oder lediglich eine subjektive Vorstellung aus unserem individuellen Bewusstsein auf eine Gemeinschaft projizieren. Weiterhin können wir uns auf die Suche nach Wahrheit in diesem Bereich machen, in dem wir z. B. echte repräsentative Aussagen von anderen Aussagen unterscheiden, und nur erstere zur Beschreibung von „Wirs“ verwenden, und natürlich sollten wir die Menschen, die wir zu unserem „Wir“ zählen, zuerst nach ihrer Meinung fragen, bevor wir in ihrem Namen Aussagen treffen wie: „Wir sind der Meinung, dass ...“. Schließlich geht es auch darum, Entwicklung, Spiritualität und Bewusstwerdung nicht nur aus der Ich-Perspektive zu betrachten, sondern auch das „Wir“ (und Es) mit einzubeziehen, unser Miteinander, die Gemeinschaft dessen, wer uns was „Wir“ sind.

Die kollektive „Psychologie“ ist ebenso wenig vor Vorurteilen, Irrtümern, Dogmen und Schattenaspekten gefeit wie die individuelle, nur dass es sich hierbei nicht um einen einzelnen, sondern im Extremfall um Millionen von

116 Ein Problem bei der öffentlichen Wahrnehmung dieser Methodik besteht darin, dass kaum unterschieden wird zwischen

a) einer (wissenschaftlich abgesicherten) repräsentativen Umfrage

b) einer „Umfrage“, die jedoch nicht repräsentativ ist („Das Ergebnis solcher nichtrepräsentativen Umfragen ist zwischen Zeitverschwendung und Betrug einzustufen“) (254)

c) einer als Umfrage getarnten Werbeaktion z. B. am Telefon, wo Verkäufer sich als seriöse Umfragende ausgeben, es aber nach einigen Fragen klar wird, dass es ihnen nicht um eine wissenschaftliche Erhebung, sondern um den Verkauf eines Produktes geht.

Repräsentativ und damit auch verallgemeinernd sind jedoch nur die Umfragen der Kategorie a), und damit sind auch nur sie eine (von mehreren) seriösen Methodiken zur Erforschung von Meinung und Intersubjektivität.

Menschen handeln kann. Daher kommt es bei dieser Perspektive besonders auf unterscheidendes Denken, Achtsamkeit, methodische Sorgfalt und auf ein inter-subjektives Einfühlungsvermögen an.

Demoskopie im Modell der 4 Quadranten

Die Demoskopie hätte im Modell der vier Quadranten ihren Platz im unteren linken Quadranten[117]: sie erforscht kollektive Meinungen (dazu muss man mit Menschen reden und in einen Dialog eintreten, während im Unterschied dazu im unteren rechten Quadranten Verhalten, Systeme und Prozesse beobachtet werden). Werden derartige Befragungen über einen längeren Zeitraum betrieben (panel), so kann man damit kollektive Entwicklung „messen" und gelangt zu Entwicklungsmodellen eines kollektiven Bewusstseins. Man kann auch, wie z. B. Jean Gebser, historisches Material „befragen", und daraus entsprechende Schlüsse über die allgemeine Entwicklung des menschlichen (kollektiven) Bewusstseins treffen.

Interessant in diesem Zusammenhang ist auch, was eine entsprechende Perspektive oder Methodik nicht kann (wenn sie es trotzdem versucht spricht Wilber von „Absolutismen"): Eine kollektive Aussage sagt nichts (außer einer statistischen Tendenz) über ein einzelnes Individuum aus, sei es ein Deutscher, ein Türke, ein Künstler, ein Christ, ein Single, ein Mann, eine Frau, oder wer auch immer. Das Problem dabei ist, dass wenn wir einem Menschen begegnen und etwas über seine „Merkmale" (Geschlecht, Religionszugehörigkeit, Alter, politische Partei, sexuelle Orientierung, Familienstand usw.) erfahren, dann oft automatisch diese Wir-Informationen dazu in unserem Denken erscheinen. Das ist an sich kein Problem, solange wir sie diesem Individuum nicht überstülpen – hier ist eine ehrliche Selbstbeobachtung gefragt. Umgekehrt funktioniert dieser Absolutismus auch, und zwar wenn von den Eigenschaften eines bestimmten Individuums auf die gesamte Gruppe gleichen Merkmals geschlossen wird: „Dieser Mann ist so und so, also sind alle Männer so und so". Derartige Aussagen sind jedoch nur zulässig z. B. auf der Basis repräsentativer Untersuchungen.

117 Technisch korrekt wäre es zu sagen: Jedes Ereignis hat (mindestens) diese vier Hauptdimensionen, die betrachtet werden können. Diese Dimensionen sind untrennbar miteinander verbunden. Die Demoskopie betrachtet von Ereignissen schwerpunktmäßig deren kulturelle Dimension (wie Meinungen und deren Entwicklung), das ist der untere linke Quadrant.

6. Integral trifft...

Das integrale Modell ist, für sich genommen, interessant und faszinierend, mit dem Anspruch „alles“ zu beschreiben. Doch dieses Modell wäre auch „nur“ ein Modell, wenn man ihm den Praxistest vorenthalten würde. Gerade darin soll und muss sich die Qualität dieses Ansatzes beweisen, und zwar in einem wechselseitigen Dialog. Das Modell bringt dabei seine Merkmalsausprägungen mit ein, z. B. mit der Fragestellung: Quadranten, Ebenen, Linien, Zustände Typen – inwieweit sind sie alle bei einem Vorhaben, einer Theorie, einer Weltanschauung berücksichtigt? Die Praxis (Tradition, Weltanschauung) ihrerseits bringt alles dasjenige, was sie an Voraussetzungen, Informationen, Daten, Methodiken und Erkenntnissen hat, und legt es dem integralen Ansatz vor, mit der Fragestellung: hat die integrale Theorie genügend Platz für all dies, um es schlüssig und nachprüfbar erklären zu können?

Das ist eine faszinierende Aufgabe, der sich Interessierte stellen können: ein (Spezial-)Gebiet zu nehmen und es vor dem Hintergrund des integralen Ansatzes (neu?) zu betrachten und damit gleichzeitig auch diesen Ansatz zu erproben und herauszufordern. Dies soll in diesem Abschnitt am Beispiel ausgewählter Werke von Rudolf Steiner, dem Begründer der Anthroposophie, geschehen.

Dabei können wir, was Wilber betrifft, weitgehend unvoreingenommen zu Werke gehen, da es von Wilber (bisher) nur eine einzige konkrete Stellungnahme zu Steiner gibt[118]:

> „Ich werde oft danach gefragt, was ich von Steiners Schriften halte. Obwohl ich viel Respekt vor seinen Beiträgen habe, die Pioniercharakter haben, finde ich die Einzelheiten seiner Darstellung nicht besonders nützlich. Ich glaube, dass jüngere konventionelle Forschung bessere und genauere Karten der präpersonalen und personalen Entwicklung bereitgestellt hat, und ich glaube, dass die meditativen Traditionen differenziertere Karten der transpersonalen Entwicklung bieten. Doch kann man angesichts der Menge visionären Materials, das er produziert hat, nur staunen, und seine Gesamtschau ist so bewegend wie man es sich nur vorstellen kann. Siehe *The Essential Steiner*, herausgegeben von Robert McDermott.“

118 *Integrale Psychologie*, Fussnote 11 S. 254.

Es gibt sehr viele Möglichkeiten, wie man eine Gegenüberstellung der Art „Integral trifft ..." darstellen kann. Ich habe mich in den folgenden Erörterungen dafür entschieden, so nahe wie möglich an Steiner'schen Originaltexten vor allem Gemeinsamkeiten (aber auch Unterschiede) zum integralen Ansatz herauszuarbeiten. Diese Arbeit hat mich – als Nicht-Anthroposoph – auf zweierlei Weise bereichert: zum einen habe ich in der herausfordernden Steiner-Lektüre viel Neues über den integralen Ansatz gelernt, noch bereichernder war jedoch für mich die Lektüre selbst – deren inspirierende und geistesverwandte Kraft.

Die Grundlagen der Erkenntnis bei Rudolf Steiner und Ken Wilber

Woher wissen wir was wir wissen? – Das „Denken" Rudolf Steiners und Ken Wilbers Integral Methodologischer Pluralismus (IMP)

In diesem Beitrag wird der Versuch unternommen, die Erkenntnistheorie von Rudolf Steiner, wie er sie in seinem Buch *Philosophie der Freiheit* (PdF) dargestellt hat, dem von Wilber entwickelten Integral Methodologischen Pluralismus (IMP)[119] beschreibend gegenüberzustellen, und – bei Beachtung von Unterschieden – besonders die Gemeinsamkeiten herauszustellen.

Woher wissen wir, was wir wissen?

> „Wissen wir erst, was wir von der Welt zu halten haben, dann wird es ein leichtes sein, uns auch danach einzurichten."[120]

Sowohl Steiner wie auch Wilber haben sich die Frage nach den Grundlagen unseres Wissens vorgelegt und untersucht, wie man diesen Grundlagen „auf den Grund gehen" kann, um so ein solides Fundament für alles Weitere zu schaffen.

Steiner macht gleich in der Vorrede zur Neuausgabe der PdF klar worum es ihm geht:

> „Wenn jemand verwundert darüber sein sollte, dass man in diesem Buch noch keinen Hinweis findet auf das Gebiet der geistigen Erfahrungswelt, das in späteren Schriften von mir zur Darstellung gekommen ist, so möge er bedenken, dass ich damals eben nicht eine Schilderung geistiger Forschungsergebnisse geben, sondern erst die Grundlagen erbauen wollte, auf der solche Ergebnisse ruhen können. Diese „Philosophie der Freiheit" enthält keine solchen speziellen Ergebnisse, so wenig als sie spezielle naturwissenschaftliche Ergebnisse enthält; aber was sie enthält, wird derjenige nach meiner Meinung nicht entbehren können, der Sicherheit für solche Erkenntnisse anstrebt. Was in dem Buche gesagt ist, kann auch für manchen Menschen annehmbar sein, der aus irgendwelchen Gründen mit meinen geisteswissenschaftlichen Forschungsergebnissen nichts zu tun haben will."

119 siehe dazu den Anhang 3.

120 Die Zitate stammen, sofern nicht anderes angegeben, aus: Rudolf Steiner, *Philosophie der Freiheit*, Taschenbuchausgabe aus dem Gesamtwerk.

Dass dies ein zentrales Anliegen ist, macht Steiner auch an noch anderer Stelle deutlich:

> „Die Erkenntnistheorie soll eine wissenschaftliche Untersuchung desjenigen sein, was alle übrigen Wissenschaften ungeprüft voraussetzen: des Erkennens selbst".[121]

Ein Vergleich mit dem archimedischen Hebel hebt die grundlegende Bedeutung einer Erkenntnistheorie für alle weiteren Forschungen hervor und führt auch schon den für Steiner zentralen Begriffs des „Denkens" ein, auf den wir noch ausführlich eingehen werden:

> „Als Archimedes den Hebel erfunden hatte, da glaubte er mit seiner Hilfe den ganzen Kosmos aus den Angeln heben zu können, wenn er nur einen Punkt fände, wo er sein Instrument aufstützen könnte. Er brauchte etwas, was durch sich selbst, nicht durch anderes getragen wird. Im Denken haben wir ein Prinzip, das durch sich selbst besteht. Von hier aus sei versucht, die Welt zu begreifen. Das Denken können wir durch es selbst erfassen. Die Frage ist nur, ob wir durch dasselbe auch noch etwas anderes begreifen können."

Wilber nähert sich dem Thema ganz ähnlich und baut sein Werk auf dem auf, was er „Orientierungsverallgemeinerungen" nennt, d.h. auf dem, was er an Gemeinsamkeiten der Forschungen aus praktisch allen Wissensgebieten zusammenstellt.[122] Ihm geht es bei seiner Landkartenerstellung, wie z. B. dem integralen Ansatz, in erster Linie *nicht* um Inhalte, sondern um mögliche *strukturelle* und *hintergründige* gemeinsame Merkmale *unterschiedlicher* Inhalte. Erst diese können – so ließe sich Wilber vielleicht zusammenfassen – die Basis für eine solide „Ökumene" auf den verschiedenen Erkenntnisgebieten bilden, vor dem Hintergrund, dass alle bisherigen Versuche, über die jeweils unterschiedlichen Inhalte zu einer Einigung zu kommen, wenig erfolgreich waren. Wilber sucht – wie schon Steiner rund 100 Jahre zuvor – einen archimedischen Hebel für die Erkenntnistheorie.

In Wilbers Worten:

> „Wie können wir den integralen Ansatz in einfachen Worten beschreiben? Es handelt sich schon um so etwas wie eine neue Idee, deshalb

121 *Wahrheit und Wissenschaft*, S. 25.

122 Zur Erläuterung dieser „Orientierungsverallgemeinerungen" siehe auch das Vorwort zu: Ken Wilber, *Das Wahre, Schöne, Gute.*

bitte ich um Geduld. Wir können mit einer einfachen Formulierung wie „inhaltsleer und kulturübergreifend“ beginnen. Ist das *einfach genug?* ‚Inhaltsleer' bezieht sich auf die Tatsache, dass praktisch alle vorherigen Ansätze der Vereinigung den Versuch unternommen haben, eine Art von Zusammenführung auf der Inhaltsebene zu finden (was der integrale Ansatz nicht tut). So haben z. B. die meisten der Weltreligionen eine Version der Goldenen Regel, und die meisten Universalisten verwenden diese Typen gemeinsamer Elemente, um die Einheit in den Weltreligionen zu finden.
Der integrale Ansatz tut nichts dergleichen. Alle diese inhaltlichen Ähnlichkeiten werden als sekundär, ja sogar auch als trivial angesehen. Aus diesem Grund bezeichnen wir das Wesen des integralen Ansatzes als ‚inhaltsleer'. Die Ähnlichkeiten werden in bestimmten *Mustern* der Inhalte gefunden, und nicht in den Inhalten selbst.“[123]

Die Perspektiven des in der Welt seins – der Integral Methodologische Pluralismus (IMP) bei Wilber

„Jedermann hat ja seinen eigenen Standort, von dem aus er die Welt betrachtet.“

Mit der Phase 5[124] seines Werkes legt Wilber einen „IMP“ vor mit dem Ziel, alle Untersuchungsmethodiken der Menschheit in einen Erklärungsrahmen zu stellen, und damit sowohl die jeweilige Größe wie auch die jeweiligen Grenzen dieser Methodiken darstellen zu können. Dies wäre, sofern es wirklich gelingt, ein Durchbruch in der Wissenschaft der Erkenntnis. (Die Grundzüge des IMP stelle ich im Anhang 3 dar.) Wilber geht dabei von den vier Quadranten als Perspektiven aus, und unterscheidet dann noch einmal innerhalb der Quadranten zwischen innen/außen, und gelangt so zu 8 Hauptzonen bzw. Hauptmethodiken oder Ereignishorizonten der Erkenntnis, aus denen sich, so Wilber, alle bisherigen Erkenntniswege und Methodiken ableiten lassen.[125] Man kann diese 8 Perspektiven nun auf unterschiedliche Weise kombinieren. Eine davon besteht darin, diejenigen Methoden ohne eine Perspektive der dritten Person (Zone 1 und 3) denjenigen gegen-

123 veröffentlicht auf www.beliefnet.com, *why do religions teach love and yet cause so much war?*.
124 Zu den (bisher) 5 Phasen in Wilbers Werk siehe Anhang 2.
125 Zur Beschreibung, dessen „was geschieht“, hat Wilber eine eigene Mathematik dieser – wie er es nennt – ursprünglichen Perspektiven des in-der-Welt-seins entwickelt (siehe excerpt C, veröffentlicht auf www.shambhala.com). Eine Übersetzung dieser „Integralen Mathematik“ ist enthalten in der Schriftenreihe Nr. 3 der www.integrale-bibliothek.info, welche auch eine zusammenfassende Darstellung von Wilber 5 gibt.

überzustellen, die eine derartige Perspektive enthalten (Zonen 2,4,5,6,7,8). Wenn wir nun ersteres mit „Wahrnehmen" bezeichnen, und letzteres mit „Denken", dann sind wir schon auf dem Weg zu Steiner, mit dem wir uns gleich beschäftigen werden. Dies bietet sich insofern an, als die Zonen 1 und 3 Ansätze der ersten Person gegenüber Wirklichkeiten der ersten Person beinhalten, z. B. die Wahrnehmung und Beschreibung einer Phänomenologie dieses Augenblicks, also meiner Gedanken, Gefühle und Körperempfindungen, etwas was ich unmittelbar bei mir „wahrnehme". Demgegenüber haben alle anderen Zonen bzw. Ereignishorizonte ein Element des Abstandnehmens, die Perspektive einer dritten Person, und daher kann man sie, bei allen Unterschieden untereinander, mit dem Begriff des „Denkens" bezeichnen, im Sinne einer betrachtenden Reflektion, eines Überblicknehmens und einer Draufsicht, die es ermöglicht Zusammenhänge und Strukturen zu erkennen, was mit den Methodiken der Zonen 1 und 3 nicht möglich ist, da diese an den Phänomenen „zu dicht dran" sind. Mit dem „Wahrnehmen" schmecke ich die Realität unmittelbar, mit dem „Denken" beschreibe ich sie, und beides ist für eine Theorie der Erkenntnis wichtig.

Absolute und relative Erkenntnis

Ein oft verwendete Metapher für die zwei Seiten von Erkenntnis – die sich in der Nicht-Dualität als nicht-zwei „erfahren" lassen – ist die eines Ozeans und seiner Wellen. Der Ozean hat eine Nassheit, die erfahren werden kann, das ist das absolute Wissen, der EINE Geschmack, die Leere, das Formlose, Nirvana, das Unbenennbare, Ungeborene, ewige ICH BIN. Und wenn man diesen Geschmack kennt, dann kennt man in gewisser Weise alles, denn jede einzelne Welle des Ozeans, sei sie groß oder klein, ist von dieser Nässe gleichermaßen durchdrungen. Dennoch hat – und das ist der Bereich des relativen Wissens – jede einzelne Welle ihre einzige und einzigartige Charakteristik, die sie von allen anderen Wellen unterscheidet. Und das Erfahren und Benennen jeder der Wellen des Ozeans, eines Ozeans der sich entwickelt und evolviert, und immer neue Wellen hervorbringt, immer von der gleichen Nassheit, ist die Domäne relativer Erkenntnis.

Absolute Erkenntnis kann nicht erlangt werden, sie ist die Grundlage und Essenz eines jeden Augenblicks, die Lichtung und Öffnung in welcher alle Phänome erscheinen, und wird oft als ein Erwachen beschrieben, als ein Erkennen desjenigen was schon immer gegenwärtig ist. Die spirituellen Traditionen beschreiben sie durch „Fingerzeige" (pointing out instructions), Metaphern und Gleichnisse. Relative Erkenntnis erfordert ein mit der Zeit gehen, weil sich die Welt entwickelt, entsprechend geeignete Untersuchungsmethodiken und Praktiken, und den Austausch mit Anderen, die sich gleichermaßen und qualifiziert diesen Untersuchungen gewidmet haben, zur Überprüfung und Validierung der Ergebnisse.

In der folgenden Passage verbindet Wilber absolute („satori") und relative (perspektivische) Erkenntnis[126]:

> „Gibt es irgendeine Wahrnehmung, welche keine Perspektive ist? Meiner Meinung nach ja, und das hat etwas mit satori zu tun, dem nichtdualen Gewahrsein (oder der reinen Leere – Bewusstsein ohne ein Objekt, welches ein Bewusstsein ohne eine Perspektive ist) ... Die Schlussfolgerung aus dieser integralen Neuformulierung der Weisheits-Traditionen lautet, dass Samsara (die Welt der Formen) aus Perspektiven zusammengesetzt ist, und Nirvana (die Leere) reine Wahrnehmung ist, ohne Objekt und Perspektive. Die Vereinigung von Leere und Form ist daher die Vereinigung von Wahrnehmung und Perspektive, wo ich in meiner reinen Wahrnehmung eins bin mit allem was erscheint (wenn gleich ich dies durch meine eigene individuelle Perspektive – mit der ich nicht mehr ausschließlich identifiziert bin – zum Ausdruck bringe). Durch das Finden der Leere wird man von allen Perspektiven befreit (ein Nirvana frei von Samsara); durch eine Vereinigung mit der Form findet man die Fülle der Perspektiven, welche allein diese Freiheit zum Ausdruck bringen können (die Nichtdualität von Nirvana und Samsara). Weisheit transzendiert die Perspektiven, Mitgefühl umarmt sie alle."

Wenden wir uns nun der *Philosophie der Freiheit* (PdF) zu:

Das „Denken" in der Philosophie der Freiheit

Das Denken ist für Steiner in der *Philosophie der Freiheit* das entscheidende Element:

> „Im Denken haben wir ein Prinzip, das durch sich selbst besteht. Von hier aus sei versucht, die Welt zu begreifen." (51)

Im Anhang des Buches heißt es sogar an einer Stelle:

> „Das mit dem Gedankeninhalt erfüllte Leben in der Wirklichkeit ist zugleich das Leben in Gott." (250)

126 aus: excerpt D, p. 161.

Wie ich im Folgenden zeigen möchte, verwendet Steiner in der PdF den Begriff „Denken“ auf (mindestens) zwei unterschiedliche Weisen, die ich unterschiedlich benennen möchte:

Denken-A (für *a*bsolute Erkenntnis), Denken-R (für *r*elative Erkenntnis). Ersteres entspricht dem „Denken“ des „Ich denke, also bin ich“. Es ist das Erfahren des Höchsten Selbst, des Ich-Ich oder ICH BIN, des Wesensgrundes, des Absoluten, der Leere, wie oben beschrieben. Dieses Denken „erkennt“ das absolute Sein.

Denken-R ist das sich bewusst werden von Zusammenhängen, Mustern, Strukturen und Ordnungen der relativen Welt (dies entspricht, wie oben beschrieben, allen Zonen/Perspektiven/Methodiken, die eine Perspektive einer dritten Person mit einbeziehen, also den Zonen 2,4,5,6,7,8). Dieses Denken überschaut mit Abstand (zeitlich, räumlich) die Phänomene, die durch das Einnehmen der Perspektiven 1 und 3 gewonnen werden (z. B. durch Introspektion und Meditation), und ordnet sie ihrem Zusammenhang gemäß. Dieses Denken erforscht das relative Sein.

Beispiele für das Denken-A, und die Verbindung von Denken-A und Denken-R

> „Das Denken gibt uns von der Wirklichkeit die wahre Gestalt, als einer in sich geschlossenen Einheit, während die Mannigfaltigkeit der Wahrnehmung nur ein durch unsere Organisation bedingter Schein ist.“ (246)

> „*Ich denke, also bin ich.* Alle anderen Dinge, alles andere geschehen ist ohne mich da; ich weiß nicht, ob als Wahrheit, ob als Gaukelspiel und Traum. Nur eines weiß ich ganz unbedingt sicher, denn ich bringe es selbst zu seinem sichern Dasein: mein Denken.“ (46)

Zu Descartes gibt es einen Aufsatz von Wilber[127], wo er vorschlägt, das „cognito ergo sum“, was meist mit „Ich denke, also bin ich“ übersetzt wird, mit: „Bewusstheit, also sein“ (Consciousness, hence being) zu übersetzen, was das Denken-A mit dem Bewusstsein des ICH BIN verbindet.

> „Die Wahrnehmung des Ich kann in meinem Bewußtsein stets auftreten, während ich andere Wahrnehmungen habe.“ (67)

127 Sidebar E, *The Genius Descartes Gets a Postmodern Drubbing* (Das Genie Descartes erhält eine postmoderne tracht Prügel), siehe dazu auch die Schriftenreihe Nr. 4 der www.integrale-bibliothek.info, *Boomeritis-Lesebuch*, S. 105-133.

> „Ich sehe nicht bloß den Baum, sondern ich weiß auch, dass *ich es bin*, der ihn sieht." (67)

> „Ich bin durch mein Wahrnehmen, und zwar durch dieses spezifische menschliche Wahrnehmen als Subjekt dem Objekt gegenübergestellt. Der Zusammenhang der Dinge ist damit unterbrochen. Das Subjekt stellt durch das Denken diesem Zusammenhang wieder her." (125)

> „Deshalb tritt im Leben auch überall das Fühlen gleichwie das Wahrnehmen *vor* dem Erkennen auf. Wir fühlen uns zuerst als Daseiende..." (139)

> „Die höchste Stufe des individuellen Lebens ist das begriffliche Denken ohne Rücksicht auf einen bestimmten Wahrnehmungsgehalt. Wir bestimmen den Inhalt eines Begriffes durch reine Intuition aus der ideellen Sphäre. Ein solcher Begriff enthält zunächst keinen Bezug auf bestimmte Wahrnehmungen." (153)

> „Mein Ich richtet seinen Blick natürlich auf diesen Wahrnehmungsinhalt, *bestimmen* lässt es sich durch denselben nicht." (159)

> „Bei unserer Erkenntnis handelt es sich um Fragen, die uns dadurch aufgegeben werden, dass einer durch Ort, Zeit und subjektive Organisation bedingten Wahrnehmungssphäre eine auf die Allheit der Welt weisende Begriffssphäre gegenübersteht. Meine Aufgabe besteht in dem Ausgleich dieser beiden mir wohlbekannten Sphären." (116)

Hier treffen sich Denken-R und Denken-A. Ersteres erklärt die relative Welt, Letzteres die absolute, und letztendlich ist beides nicht-zwei, wie auch in folgende Zitat, wo Denken-A den Hintergrund bildet für die Beobachtung von Denken-R:

> „Wer das Denken beobachtet, lebt während der Beobachtung unmittelbar in einem geistigen, sich selbst tragenden Wesensweben darinnen." (145)

Im Folgenden einige allgemeine Textbeispiele bei Steiner für die Gegenüberstellung von Wahrnehmung (Beobachtung, Phänomen, Fühlen) und Denken-R (Begriff, Gesetzmäßigkeit, Zusammenhängen, Verknüpfungen, Organisation):

„Spinoza und alle, die denken wie er, übersehen, dass der Mensch nicht nur ein Bewusstsein von seiner Handlung hat, sondern es auch von den Ursachen haben kann, von denen es geleitet wird.“ (19)

Das eine ist das (phänomenologische) Bewusstsein von etwas (Zone 1,3), z. B. einer Handlung oder Beobachtung, das andere sind Ursachen, die erkannt werden, wenn die Handlung mit Abstand (Perspektive einer dritten Person, objektiv) betrachtet wird (Zonen 2,4,5,6,7,8). Beides ist wichtig.

„Aber oft schon hat der Mangel an Unterscheidungsvermögen endlose Verwirrung gebracht. Und ein tiefgreifender Unterschied ist es doch, ob ich weiß, warum ich etwas tue, oder ob das nicht der Fall ist.“ (19)

„Die bloße Beobachtung kann Teile eines gegebenen Vorganges in ihrem Verlauf verfolgen; ihr Zusammenhang bleibt aber vor der Zuhilfenahme von Begriffen dunkel.“ (37)

„Ein bloß beobachteter Vorgang oder Gegenstand ergibt aus sich selbst nichts über seinen Zusammenhang mit anderen Vorgängen oder Gegenständen. Dieser Zusammenhang wird erst ersichtlich, wenn sich die Beobachtung mit dem Denken verbindet. *Beobachtung und Denken* sind die beiden Ausgangspunkte für alles geistige Streben...“ (38)

„Beim Zustandekommen der Welterscheinungen mag das Denken eine Nebenrolle spielen, beim Zustandekommen einer Ansicht darüber kommt ihm aber sicher eine Hauptrolle zu.“ (39)

„Das Denken ist imstande, Fäden zu ziehen von einem Beobachtungselement zum anderen.“ (61)

„Der bloße Anblick, die Wahrnehmung gibt mir keinen Inhalt, der mich über die Vollkommenheit der Organisation belehren könnte.“ (95)

„Nur das Denken gliedert alle diese Wahrnehmungen aneinander und zeigt sie in ihren gegenseitigen Beziehungen.“ (97)

„Unsere totale Wesenheit funktioniert in der Weise, dass ihr bei jedem Dinge der Wirklichkeit von zwei Seiten her die Elemente zufließen, die für die Sache in Betracht kommen: von Seiten des *Wahrnehmens* und des *Denkens*.“ (88)

„Die volle Wirklichkeit eines Dinges ergibt sich uns im Augenblicke der Beobachtung aus dem Zusammengehen von Begriff und Wahrnehmung. Der Begriff enthält durch eine Wahrnehmung eine individuelle Gestalt, einen Bezug zu dieser bestimmten Wahrnehmung." (107)

„Das Band zu bilden zwischen Subjektivem und Objektivem kommt keinem im naiven Sinn realen Prozess, das heißt einem wahrnehmbarem Geschehen zu, sondern allein dem Denken." (99)

„Unser Denken ist nicht individuell wie unser Empfinden und Fühlen. Es ist universell. Es enthält ein individuelles Gepräge in jedem einzelnen Menschen nur dadurch, dass es auf sein individuelles Fühlen und Empfinden bezogen ist." (90)

Gleichzeitig werden diese trans-individuellen Gesetzesmäßigkeiten immer noch individuell erlebt. Es ist bemerkenswert, wie Steiner das Individuelle des Wahrnehmens mit dem trans-individuellen des Denkens in Beziehung setzt, so auch in der folgenden Zitatstelle.

„In dem Denken haben wir das Element gegeben, das unsere besondere Individualität mit dem Kosmos zu einem Ganzen zusammenschließt." (91)

In diesem obigen Zitat kommt alles zusammen: individuelle Phänomenologie, das „Ganze" der relativen Welt, erkannt durch die anderen Perspektiven, und das Absolute (Denken-A) als der Grund aller Phänomene.

„Das *Denken* ist das Element, durch das wir das allgemeine Geschehen des Kosmos mitmachen; das *Fühlen* das, wodurch wir uns in die Enge des eigenen Wesens zurückziehen können. Unser Denken verbindet uns mit der Welt; unser Fühlen führt uns in uns selbst zurück, macht uns erst zum Individuum." (109)

In dieser Passage kommt erneut die Unterscheidung der Zonen zum Ausdruck: das „nähere" Fühlen, Zone 1,3, ohne Abstand und Perspektive der dritten Person, und demgegenüber das „Denken" der Perspektiven 2,4,5,6,7,8, mit jeweils einem Anteil einer Perspektive einer dritten Person.

„In der objektiven Welt ist uns durch unsere Organisation ein Grenzstrich gezogen zwischen Wahrnehmung und Begriff; das Erkennen überwindet diese Grenze. In der subjektiven Natur ist diese Grenze nicht minder vorhanden; der Mensch überwindet sie im Laufe seiner Entwicklung, in dem er in seiner Erscheinung seinen Begriff zur Ausgestaltung bringt. So führt uns sowohl das intellektuelle wie das sittliche Leben des Menschen auf seine Doppelnatur: das Wahrnehmen (unmittelbares Erleben) und Denken." (169)

„...dass der Mensch im Umkreis der Ideenwelt *beim Erkennen* sich in ein für alle Menschen Einheitliches hineinlebt, dass er aber, wenn er aus dieser Ideenwelt die Intuitionen für seine Willensakte entlehnt, ein Glied dieser Ideenwelt *durch dieselbe Tätigkeit* individualisiert, die er im geistg-ideellen Vorgang beim Erkennen als eine allgemein-menschliche entfaltet." (182)

Noch einmal wird deutlich gemacht, dass das Erleben immer individuell und einzigartig bleiben wird, auch wenn es sich dabei um universelle Tiefenstrukturen, Muster, Gesetze handelt. Die Schwerkraft ist universell, erlebt wird sie jedoch individuell. Neurosen sind ein allgemeines „Phänomen", erlebt werden sie immer individuell. Das pluralistische Lebensgefühl ist ein kulturelles Phänomen, doch jeder (auf dieser Bewusstseinsstufe) erlebt seinen persönlichen Pluralismus, eine nationale Identität betrifft eine Nation, das persönliche Erleben von Nationalität ist jeweils individuell.

„Betrachten wir die bloße Wahrnehmung für sich, so haben wir keine Wirklichkeit, sondern ein zusammenhangloses Chaos; betrachten wir die Gesetzmäßigkeit der Wahrnehmung für sich, dann haben wir es bloß mit abstrakten Begriffen zu tun. Nicht der abstrakte Begriff enthält die Wirklichkeit; wohl aber die denkende Beobachtung, die weder einseitig den Begriff, noch die Wahrnehmung für sich betrachtet, sondern den Zusammenhang beider." (248)

„Das Denken führt alle Wahrnehmungssubjekte auf die gemeinsame ideelle Einheit aller Mannigfaltigkeit. Die einige Ideenwelt lebt sich in ihnen als in einer Vielheit von Individuen aus. Solange sich der Mensch bloß durch Selbstwahrnehmung erfasst, sieht er sich als diesen besonderen Menschen an; sobald er auf die in ihm aufleuchtende, alles Besondere umspannende Ideenwelt blickt, sieht er in sich das absolut Wirkliche lebendig aufleuchten." (250)

Ein Beispiel für die Bedeutung der Erkennens von Hintergründen („Beweggründen") dessen, was wir wahrnehmen und was uns im Handeln „treibt", gibt Steiner in folgendem Zitat, wo er darauf aufmerksam macht, dass

> „...unsere Beweggründe immer von Gedanken durchsetzt (sind). Liebe, Mitleid, Patriotismus sind Triebfedern des Handelns..." (25)

Ein kurzer Rundgang durch die Zonen des IMP kann das wie folgt verdeutlichen. Auf der Grundlage der inneren Erfahrung eines Handlungsimpulses (Zone 1 oder 3) können wir „Triebfedern des Handels" perspektivisch wie folgt erkennen:
- Zone 2: individuelle Bewusstseinsstrukturen (a la Freud)
- Zone 4: kollektive Bewusstseinsstrukturen (a la Graves), Patriotismus wäre eine individuelle und/oder kollektive Bewusstseinsstruktur („Triebfeder")
- Zone 5: kognitionsbiologische Gegebenheiten (a la Maturana, Varela oder von Ditfurth)
- Zone 6:Verhaltensmuster (a la Watson)
- Zone 7: sozial-autopoietische Muster (a la Luhmann)
- Zone 8: Systemstrukturen (a la Marx)

Die Fragestellung einer grundlegenden Theorie der Erkenntnis lautet: welche Faktoren beeinflussen unsere Wahrnehmung? Dazu Steiner:

> „Ich bin als Wahrnehmungsobjekt einer fortwährenden Veränderung unterworfen. Als Kind war ich ein anderer, ein anderer als Jüngling und als Mann. Ja, in jedem Augenblicke ist mein Wahrnehmungsbild ein anderes als in den vorangehenden. Diese Veränderungen können sich in dem Sinne vollziehen, dass sich in ihnen nur immer derselbe (Schablonenmensch) ausspricht." (169)

Die Phänomene kommen und gehen, die Bewusstseinsstrukturen können dagegen erheblich länger Bestand haben und so sehr unveränderlich werden und unbewusst weiter wirken, dass der Mensch nur noch Schablone ist, bis dahin, dass er durch die ihm unbewussten Strukturen (z. B. egozentrisch, patriotisch, rationalistisch usw.) „gelebt" wird.

Auf den bedeutenden Unterschied zwischen Zone 1 (Phänomenologie) und Zone 2 (Strukturalismus)weist Steiner so hin:

„... während ich denke, sehe ich nicht auf mein Denken, das ich selbst hervorbringe, sondern auf das Objekt des Denkens, das ich nicht hervorbringe." (43)

Das eine gibt mir die Phänomene, das andere die „Regeln", denen die Phänomene gehorchen. Beides zu kennen ist wichtig. Wilber führt gerne Schach als ein Beispiel an. Der Phänomenologe beschreibt die Phänomene, der Strukturalist versucht, die Regeln des Spiels herauszufinden. Dies ist eines der zentralen Themen in Wilber Buch *Integral Spirituality* und ein zentrales Thema einer post-metaphysischen Spiritualität: welche Phänomene werden und wurden durch die spirituellen Traditionen beschrieben, und vor welchem Bewusstseinshintergrund (individuell und kollektiv) wurden und werden sie interpretiert?

„Die erste Beobachtung, die wir über das Denken machen, ist also die, dass es das unbeobachtete Element unseres gewöhnlichen Geistesleben ist." (42)

Das kann sich sowohl auf verborgene Hintergrundstrukturen (Zone 2,4,5,6,7,8) beziehen (Denken-R), als auch auf ein noch nicht bewusstes ICH BIN (Denken-A).

„Der Grund, der es uns unmöglich macht, das Denken in seinem jeweiligen Verlauf zu beobachten, ist der gleiche wie der, der es uns unmittelbar und intimer erkennen lässt als jeden anderen Prozess der Welt." (44)

Die „Intimität" ist genau das Charakteristikum der Phänomenologie (Zone 1), es ist ein Wissen durch Vertrautheit, z. B. mit unseren eigenen Gedanken, Gefühlen und Körperempfindungen. Das Abstand-nehmen davon zeigt uns Bewusstseinshintergründe unseres Denkens, die uns in der phänomenologischen Wahrnehmung alleine nicht bewusst werden.

„Wenn man das Denken zum Objekt der Beobachtung macht, fügt man zu dem übrigen beobachteten Weltinhalte etwas dazu, was sonst der Aufmerksamkeit entgeht..." (47)

Diese Passage macht deutlich, dass jede Perspektive ihren eigenen Wirklichkeitsgehalt hat, der durch keine andere Perspektive „erzeugt" werden kann.

(Wenn das versucht wird, spricht Wilber von „Absolutismus", siehe unten).

„Für jeden aber, der die Fähigkeit hat, das Denken zu beobachten – und bei gutem Willen hat sie jeder normal organisierte Mensch -, ist diese Beobachtung die allerwichtigste, die er machen kann." (46)

Dies gilt, weil zum einen (bisher) unbewusste Denkhintergründe bewusst werden können (Denken-R), und zum anderen weil das ICH BIN hervortreten kann. (Denken-A).

„Wenn man von einer ‚streng objektiven Wissenschaft' fordert, dass sie ihren Inhalt nur der Beobachtung entnehme, so muss man zugleich fordern, dass sie auf alles Denken verzichte. Denn dieses geht seiner Natur nach über das Beobachtete hinaus." (59)

Erneut wird damit unterstrichen, dass die Phänomene einer Beobachtung das eine sind, ihre Verknüpfung durch das Denken etwas anderes. Letzteres geht über die reinen Phänomene hinaus (beruht jedoch auf ihnen).

„Wenn ich oder ein anderer später über solche [sittliche] Handlung nachdenke, kann es herauskommen, welche Sittlichkeitsmaximen bei derselben in Betracht kommen." (161)

„Dass wir Gedanken (ethische Ideen) als Objekte der Beobachtung bezeichnen, geschieht mit Recht. Denn wenn auch die Gebilde des Denkens während der gedanklichen Tätigkeit nicht mit ins Beobachtungsfeld eintreten, so können sie doch nachher Gegenstand der Beobachtung werden. Und auf diesem Wege haben wir unsere Charakteristik des Handelns gewonnen." (201)

Wieder wird der Schritt von einer „intimen" Innenwahrnehmung (Zone 1,3) zu einer reflektierenden Außenwahrnehmung (von Innerlichkeiten (Zone 2,4) vollzogen. Der Schritt von den Phänomenen zu den zuerst noch verborgenen Strukturen und Mustern.

Nun kommen wir zu Steiners Hinweisen darauf, was nach ihm Wilber als bedeutenden Unterschied zwischen Zone 1 (Phänomenologie) und Zone 5 (Autopoiesis, Kognitionswissenschaft, Neurobiologie) herausstellt:

„Meine Beobachtung ergibt, dass mir für meine Gedankenverbindung nichts vorliegt, nach dem ich mich richte, als der Inhalt meiner Gedanken; nicht nach den materiellen Vorgängen in meinem Gehirn richte ich mich.“ (45)

„Was da im Gehirne sich abspielt, ist durch so viele Zwischenvorgänge mit dem äußeren Vorgang verbunden, dass eine Ähnlichkeit mit demselben nicht mehr gedacht werden kann. Was das Gehirn der Seele zuletzt vermittelt, sind weder äußere Vorgänge, noch Vorgänge in den Sinnesorganen, sondern nur solche innerhalb des Gehirnes.“ (73)

„Dem Subjekt des Erkennens, welches durch seine Identität mit dem Leibe als Individuum auftritt, ist dieser Leib auf zwei ganz verschiedene Weisen gegeben: einmal als Vorstellung in verständlicher Anschauung, als Objekt unter Objekten, und den Gesetzen dieser unterworfen; sodann aber auch zugleich auf eine ganz andere Weise, nämlich als jenes jedem unmittelbar Bekannte, welches das Wort *Wille* bezeichnet.“ (93)

Meine Phänomenologie sagt mir – mit anderen Worten – nichts über meine Gehirnchemie, um diese zu erkennen muss ich einen Perspektivwechsel vornehmen – und umgekehrt!

Die Ähnlichkeit des „Denkens“ mit den „Perspektiven“ bei Wilber

„Wir müssen erst das Denken ganz neutral, ohne Beziehung auf ein denkenden Subjekt oder ein gedachtes Objekt betrachten. Denn in Subjekt und Objekt haben wir bereits Begriffe, die durch Denken gebildet sind. Es ist nicht zu leugnen: *Ehe anderes begriffen werden kann, muss es das Denken werden.*“ (53)

„...dass ich als meinen Ausgangspunkt das *Denken* bezeichnet habe und nicht *Begriffe* und *Ideen,* die erst durch das Denken gewonnen werden.“ (57)

Dazu ein Wilber-Zitat[128]:

„Ein Subjekt, welches ein Objekt wahrnimmt ist *immer schon* in einer

128 excerpt D, p. 4.

> Beziehung einer ersten, zweiten und dritten Person, wenn die Wahrnehmung stattfindet ... Der Schritt von Wahrnehmungen zu Perspektiven ist der erste radikale Schritt von einer Metaphysik zu einer Post-Metaphysik. Subjekte nehmen nirgendwo Objekte wahr, sondern erste Personen nehmen zweite Personen oder dritte Personen wahr: Wahrnehmungen finden immer innerhalb konkreter Perspektiven statt."

Zur wechselseitigen Beeinflussung der Perspektiven mit- und untereinander und deren Erforschung durch das Denken-R ist folgende Äußerung erhellend:

> „Diese Abhängigkeit des Wahrnehmungsbildes von unserem Beobachtungsorte ist diejenige, die am leichtesten zu durchschauen ist. Schwieriger wird die Sache schon, wenn wir die Abhängigkeit unserer Wahrnehmungswelt von unserer leiblichen und geistigen Organisation kennen lernen." (64)

In der Sprache der Perspektiven könnte man sagen: Unser „Wahrnehmungsbild" (Zone 1 individuelle, Zone 3 kollektiv) ist abhängig von individuellen und kollektiven Bewusstseinstrukturen (Zone 2,4), von kognitionsbiologischen und verhaltensmäßigen Aspekten (Zone 5,6) und von sozialen Strukturen (Zone 7,8).

Die Entstehung von „Absolutismen"

Mit „Absolutismen" bezeichnet Wilber den Versuch, mit einer Perspektive/Methodik über ihren Geltungsbereich hinauszugehen, was stets zu Falschaussagen führt. Diese Gefahr formuliert Steiner bereits im Hinblick auf eine Überschätzung der Aussagekraft der eigenen Subjektivität wie folgt:

> „Meine Wahrnehmungsbilder sind also zunächst subjektiv. Die Erkenntnis von dem subjektiven Charakter unserer Wahrnehmungen kann leicht zu Zweifeln darüber führen, ob überhaupt etwas Objektives denselben zum Grunde liegt." (65)

> „Das Zusammenwerfen jeder subjektiven mit dieser objektiven Wahrnehmung führt zu dem Missverständnis des Idealismus: die Welt ist meine Vorstellung." (100)

Dies wäre ein phänomenologischer Absolutismus. Steiner macht hier bereits auf ein Problem aufmerksam, welches kennzeichnend ist für den späteren

Babyboomer-Narzissmus der „me"-Generation, die alles als eigene Konstruktion verstehen will.

> „Der Irrtum einer bloß auf das Gefühl gebauten mystischen Anschauungsweise besteht darinnen, dass sie *erleben* will, was sie wissen soll, dass sei ein Individuelles, das Gefühl, zu einem Universellen erziehen will." (139) (Kritik bloßer „Gefühlsmystik")

Dies ist ein weiteres Beispiel für die Probleme bei der Verabsolutierung von Introspektion/Meditation/Zone 1. Genau dieses Problem bei (authentischen!) mystischen Traditionen thematisiert Wilber ausführlich in *Integral Spirituality*.

> „Wer nämlich zum *wesenhaften* Denken sich *hin*wendet, der findet in demselben sowohl Gefühl wie Willen, die letzteren auch in den Tiefen ihrer Wirklichkeiten; wer von dem Denken sich ab- und nur dem ‚bloßen' Fühlen und Wollen zuwendet, der verliert aus diesen die wahre Wirklichkeit." (143)

Noch ein Beispiel für einen derartigen Absolutismus, hier noch verbunden mir dem Hinweis der Gefahr des Narzissmus. Das was der New Age Narzissmus der letzten Jahrzehnte aus der Haltung einer Anti-Rationalität zum Credo erhoben hat („feeling is being"), wird von Steiner bereits klar als das benannt was es in Wirklichkeit ist – ein „bloßes" Fühlen.

> „Darin liegt ein Kennzeichen der menschlichen Wesenheit, dass das intuitiv zu erfassende *im Menschen* wie im lebendigen Pendelschlag sich hin- und herbewegt zwischen der allgemein geltenden Erkenntnis und dem individuellen Erleben dieses Allgemeinen. Wer den einen Pendelschlag in seiner Wirklichkeit nicht schauen kann, für den bleibt das Denken nur eine subjektive menschliche Betätigung; wer den anderen nicht erfassen kann, für den scheint mit der Betätigung des Menschen im Denken alles individuelle Leben verloren." (182)

Steiner weist darauf hin, dass das Hängenbleiben in den Phänomenen in die Sackgasse ausschließlicher Subjektivität führt, das hängen bleiben in „allgemein geltenden Erkenntnissen" hingegen die Subjektivität „verliert". Beides sind jeweils Absolutismen. Steiner „empfiehlt" zu ihrer Überwindung einen „Pendelschlag", (das Einnehmen aller Perspektiven, könnte man mit Wilber sagen, ohne eine von ihnen zu verabsolutieren oder zu vernachlässigen).

Ich-Transzendenz und Objektivität

> „Mein Selbstwahrnehmen schließt mich innerhalb bestimmter Grenzen ein; mein Denken hat nichts zu tun mit diesen Grenzen." (90)

Dies ist ein wichtiger Hinweis auf die Größe der Perspektive der dritten Person allgemein – sie objektiviert, und führt mich über mich selbst hinaus. Wenn mehrere Menschen eine Beobachtung machen (Phänomene), und daraus durch intersubjektiven Dialog und Abgleich die den Phänomenen zugrunde liegenden Strukturen (Gesetzesmäßigkeiten) ableiten, dann sind diese Gesetzesmäßigkeit trans-individuell, sie transzendiert gewissermaßen die Individualitäten der Beteiligten. Dies ist eines der Kriterien von guter Wissenschaft[129], innerhalb einer Gemeinschaft kompetenter Forschender bzw. Praktizierender.

> „Der einheitliche Begriff des Dreiecks wird nicht dadurch zu einer Vielheit, dass er von vielen gedacht wird." (91)

Diese Abstraktionsleistung des Begriffes „Dreieck" ist ein anschauliches Beispiel für eine derartige Gesetzesmäßigkeit, und dies gilt für praktisch alles, was durch die Zonen 2,4,5,6,7,8 erkannt wird, von individuell-psychologischen Gesetzen (Freud, Zone 2), zu kollektiven kulturellen Gesetzen (Graves, Zone 4), zu den äußeren Wissenschaften und den von ihren entdeckten Gesetzmäßigkeiten der Zonen 5,6,7,8.

Die Größe der Subjektivität (Zone 1)

> „Wir halten uns jeder berechtigt, von seinen nächsten Erfahrungen, seinen unmittelbaren Erlebnissen auszugehen, und von da aus zur Erkenntnis des ganzen Universums aufzusteigen." (268)

Nachdem Steiner sehr das Denken gegenüber der Wahrnehmung betont, hebt er in der folgenden Passage die Bedeutung einer „lebendigen Vorstellung" hervor. Die ist die große, und durch keine andere Perspektive zu ersetzenden Stärke von Phänomenologie/Zone1/Introspektion – ein Wissen durch „intime" Vertrautheit. Die Zonen 2,4,5,6,7,8 sind mehr oder weniger

129 „Gute Wissenschaft" ruht – nach Wilber – auf drei Säulen: 1. Injunktion, Vorschrift, Anleitung, 2. Praxis und konkrete Durchführung, und 3. gemeinschaftliche Überprüfung, siehe dazu auch der Beitrag Physik – Metaphysik – Postmetaphysik.

„nur“ Land- und Speisekarten, weil sie alle eine Es-Perspektive enthalten, aber das „Essen“ findet in Zone 1 statt (individuell, und kollektiv in Zone 3).

> „Ich kann jemandem den Begriff eines Löwen beibringen, der nie einen Löwen gesehen hat. Eine lebendige Vorstellung ihm beizubringen, wird mir ohne sein eigenes Wahrnehmen nicht gelingen.“ (107)

Metaphysik

In PdF distanziert sich Steiner klar von jeglicher „bloß hypothetischen Metaphysik“.

> „Jede Art des Seins, das außerhalb des Gebietes von Wahrnehmung und Begriff angenommen wird, ist in die Sphäre der unberechtigten Hypothesen zu verweisen.“ (113)

> „So wie der Monismus zur Erklärung des Lebewesens keinen übernatürlichen Schöpfungsgedanken braucht, so ist es ihm auch unmöglich, die sittliche Weltordnung von Ursachen abzuleiten, die nicht innerhalb der erlebbaren Welt liegen.“ (199)

> „Wer hinter dieser so zu suchenden Einheit noch eine andere sucht, der beweist damit nur, dass er die Übereinstimmung des durch das Denken Gefundenen mit dem vom Erkenntnistrieb geforderten nicht erkennt.“ (245)

> „Der menschliche Geist kommt in Wahrheit nie über die Wirklichkeit hinaus, in der wir leben, und er hat es auch nicht nötig, da alles in dieser Welt liegt, was er zu ihrer Erklärung braucht.“ (251)

Dies ist auch der Ansatz von Wilber bei der Konstruktion einer Post-Metaphysik. Auf metaphysische Postulate weitestgehend zu verzichten und alles aus perspektivischen Wahrnehmungen von bewussten Wesen abzuleiten.

Steiner lässt – wie Wilber 100 Jahre später auch – keinen Zweifel daran, dass auch inneres Erleben „Tatsache“ ist, welche einer wissenschaftlichen Untersuchung offen steht, und ein notwendiger Teil eines – in diesem Falle theosophischen – Weltbildes ist. Dies wird aus der folgenden Passage aus seinem Buch *Theosophie* deutlich:

„Aus der hiermit angedeuteten Gesinnung heraus wird in dieser Schrift eine Skizze theosophischer Weltanschauung entworfen. Der sie niedergeschrieben hat, will nicht darstellen, was für ihn nicht in einem ähnlichen Sinne *Tatsache* ist, wie ein Erlebnis der äußeren Welt Tatsache für Augen und Ohren und den gewöhnlichen Verstand ist." (*Theosophie*, 22)

Eine Entsprechung dazu aus Wilbers *Eros, Kosmos, Logos* (S. 12): „Mancher Leser wird das, was ich unternehme, ‚Metaphysik' nennen, aber wenn Metaphysik so viel wie ‚Denken ohne Beweis' bedeutet, gibt es nicht einen metaphysischen Satz in diesem Buch".

Dazu noch mal Steiner:

„Ein Begriff, der mit einem Inhalt erfüllt werden sollte, der außerhalb der uns gegebenen Welt liegen soll, ist eine Abstraktion, der keine Wirklichkeit entspricht. Ersinnen können wir nur die *Begriffe* der Wirklichkeit; um diese selbst zu finden, bedarf es auch noch des Wahrnehmens." (251)

Der Mythos des Gegebenen

Steiner distanziert sich vom „Mythos des Gegebenen", bei dem die Dinge so sind wie wir sie wahrnehmen („naiver Realismus") und sucht nach Zusammenhängen „hinter" den Phänomenen (welche ihrerseits einen entscheidenden Einfluss nehmen auf die Interpretation der Phänomene).

„Für den naiven Realismus ist die wirkliche Welt eine Summe von Wahrnehmungsobjekten; für den metaphysischen Realismus kommt außer den Wahrnehmungen auch noch den unwahrnehmbaren Kräften Realität zu; der Monismus setzt an die Stelle von Kräften die ideellen Zusammenhänge, die er durch Denken gewinnt. Solche Zusammenhänge aber sind *Naturgesetze*. Ein Naturgesetz ist ja nichts anderes als der begriffliche Ausdruck für den Zusammenhang gewisser Wahrnehmungen." (124)

Intersubjektivität und Kultur

„Wie der einzelne beschaffen ist und wie er sich betätigt, ist durch den Stammescharakter bedingt." (237)

„Kein Mensch ist vollständig Gattung, keiner ganz Individualität." (241)

Intersubjektivität, d.h. die Wir-Perspektive, spielt bei der Erkenntnisgewinnung eine bedeutende Rolle. Zum einen im Aufdecken von intersubjektiven Strukturen, welche die eigenen Wahrnehmungen und Interpretationen färben, (Zone 4), zum anderen durch die Kraft des Dialogs und Austausches, mit dem es erst möglich ist, dass aus rein subjektiven Erkenntnissen und Feststellungen intersubjektive, d.h. allgemeine Gesetzmäßigkeiten werden, bis hin zu universellen „Naturgesetzen". Diesen Gedanken finden wir auch schon in der PdF, mit der Fragestellung:

> „Wie kommt es, dass das Weltbild, das ich aus meiner subjektiv bestimmten Wahrnehmung und meine Begriffen aufbaue, gleichkommt dem, das ein anderes menschliches Individuum aus denselben beiden subjektiven Faktoren aufbaut? Wie kann ich überhaupt aus meinem subjektiven Weltbilde auf das eines anderen Menschen schließen?" (127)

> „Wenn wir das Gesetzesmäßige (Begriffliche in dem Handeln der Individuen, Völker und Zeitalter) aufsuchen, so erhalten wir eine Ethik, aber nicht als Wissenschaft von sittlichen Normen, sondern als Naturlehre der Sittlichkeit." (161)

Dies ist ein Beispiel für die Perspektive der Zone 4: kulturelle Anthropologie, Genealogie. Die Strukturen („das Gesetzesmäßige") kollektiv sich entwickelnder Bewusstheit (Gebser, Graves u.a.).

Freiheit

Freiheit ist der zentrale Begriff der *Philosophie der Freiheit*:

> „Wer von uns kann sagen, dass er in allen seinen Handlungen wirklich frei ist? Aber in jedem von uns wohnt eine tiefere Wesenheit, in der sich der freie Mensch ausspricht." (167)

Dieser „tieferen Wesenheit" und dem was Menschen daraus machen (aufgrund ihrer unterschiedlichen Bewusstseinstrukturen) hat Wilber das Buch *Das Atman Projekt* gewidmet. In der Terminologie des IMP könnte man es so definieren: Absolute Freiheit besteht in absoluter Erkenntnis des Seinsgrundes, der Soheit dieses und eines jeden Augenblicks. Relative Freiheit besteht in der Bewusstmachung aller Perspektiven (allen Wahrnehmens und „Denkens"), so tief man darin vorzudringen vermag. Je mehr ich über die subjektiven, intersubjektiven und objektiven Dimensionen des Lebens weiß, desto freier (bzw. erfüllter) bin ich. Beides zusammen ist die wahre Freiheit des vollständig bewussten *In-der-Welt*-seins bei gleichzeitiger Bewusstheit eines nicht (nur) *Von-der-Welt*-seins.

Weltanschauungen

Rudolf Steiners Vorträge „Der menschliche und der kosmische Gedanke“ und Ken Wilbers integral methodologischer Pluralismus (IMP)

> „Die Welt ist ein Unendliches, qualitativ und quantitativ. Und ein Segen wird es sein, wenn sich einzelne Seelen finden, die klar sehen wollen gerade in Bezug auf das, was in unserer Zeit so furchtbar auftritt an sich überhebender Einseitigkeit, die ein Ganzes will.“ (82) [130]

Am Vorabend des ersten Weltkrieges, vom 20. Januar bis 23. Januar 1914, hielt Rudolf Steiner in Berlin eine vierteilige Vortragsreihe zu dem im Titel angegebenen Thema. Dieses – vor der Anthroposophischen Gesellschaft – frei gesprochene Wort wurde später gedruckt, ohne dass Steiner die Zeit gefunden hätte Korrekturen vorzunehmen („Es wird eben nur hingenommen werden müssen, dass in den von mir nicht nachgesehen Vorlagen sich Fehlerhaftes findet.“ (5), und bietet eine Fülle interessanter Aspekte, die ich in diesem Beitrag vor dem Hintergrund von Ken Wilbers integralem Modell besprechen möchte.

1. Vortrag 20. Januar 1914

Steiner möchte „über den Zusammenhang des Menschen mit dem Weltall“ (9) sprechen, und er beginnt mit dem „Denken“ als einer menschlichen Erlebens-Erfahrung:

> „Der Mensch erlebt in sich das, was wir den Gedanken nennen können, und in dem Gedanken kann sich der Mensch als etwas unmittelbar Tätiges, als etwas, was seine Tätigkeit überschauen kann, erfühlen.“ (9)

Zunächst beginnt er mit einer kurzen historischen Betrachtung zur entwicklungsmäßigen Entstehung des Denkens:

> „Er [der Gedanke] entsteht wirklich erst, man könnte sagen, um das 6. oder 8. vorchristliche Jahrhundert. Vorher erlebten die menschlichen Seelen gar nicht das, was man im rechten Sinne des Wortes Gedanken nennen kann. Was erlebten die menschlichen Seelen vorher? Sie erlebten Bilder.[131]“ (11)

130 Alle Zitate stammen, sofern nicht anders angegeben, aus dem Buch *Der menschliche und der kosmische Gedanke*, 1980 Rudolf Steiner Verlag.

131 dieser Schritt vom bildhaft-konkreten „Denken“ zum formal-abstrakten Denken ist von Entwick-

Dann erläutert Steiner am Beispiel eines Dreiecks diesen Unterschied und fundamentalen Entwicklungsschritt: ein konkretes (bildhaft) aufgezeichnetes Dreieck hat, wenn man es sich vorstellt, einen konkreten Referenten in der äußeren Welt, und zwar das gezeichnete Dreieck, wohingegen der abstrakte Begriff „Dreieck", welcher für alle Dreiecke steht, selbst keinen konkreten Referenten in der Außenwelt hat.

> „Also ist das allgemeine Dreieck ein Wort, das die speziellen Dreiecke zusammenfasst." (13)

Steiner argumentiert nun, dass man dem abstrakt/formalen Dreiecksbegriff nicht seine Existenzberechtigung absprechen dürfte, weil er – im Gegensatz zu einem konkreten Dreieck – keinen Referenten in der Außenwelt hat, auf den man mit dem Finger zeigen kann, und erteilt einer „äußeren Philosophie", die das macht, eine Absage:

> „ ... deshalb steht hier alle äußere Philosophie an einer Grenzscheide und ihre Aufgabe wäre es, sich einmal wirklich zu gestehen, dass sie als äußere Philosophie an einer Grenzscheide steht. Aber diese Grenzscheide ist eben nur diejenige der äußeren Philosophie." (14)

Damit macht Steiner für die Geistesinhalte genau das, was Wilber später für die 8 Hauptperspektiven[132] des In-der-Welt-seins ganz grundsätzlich vorsieht: *jede* dieser Perspektiven hat ihre eigene wichtige Wahrheit zur Gesamtheit der Erkenntnis beizutragen, und daher ist – im Falle der Phänomenologie der Bewusstseinsinhalte – ein Gedanke nicht deshalb abzulehnen, weil er keinen Referenten in der Außenwelt hat. Der Gedanke ist ein Phänomen an sich, mit einer eigenen Gegebenheit und einem Wert für sich, und eine Phänomenologie, die den subjektiven Bewusstseinsraum erforscht, wird so – technisch gesprochen – von den Übergriffen des Materialismus und der Absolutheitsansprüche anderer Perspektiven befreit.

In einer Analogie beschreibt Steiner weiter, wie man, in dem man ein gegebenes Dreieck in der Vorstellung bewegt und „dynamisiert", von einem konkreten Dreieck zu einer Vorstellung der Abstraktion „Dreieck" gelangt:

> „Der allgemeine Gedanke Dreieck ist da, wenn man den Gedanken in

lungsforschern wie Piaget für die menschliche Individualentwicklung bestätigt worden, und hat auch eine Entsprechung in der kollektiven Menschheitsgeschichte, von der mythisch-bildhaften Weltsicht zur abstrakt-rationalen Weltsicht.

132 siehe dazu Anhang 3.

fortwährender Bewegung hat, wenn er versatil ist." (16)

Über den hierarchischen Aspekt dabei ist sich Steiner im klaren, er spricht von „aufsteigen":

> **„Gefordert wird von uns, wenn wir von dem speziellen Gedanken zu dem allgemeinen Gedanken aufsteigen sollen, dass wir den speziellen Gedanken in Bewegung bringen, so dass der bewegte Gedanke der allgemeine Gedanke ist, der von einer Form in die andere hineinschlüpft." (16)**
>
> **„Würden sie [die äußeren Philosophen] herausgehen aus dem Reiche der speziellen Dinge, das heißt der Formen, so würden sie in ein Vorstellen hineinkommen, das in fortwährender Bewegung ist, das heißt, sie würden in ihrem Denken eine Vergegenwärtigung des Reiches der Geister der Bewegung haben, der nächsthöheren Hierarchie." (17)[133]**

Steiner sieht die meisten Menschen noch am konkret-operationalen Denken haften, und möchte sie durch die Geisteswissenschaften zu diesem höheren Denken hinführen:

> **„Sie sehen hier an einem Beispiele, wie das, was wir Geisteswissenschaften nennen, tatsächlich dazu geeignet ist, die Menschen aus dem herauszuführen, woran sie notwendig heute haften müssen ... Das ist der Grund, warum ich sagte: Die meisten Menschen haben nur keine Gedanken. Und wenn man ihnen von Gedanken spricht, so lehnen sie ab ... Zum Kennenlernen der offenbaren Welt braucht man aber keine Gedanken; da braucht man nur die Erinnerung an das, was man gesehen hat im Reich der Formen. Und das ist das, was die meisten Menschen überhaupt nur wissen: was sie gesehen haben im Reiche der Form." (18)**

Das „wirkliche" Denken beginnt bei Steiner erst mit den Geistesinhalten, die über das konkret Offenbare hinausgehen:

> **„Daraus ersehen wir aber, dass es doch etwas Eigenes sein muss mit dem Denken von wirklichen Gedanken." (19)**

---

133 Ein interessanter Aspekt dazu ist: auch wenn es wichtig ist, wie Steiner (und Wilber) betonen, die Phänomene des Bewusstseinsraumes erst ein mal „für sich" gelten zu lassen, so gibt es doch immer auch – nach Wilber – eine Entsprechung in den äußeren Quadranten (materiell/energetisch). Auch wenn das abstrakte Dreieck selbst keine Entsprechung in der Außenwelt hat, so hat derjenige, der es sich in seinem Bewusstsein vorstellt, dazu ein materielles Gehirn, mit zu dieser Vorstellung gehörenden biochemisch-elektrischen Entsprechungen.

Dieses Hinausgehen über das was im Außen gegeben ist, ist der eigentliche Schritt in eine emanzipierte Rationalität, eine Rationalität die – aufbauend auf den vorherigen Entwicklungsschritten, ihre eigene und einzigartige Qualität von Geistesinhalten neu in den Schöpfungsverlauf einbringt, und die Fülle des Seins damit bereichert. Wilber spricht in diesem Zusammenhang von einer „Befeiung in der Noosphäre"[134]

Und dann formuliert Steiner eine der großen postmodernen Einsichten, die ihrerseits über die reine Phänomenologie hinausgehen, und zwar dass – mit Wilbers Worten – die eigenen Gedanken sowohl psychologisch/individuell wie auch kulturell und sozial geformt sind, *ohne* dass die Gedanken die man hat das einem selbst das sagen:

> „Es kommt beim Gedanken auch immer darauf an, dass man die Situation berücksichtigt, in welcher der Gedanke gefasst wird." (21)

Diese Einsicht ist in ihrer Bedeutung kaum zu unterschätzen, weil sie der Größe der soeben befreiten Bewusstseininhalte auch schon wieder die notwendigen Grenzen aufzeigt. Alles was im Ich Erleben auftaucht hat erst einmal seine Daseinsberechtigung und seinen Platz, doch nicht alles ist gleichermaßen richtig und wertvoll, sondern an „Situationen" gebunden, deren nähere Untersuchung lohnt.[135]

2. Vortrag 21. Januar 1914

Steiner beginnt wieder mit der Frage, woher Gedanken kommen, und stellt erneut fest wie wenig das Denken darüber verbreitet ist:

> „Bezüglich des Denkens gibt man das im praktischen Leben nicht zu, dass man Weltanschauungen auch haben müsse von dorther, wo man Denken und noch manch anderes gelernt hat. Das wird man heute wirklich nur in wenigen Fällen zugegeben. Das ist eines, was unser Leben in den weitesten Kreisen beherrscht, was geradezu dazu beiträgt, dass der menschliche Gedanke in unserer Zeit kein sehr verbreitetes Produkt ist" (27)

---

134 *Eros, Kosmos, Logos*, S. 229.

135 Dies ist eines der zentralen Themen von Wilbers Buch *Integral Spirituality*: was waren die „Situationen", unter denen die Aussagen der großen spirituellen Weisheitstraditionen entstanden sind, welchen Einfluss hatten diese „Situationen" auf diese Aussagen, und welche Informationen können wir heute aus der Rekonstruktion dieser „Situationen" erhalten? Wilber entwickelt dazu den Begriff einer „kosmischen Adresse", die zu einer jeden Aussage dazugehört, und angibt von welcher Bewusstseinsebene oder –höhe heraus, und aus welcher der Bewusstseinsperspektiven heraus (subjektiv, intersubjektiv, objektiv) ein Mensch seine Aussagen trifft.

Erneut macht er darauf aufmerksam, wie problematisch es ist, den eigenen Erkenntnishintergrund, die eigene Perspektive, auf „alles" anzuwenden (Wilbers „Absolutismen"):

> „Was tun diese? [Physiker, Chemiker, Mediziner] Sie sagen: Wenn man eine Weltanschauung sich suchen will, so nimmt man die Gesetze, die man in der Chemie, in der Physik oder in der Physiologie gelernt hat – andere darf es nicht geben – und daraus konstruiert man sich eine Weltanschauung ... Es ist die ungeheure Überhebung des Physikers, des Chemikers, des Physiologen, des Biologen, die nichts anderes sein wollen als Physiker, Chemiker, Physiologen, Biologen und dennoch über die ganze Welt ein Urteil haben wollen." (29)[136]

Und dieser Kampf der Vorherrschaft einer bestimmten Perspektive oder Sichtweise ist ein Kampf jeder gegen jeden: „Gekämpft wird hinüber und herüber" (30)

Steiner erläutert dies an der Auseinandersetzung zwischen Realismus und Nominalismus, und macht dabei deutlich, dass durch „gescheite" Argumente allein dieser Disput nicht zu lösen ist, weil beide Seite jeweils Recht haben (sondern durch, so könnte man mit Wilber sagen, eine Integration der unterschiedlichen Perspektiven, unter Einbezug ihrer jeweiligen Größe und Grenze):

> „Was nützt es dir denn, wenn du gescheit bist? Du kannst gescheit sein und den Nominalismus verteidigen, und du kannst ebenso gescheit sein und den Nominalismus widerlegen. Man kann irre werden an der ganzen menschlichen Gescheitheit!" (32)

Und wieder verteidigt Steiner die Vielfalt von Erkenntnisperspektiven, wenn er sagt:

> „Jetzt beginnen wir zu verstehen, warum so viele Weltanschauungen in der Welt existieren. Die Menschen sind im allgemeinen nicht geneigt, wenn sie eines begriffen haben, auch noch das andere zu begreifen." (34)

136 Dem (irrtümlichen) Versuch, am Beispiel der Quantenphysik die Mystik zu erklärten – „das Tao der Physik" – hat Wilber ein eigenes Buch gewidmet, *Quantum Questions.* Analoges gilt für einen „Phänomenologismus", dem Versuch alles aus der eigenen subjektiven Phänomenologie zu erklären, für „Kulturalismus" als den Versuch, alle Erkenntnis als ausschließlich kulturell konstruiert zu erklären, für Materialismus usw.

Er weist in deutlichen Worten auf die Gefahren hin, wenn diese Vielfalt nicht anerkannt wird:

> „Es ist daher notwendig, dass sich der, welcher sich ernsthaft mit den Wegen beschäftigen will, die zu einer Weltanschauung führen, vor allen Dingen damit bekannt macht, dass Einseitigkeit der größte Feind aller Weltanschauungen ist ..." (34)

Wie könnte nun ein Erkenntnispluralismus aussehen, der die unterschiedlichen Erkenntnisweisen würdigt und in ihrer Größe und Grenze anerkennt? Steiner bietet dazu eine Zusammenschau von zwölf Weltanschauungen:

- *Materialismus* („Sie bleiben bei dem stehen, wovon sie etwas wissen, wovon etwas zu wissen sie veranlagt sind. Sie bleiben, sagen wir, bei dem stehen, was den grobklotzigsten Eindruck auf sie macht, beim Materiellen") (35)
- *Idealismus* („Andere Menschen kann es geben, die sind durch eine gewisse Innerlichkeit von vornherein dazu veranlagt, in allem Materiellen nur die Offenbarung des Geistigen zu sehen.") (35)
- *Spiritualismus* („Sie erkennen voll an, was allerdings das Realste ist, den Geist; aber sie sind einseitig, sie leugnen die Bedeutung des Materiellen und seiner Gesetze." (35)
- *Realisten* („Ich halte mich an das, was um mich herum ausgebreitet ist. – Solche Menschen kann man ... Realisten nennen, und ihre Weltanschauung Realismus.") (36)

Steiner diskutiert dann jeweils Größe und Grenzen dieser Sichtweisen – bei Würdigung aller:

> „Um uns herum ist die Materie und die Welt der materiellen Erscheinungen. Aber die Welt der materiellen Erscheinungen ist eigentlich sinnleer ...
> Alle Welt, die sich um uns herum ausbreitet, ist das versinnlichte Material für die Pflichterfüllung ... Aber mit diesem Idealismus kann man zum Beispiel die äußere Wirklichkeit, die äußere Realität nicht erklären." (37)

> „Wir haben jetzt schon vier nebeneinander berechtigte Weltanschauungen, von denen jede ihre Bedeutung hat für ihr besonderes Gebiet" (38)

Steiner unterscheidet weiter:

- *Mathematizismus* („Und wer sich nun über diesen groben Materialismus erhebt, wird ein mathematischer Kopf und lässt nur das als wirklich gelten, was eben in Rechenformeln gebracht werden kann.") (38)
- *Rationalismus* („Aber er lässt nur diejenigen Ideen gelten, die er findet, nicht solche Ideen, die er von innen heraus etwa durch irgendeine Intuition oder Inspiration erfassen würde, sondern nur die, welche er von den äußerlich-realen Dingen abliest." (39)
- *Psychismus* („Wer da einsieht, dass Ideen, wenn sie überhaupt da sein sollen, an ein Wesen gebunden sind, das Ideen eben haben kann, der wird nicht mehr bloßer Idealist sein, sondern er schreitet vor zu der Annahme, dass die Ideen an Wesen gebunden sind." (40)
- *Pneumatismus* („Es genügt nicht, dass Wesen da sind, die nur Ideen haben können; diese Wesen müssen auch etwas Aktives haben, sie müssen auch handeln können .. Das heißt, ein solcher steigt auf von der Annahme der Beseeltheit der Welt zu der Annahme des Geistes der Geister in der Welt .. er steigt auf vom Psychismus zum Pneumatismus, zur Geistlehre") (40)
- *Monadismus* („Er sagt sich nur, dass es ein solches Wesen gibt, das in sich die Existenz erbilden kann, das Vorstellungen aus sich heraustreibt Der Monadismus ist ein abstrakter Spiritualismus" (42)
- *Dynamismus* („ ... sie lassen das, was sich in der äußeren Realität ausbreitet, überall von Kräften beherrscht sein.") (43)
- *Phänomenalismus* („Ich weiß nur von ihr [der Welt] zu sagen, dass sie mir erscheint. Und mehr habe ich überhaupt nicht Recht, als zu sagen: Diese Welt erscheint mir." (44)
- *Sensualismus* („ ... er schält von den Phänomenen das los, wovon er glaubt, dass es nur aus dem Verstande und der Vernunft kommt, und er lässt gelten, als irgendwie von der Realität angekündigt, was die Sinne als Eindrücke geben. Diese Weltanschauung kann man Sensualismus nennen." (44)

Steiner ordnet diese 12 „Eingangstore" zum „Gewebe der Welt" in einer Skizze kreisförmig an, und beschreibt ihren Zusammenhang, den ich wie folgt zusammenfasse:

Vom Materialismus (bei 12.00 im Kreis), der nur grobe Materie anerkennt, geht es – entgegen dem Uhrzeigersinn – zum Mathematizismus, der schon ein Stückchen Geistestätigkeit anerkennt, und zwar das was sich mathematisch berechnen lässt, weiter zum Rationalismus, der zusätzlich zu den mathematischen Ideen noch andere Ideen anerkennt, jedoch nur solche die sich auf Äußeres anwenden lassen, weiter zum Idealismus (bei 9.00 im Kreis), der auch noch Ideen aus Moral und Intellekt anerkennt, weiter zum Psychismus, welcher diese Ideen an Wesen gebunden sieht, weiter zum Pneumatismus, der die Annahme der Beseeltheit um die Annahme des Geistes oder der Geister in der Welt erweitert, weiter zum Spiritualismus (bei 6.00 im Kreis), der sich von den Geistern der verschiedenen Hierarchien Vorstellungen bildet.

Dies ist – auch wenn Steiner die Gleichberechtigung aller Weltanschauungen immer wieder betont, ein Aufstiegsweg vom Materiellen zum Geistigen.

Was nun – in der zweiten Hälfte des Kreisbogens – folgt, ist gewissermaßen ein Wiederabstieg: vom Spiritualismus zum Monadismus, der lediglich monadische Wesen annimmt, ohne sie sich konkreter vorzustellen (im Unterschied zum Spiritualist), weiter zum Dynamismus, der die Vorstellung von bewussten Monaden durch die Vorstellung unsichtbarer, übersinnlicher Kräfte ersetzt, weiter zum Realismus (bei 3.00 im Kreis), der bei dem stehen bleibt was sich um ihn herum ausbreitet, weiter zum Phänomenalismus, der die Wirklichkeit dieser sich ausbreitenden Welt noch in Frage stellt, und lediglich sagt: „diese Welt erscheint mir", weiter zum Sensualismus, der von den Eindrücken nur diejenigen der Sinne gelten lässt, und wieder weiter zum Materialismus, der lediglich das Materielle der Sinneseindrücke anerkennt, womit der Kreis geschlossen ist.

Zur Diskussion: 12 Weltanschauungen (Steiner) oder 8 Hauptperspektiven des In-der-Welt-seins (Wilber)?

Zuerst gilt es, die faszinierende Parallele zwischen dem Begründer der Anthroposophie und dem integralen Philosophen zu würdigen: beide waren bzw. sind unermüdlich damit beschäftigt, ein Welterklärungsmodell zu erstellen, welches alle Erkenntnismethodiken bei Berücksichtigung ihrer Größen und ihrer Grenzen würdigt, und zwar nicht als akademische Trockenübung, sondern aus der Notwendigkeit heraus, die Menschheit insgesamt und jeden einzelnen Menschen zu seinen höchsten (Erkenntis)Möglichkeiten zu erheben.

Am Vorabend des ersten Weltkrieges sagt Steiner, „Es ist daher notwendig, dass sich der, welcher sich ernsthaft mit den Wegen beschäftigen will, die zu einer Weltanschauung führen, vor allen Dingen damit bekannt macht, dass Einseitigkeit der größte Feind aller Weltanschauungen ist ..." (34), und auch

Wilber wird nicht müde, am Beginn eines neuen Jahrtausends auf die Gefahren einer einseitigen Betrachtung der Dinge hinzuweisen, und das damit verbundene Leid für die Menschen. Dies ist eine große Gemeinsamkeit dieser beiden Denker.

Die Unterschiede bestehen dann in der Art, wie diese umfassende Weltsicht entstehen kann. Bei Steiner sind es 12 Weltanschauungen oder Standpunkte (wobei er Zwischenformen zulässt, aber die Zahl 12 insgesamt als feststehend sieht), bei Wilber sind es (mindestens, wie er immer wieder betont) 8 Hauptperspektiven, gewonnen aus der fundamentalen Unterscheidung zwischen individuelle/kollektiv, innerlich/äußerlich und innen/außen. Beide versuchen, die jeweils zu ihrer Zeit bekannten Erkenntnismethodiken insgesamt zu erfassen und zu ordnen, wobei mir der Wilber'sche Ansatz grundlegender zu sein scheint und auch nachvollziehbarer in seiner Grundstruktur, als die 12 (später der Astrologie zugeordneten) Grundprinzipien Steiners („ ... dass dem menschlichen Geist wirklich zwölf typische Weltanschauungsnuancen – auf die Übergänge dazwischen kommt es jetzt nicht an – möglich sind.") (47). Dennoch haben die von Steiner zusammengestellten 12 Methodiken ihre volle Berechtigung und lassen sich auch innerhalb des Wilber'schen integralen Ansatzes den einzelnen Quadranten/Perspektiven zuordnen. Was bei diesen 12 Weltanschauungen noch nicht vorgenommen wurde ist eine Unterscheidung zwischen individuell und kollektiv, so findet sich z. B. die Systemtheorie und Ökologie explizit dort nicht, und auch nicht die so wichtigen Methodiken des Strukturalismus, die zur Zeit Steiners erst im Entstehen waren. Dessen ungeachtet war Steiner ein wahrer Pionier eines Erkenntnispluralismus, insbesondere in seinem unermüdlichen Eintreten für eine Gleichberechtigung aller Erkenntnisweisen:

> **„Denkerisch sind alle zwölf verschiedenen Standpunkte voll berechtigt." (46)**

Durch die kreisförmige Anordnung und das Erläutern der Übergänge zwischen den Weltsichten gibt es auch bei Steiner so etwas wie einen Entwicklungsaspekt, der bei Wilber einen eigenen Schwerpunkt bekommt, und von den Weltansichten/Perspektiven differenziert wird, wodurch der Wilbersche Ansatz in der Lage ist, Ebenen der Entwicklung von Weltsichten zu differenzieren, oder, anders gesagt, der Tatsache Rechung trägt, dass unterschiedliche Entwicklungsebenen bei der gleichen Perspektive zu ganz unterschiedlichen Weltansichten führen. Am Beispiel des von Steiner erwähnten Mathematizismus: ein magischer Mathematizismus wird anders mit Zahlen umgehen als ein mythischer, welcher wiederum zu unterscheiden ist von einen rationalen Mathematizismus usw.[137]

3. Vortrag 22. Januar 1914

In diesem Vortrag ergänzt und erweitert Steiner sein Bild der 12 Weltanschauungen um 7 Elemente, die er mit „Stimmung der Seele, die sich in der ganzen Konfiguration der Weltanschauung dieser Seele zum Ausdruck bringt." (49) bezeichnet. Diese unterschiedlichen Gestimmtheiten, das macht Steiner explizit an einer Abbildung klar, können in allen der 12 Weltanschauungen zum Ausdruck gelangen, und „färben" gewissermaßen alle diese Weltanschauungen durch ein Element von Innerlichkeit.
Im Einzelnen werden dabei unterschieden:

- Gnosis („Man ist ein Gnostiker, wenn man daraufhin gestimmt ist, durch gewisse in der Seele selbst liegende Erkenntniskräfte, nicht durch die Sinne oder dergleichen, die Dinge der Welt kennenzulernen.") (49)
- Logismus („Diese Weltanschauung besteht vorzugsweise darin, dass sich die Seele in die Lage versetzten kann, wirkliche Gedanken, Begriffe und Ideen in sich gegenwärtig sein zu lassen, diese Gedanken und Ideen so in sich gegenwärtig zu haben, dass eine solche Seele von einem Begriffe oder einem Gedanken zu dem anderen kommt, wie man, wenn man einen menschlichen Organismus ansieht, von dem Auge zur Nase und zum Mund kommt, und alles dieses als zusammengehörig betrachtet ...") (52)
- Voluntarismus („Nun kann man eine solche Weltanschauung des Willens, solche Weltanschauungsstimmung des Willens wiederum wie einen Planeten betrachten, der durch alle zwölf Geistes-Tierkreisbilder geht. Ich will diese Weltanschauungsstimmung Voluntarismus nennen.") (53)
- Empirismus („Empirismus heißt eine Seelenstimmung, welche die Erfahrung, wie sie sich darbietet, einfach hinnimmt.") (54)
- Mystik („ ... sondern das innerliche Suchen, wenn die Seele ruhig geworden ist, wie der Gott in der Seele aufleuchtet. Sie merken, diese Seelenstimmung kann genannt werden die Mystik") (55)
- Transzendentalismus („Die Stimmung des Transzendentalisten ist so,

137 magisch, mythisch und rational sind Begriffe von Jean Gebser zur Bezeichnung von Bewusstseinsebenen.

daß er das Gefühl hat: Wenn ich die Dinge wahrnehme, so kommt das Wesen der Dinge an mich heran; nur die Wahrnehmung selber ist nicht dieses Wesen." (56)

- Okkultismus („Diese Welt ist Maya, und man muss auf eine andere Weise als durch das äußere wahrnehmender Sinne und die gewöhnlichen Erkenntnismittel das Innere der Dinge suchen, Okkultismus ist das, die Seelenstimmung des Okkultismus." (57)

Diese sieben Weltanschauungsstimmungen, die er mit den Symbolen der „alten" Planeten bezeichnet[138], erachtet Steiner als grundsätzlich:

> „Andere Weltanschauungsstimmungen als diese sieben, die ich hier aufgezeichnet habe, kann es im wesentlichen nicht geben, nur Übergänge von einer zur anderen." (57)

Dabei wird ein Unterschied zwischen Steiner und Wilber deutlich: eine „Begrenzung" auf die Zahl 12 oder 7, abgeleitet aus astrologisch interpretierten astronomischen Gegebenheiten würde ein integraler methodischer Pluralismus nicht als Evidenz akzeptieren.

Dessen ungeachtet sind diese Grundstimmungen natürlich beobachtbar, und bringen zum Ausdruck, dass die eigene persönliche Psychodynamik, die Persönlichkeitsstruktur, unweigerlich das eigene Weltbild und die Perspektive färbt, durch die man auf die Welt schaut, und Steiner betreibt hier schon eine frühe Form von Strukturalismus. *Gnosis* ist dabei die Stimmung und Fähigkeit, die Dinge klar zu sehen, *Realisten* sind besonders fein empfänglich für die äußere Realität und die „Eigentümlichkeiten der Dinge", *Logisten* wiederum sind besonders begabt in der Schau von Zusammenhänge[139], *Voluntaristen* hingegen zeichnen sich durch eine besonders hohe Intentionalität aus, ganz im Gegensatz zum *Empirist*, welcher die Erfahrung, die sich ihm darbietet, „einfach hinnimmt". Dann gibt es noch die Grundstimmung des *Mystikers*, der nach innen gerichtet Gott sucht, und es gibt den *Transzendentalisten*, der Wahrgenommenes transzendiert, um so an des „Wesen" „hinter" der Wahrnehmung zu kommen. Der *Okkultist* schließlich wendet sich vom Äußeren ab, und sucht auf „andere Weise" das „Innere der Dinge".

Neben diesen 7 Grundstimmungen, die, mit den 12 Weltanschauungen kombiniert, bereits zu 84 Merkmalskombinationen führen können, unterscheidet Steiner dann noch 3 „Töne":

---

138 Mond, Merkur, Venus, Sonne, Mars, Jupiter, Saturn.
139 dies erinnert an die Entwicklungsebene der „Schaulogik" bei Wilber und anderen.

- Theismus („Theismus entsteht, wenn der Mensch sich an alles äußere hält, um seinen Gott zu finden.“ (62)
- Intuitismus („Intuitismus entsteht, wenn der Mensch seine Weltanschauung vorzugsweise durch das sucht, was intuitiv in seinem Inneren aufleuchtet.“ (62)
- Naturalismus („Der Mensch, der nicht über die Naturvorgänge hinausgeht, sondern bei den Einzelnen Erscheinungen stehen bleibt .. das ist der Naturalist.“

Diese drei Töne erinnern an drei unterschiedliche Wege/Perspektiven sich dem Göttlichen, oder dem was für einen die höchste Bedeutung hat, zu nähern, und zwar über die Natur, über das Äußere allgemein, oder über die Wendung nach innen.

Schließlich führt Steiner noch einen weiteren Begriff ein, den des Anthropomorphismus, der allein und für sich steht, und auch wieder auf alle Weltanschauungen angewendet werden kann: „Wenn der Mensch sich gewissermaßen in bezug auf alle Weltanschauungen ganz nur an das hält, was er an oder um oder in sich selbst erfahren kann.“ (63) Hier handelt es sich um eine Art subjektiv zentrierter Perspektive.

In der Addition gelangt Steiner so zu „12+7=19+3=22+1=23 Weltanschauungen“, wobei er auch Kombinationen für möglich hält:

> „Dreiundzwanzig berechtigte Namen für Weltanschauungen haben wir. Aber alles andere kann noch dadurch entstehen, dass die entsprechenden Planeten [die 7 Stimmungen] in den zwölf Geistes-Tierkreiszeichen [den 12 Weltanschauungen] herumlaufen.“ (64)

4. Vortrag 23. Januar 1914

Zu Beginn dieses Vortrages distanziert sich Steiner von dem was er eine „gewöhnliche astrologische Naivität“ nennt, und macht klar, dass es ihm um die eigentlichen Grundkonstellationen geht, für die er lediglich die Sprache der Astrologie verwendet.

> „Ich bemerke ausdrücklich, damit kein Missverständnis entsteht, dass diese Konstellationen zwar viel bedeutungsvoller noch im Leben des Menschen bestehen als die Konstellationen des äußeren Horoskopes, dass sie aber nicht etwa zusammenfallen mit der „Naivität“, dem äußeren Horoskop ... Also die gewöhnliche astrologische Naivität kommt hier nicht in Betracht.“ (67)

Worauf sich jedoch seine Sicherheit gründet, dass diese Konstellationen sich genau in den von ihm angegebenen Zahlenverhältnissen und Qualitäten abbilden, führt er in diesen Vorträgen nicht weiter aus.

Am Beispiel von Nietzsche erläutert Steiner dann den Wechsel von Anschauungen und Weltsichten, den dieser im Verlaufe seines Lebens vollzog, und formuliert einen zentralen Gedanken der Vortragsreihe:

> „Der Mensch ist nach dem Gedanken des Kosmos aufgebaut. Der Kosmos ist der große Denker, der bis zum letzten Fingernagel so unsere Form in uns eingraviert, wie unsere kleine Gedankenarbeit die kleinen Eingravierungen ins Gehirn während des Alltags macht." (76)

Dazu gibt es eine interessante Parallele in Wilbers aktuellem Werk (Wilber V), wo dieser eine postmetaphysische Spiritualität skizziert, die mit so wenigen (metaphysischen) Vorannahmen wie möglich auskommt. Der Arbeitstitel des (bisher nur in Auszügen veröffentlichten) zweiten Bandes von Wilber Kosmos Trilogie lautet *Kosmisches Karma und Kreativität.* „Karma" umfasst dabei – anders als im Wortgebrauch bei Steiner – in einem neutralen Sinn alles das, was im Verlaufe einer involutionären Bewegung „vor" dem Urknall und im Verlauf der sich daran anschließenden Evolution an Gegebenheiten und Gesetzmäßigkeiten entstanden ist, materiell und geistig, und die – vorgegebene – Grundlage und den Rahmen für unser Dasein bildet, eine Grundlage jedoch, die durch eine – wie Wilber es nennt – rekonstruktive Wissenschaft beschreibbar ist, und damit nicht mehr „meta-physisch" in der Luft hängt. Vor dem Hintergrund dieser wissenschaftlich nachvollziehbaren Gegebenheiten kann man sagen: „Der Mensch ist nach dem Gedanken des Kosmos aufgebaut", wobei dieser „Gedanke" nicht in allen Einzelheiten von Anfang an vorgegeben war, sondern im Verlaufe eines Jahrmilliarden andauernden Entwicklungsprozesse kreativ entstanden ist, ein Prozess, der in jedem Augenblick neu stattfindet. Konkret bezogen auf ein Individuum kann man formulieren: Mein Körper besteht aus dem uralten Stoff des Universums, der bestimmten Gesetzmäßigkeiten gehorcht, die sich zu irgend einem Zeitpunkt gebildet haben, aber auch meine Psyche (Seele) hat eine entsprechende Geschichte hinter sich, die mein jetziges Erleben gestaltet und formt, ohne dass mir das bewusst wäre, und das gleiche gilt für die Kultur in der ich lebe.[140] Jeder Augenblick bekommt von dem vorherigen Augenblick gewissermaßen das bis dahin angesammelte Erbe, fügt dann seine eigene kreativ-neue Qualität hinzu – das ist der „creativity"-Aspekt, der dafür sorgt

140 siehe dazu auch: excerpt A, Part 1: *Kosmic Karma: Why is the present a little bit like the past?*

dass Entwicklung Neues und Unvorhersehbares hervorbringt -, und vererbt sich gleichermaßen wieder an den nachfolgenden Augenblick. Was für einen Augenblick noch eine kreative Neuigkeit war, ist für nachfolgende Augenblicke schon wieder eine Gewohnheit, ein kosmisches Muster oder „Karma“.

Das Erkennen dieser kosmischen Muster macht den Menschen bewusst:

> „Wenn wir richtig erkennen lernen, wie wir denken, dann lernen wir auch erkennen, wie wir von den Mächten des Kosmos gedacht werden“ (83)

nicht mein Wille

Der Schritt von postulierten „Mächten des Kosmos“ hin zu involutionären und evolutionären Gegebenheiten, die sich einer wissenschaftlichen Betrachtung und Untersuchung erschließen, ist der Schritt von einer metaphysischen zu einer postmetaphysischen Betrachtungsweise.

Steiner wie auch Wilber sind sich dabei darin einig, dass bei dieser Wahrheitssuche nichts ausgeschlossen werden darf:

> „Die schlimmsten Feinde der Wahrheit sind die abgeschlossenen und nach Abschluß trachtenden Weltanschauungen, die ein paar Gedanken hinzuzimmern wollen und glauben, ein Weltgebäude mit ein paar Gedanken aufbauen zu dürfen.“ (82)

Schlussbetrachtung

Sowohl Steiner wie Wilber sehen im Denken bzw. in der Kognition eine wesentliche Komponente der Bewusstwerdung, im Gegensatz zu Teilen des New Age Zeitgeistes, der „den Mind“ als lästiges Übel auf dem Weg zur Ereleuchtung betrachtet, welches schnellstmöglich überwunden werden sollte.

Steiner wie auch Wilber waren bzw. sind auf der Suche nach einem Weltentwurf, der nichts von dem ausschließt, was an Erfahrungen bisher gesammelt wurde, der aber auch diese Erfahrungen auf ein Rahmen- und Erklärungswerk gründet, welches einer wissenschaftlichen Überprüfung standhält. Bei Wilber ist dieser Rahmen der integrale Ansatz, und, was die Erkenntnisbereiche speziell betrifft, die 8 Hauptperspektiven des In-der-Welt-seins. Bei Steiner sind es, zumindest in dieser Vortragsreihe, die aufgeführten Weltsichten und Seelenstimmungen.

Dieser umfassende, mit dem Wissenszuwachs der Menschheit mitwachsende Erklärungsrahmen erklärt dann auch immer besser den „kosmischen Gedanken“, als etwas, was im Laufe der Entwicklung Strukturen und Gegebenheiten bereitstellt, die Grundlage für neue kreative Entwicklungen.

in der Welt sein
! nicht mehr !

Der Mensch wendet auf all dies wiederum sein Denken an, beginnend beim konkret Vorgegebenen über das „Denken über das Denken“ bis hin zu einer Erkenntnis, welche frei von allem Denken und allen Erscheinungen ist.

Hier noch einmal das Eingangszitat von Steiner zu diesem Kapitel, welches am Vorabend des ersten Weltkrieges genau so aktuell ist wie am Beginn dieses neuen Jahrtausends:

> „Die Welt ist ein Unendliches, qualitativ und quantitativ. Und ein Segen wird es sein, wenn sich einzelne Seelen finden, die klar sehen wollen gerade in Bezug auf das, was in unserer Zeit so furchtbar auftritt an sich überhebender Einseitigkeit, die ein Ganzes will.“ (82)

In den nachfolgend vorgestellten sechs Texten erläutert Wilber verschiedene Aspekte des Denkens, mit denen sich schon Steiner intensiv beschäftigt und auseinander gesetzt hat.

Text 1: Nachdenken über das Denken[141]

(aus: *Sociocultural Evolution, Collected Works* Vol. 4, p. 328, geschrieben 1983)

Ich glaube, dass – auf der Grundlage der verfügbaren Forschungsergebnisse – die Aussage zulässig ist, dass das Denken, welches auf das Denken einwirkt [thougt-operating-on-thought] (oder wie immer man sich das vorstellen mag) eine quasi-universelle Tiefenstruktur ist, mit im wesentlichen gleichen Merkmalen, unabhängig davon ob sie in Amerika, Indien, Japan oder Malaysia auftritt, wobei die spezifische Ausgestaltung zu einem großen Teil kulturabhängig und historisch bedingt ist. Ich ziehe ebenso die Schlussfolgerung, dass die Fähigkeit des Denkens über das Denken sich in der heutigen ontogenetischen Entwicklung frühestens erst mit dem Erwachsenwerden entwickelt, wenn überhaupt; dass es sich historisch – von wenigen Ausnahmen abgesehen – erst seit 1000 v. Chr. entwickelt hat; und dass es erst in der industriellen bzw. modernen Zeit zu einer wichtigen und bestimmenden Struktur wurde; und dass es jetzt dabei ist, den Weg für seine Nachfolger frei zu machen.

Es gibt andere, mehr philosophische Gründe die dafür sprechen, dass das Denken-über-das-Denken ein echtes und bedeutendes Stufenphänomen ist. Die gesamte Idee von Evolution und Bewusstsein schließt die Vorstellung mit ein, dass jede Grundstruktur der Entwicklung ihre Vorgänger sowohl trans-

141 Diese und sämtliche Übersetzungen aus dem Englischen von Michael Habecker.

zendiert als auch beinhaltet. Auch Piaget erkannte die größere Bedeutung dessen was er tat: „Diese Gesamtstrukturen sind integrativ und nicht miteinander austauschbar. Jede resultiert aus ihren Vorgängern, welche sie als eine untergeordnete Struktur integriert, und gleichzeitig bereitet diese Struktur das Nachfolgende vor, in welchem sie dann selbst integriert wird." Das Ganze einer Stufe wird zu einem Teil der nachfolgenden Stufe; das Subjekt einer Stufe wird zum Objekt der nachfolgenden – und so weiter. Jede Stufe des Bewusstseins transzendiert ihre Vorgänger, und kann aus genau diesem Grund diese wahrnehmen, sich ihrer bewusst sein, und auf sie einwirken. Durch das Denken im weitesten Sinn konnten Männer und Frauen die unmittelbare physische Umgebung und die unmittelbaren Zwänge des physischen Körpers transzendieren und auf sie einwirken (Kontrolle der Impulse, Wille, Techniken usw.). Das Denken welches auf das Denken einwirkt repräsentiert einfach den Punkt, an dem das Bewusstsein beginnt das Denken selbst zu transzendieren, und so auf das Denken einwirken kann. An diesem Punkt beginnt gewissermaßen der gesamte mentale Bereich ein Objekt des Bewusstseins zu sein, und nicht mehr nur ein Subjekt. Es ist der Beginn der Transzendenz des Geistes, auf dem Weg hin zu einer übermentalen Entwicklung.

Ich denke diese Ansicht hilft – unter anderem – dabei, die tief greifenden Veränderungen in der modernen Philosophie zu erklären. Die traditionelle Philosophie tendierte dazu einfach anzunehmen, dass Denken und Sprache offenkundige Werkzeuge zur Erfassung der Wirklichkeit wären; das heißt Denken und Sprache waren unproblematische Subjekte. Eine der größten Bewegungen der modernen Philosophie bestand darin, dass Sprache zum Objekt einer anhaltenden philosophischen Reflektion wurde; das Denken über das Denken wurde sich zunehmend der Struktur seiner eigenen Existenz bewusst. Dies führte zu Ergebnissen wie: linguistischer Analyse, Hermeneutik, Strukturalismus und Semiotik, und sie alle stimmen folgerichtig mit denjenigen Phänomenen überein, welche man als Emergenz auf dieser Stufe der Evolution erwarten kann.

Text 2: Zur Bedeutung von Verstehen/Kognition

(aus: Die vier grundlegenden Module [einer integralen Praxis], *The Integral Operating System*, Version 1.0, S. 51)

Das kognitive bzw. mentale Modul

[Hinweis: das kognitive Modul ist eines von vier empfohlenen Hauptmodulen einer integralen Lebenspraxis (die drei anderen sind: Körperarbeit, Schattenarbeit und das spirituelle Modul)]

Kognitive Intelligenz beschäftigt sich mit dem Bereich des Wissens. Sie beinhaltet intellektuelle Fähigkeiten wie analytische Vernunft, Lesen, Schreiben, Analysieren, Problemlösungen, Informationsverarbeitung, und kritisches Denken. Das definierende Merkmal mentalen Wachstums ist jedoch die Fähigkeit, unterschiedliche Perspektiven einnehmen zu können. Wenn man sich nicht selbst kognitiv in die Schuhe eines anderen Menschen stellen kann, um von dort aus seinen Standpunkt zu erfahren, hat man keinen Zugang zu den tieferen Gefühlen von Mitgefühl und Liebe für den anderen. Aus diesem Grund ist kognitive Entwicklung eine notwendige, wenn auch nicht ausreichende Voraussetzung für eine Reihe anderer Entwicklungslinien wie Moral, Werte, Emotionalität und interpersonelle Fähigkeiten. Die folgenden Praktiken nehmen sich dieses Bereiches an, in dem sie den Blickwinkel erweitern durch den wir die Welt erfahren:

- Vision: Affirmation, Visualisierung, die Ausbildung einer persönlichen Lebensphilosophie
- Wissen: Lesen, kritische Reflektion, akademische Untersuchungen, die Aufnahme anderer Ansichten
- Perspektiven Einnehmen: Dialog, Rollenspiel, Schauspielern
- Ausdruck: Schreiben, Webdesign, kreative Projekte, Hobbys, Malen

Bei diesen Praktiken geht es nicht nur um das Ansammeln zusätzlicher Konzepte und Vorstellungen, sondern auch um eine Transformation der Art, wie wir Konzepte und Ideen verarbeiten, organisieren und interpretieren. Es geht um die Verfolgung der Evolution dessen *wie* wir etwas wissen, und nicht nur *was* wir wissen. Die menschliche Kognition entwickelt sich von Empfindung zu Wahrnehmung zu Impuls zu Symbolen zu konkreter Vernunft zu abstrakter Vernunft zu Schaulogik und noch darüber hinaus. Die Fähigkeit, verschiedene Perspektiven einzunehmen – mit Auswirkungen auf die eigene Sicht auf die Wirklichkeit – erweitert sich mit dem Wachsen der kognitiven Intelligenz. Auf der Ebene der Schaulogik erlangt man die Fähigkeit, das integrale Rahmenwerk zu erfassen und anzuwenden. Die Kognition der Schaulogik erkennt die unterschiedlichen Dimensionen der Transformation, und ihren Einbezug in die Strategie einer integralen Praxis. Das kognitive Modul ist der mentale Aktenkoffer, der eine integrale Praxis richtig einordnet.

Text 3: Gefühltes Denken

(aus: Integral Naked, Tasting Your Way to Infinity. Part 1. The Feeling of Body, Mind, and Spirit; im Dialog mit Sally Kempton (SK))

SK: ... worum wir uns bemühen ist, dass Menschen zu erkennen beginnen dass ihr gedankliches Zeug [mind-stuff] eben dieses [höchste] Bewusstsein ist welches alles erschafft, und damit beginnen mit ihren eigenen Gedanken zu arbeiten, als einer Fundgrube von Wahlmöglichkeiten ...

KW: ...viele spirituelle Traditionen haben keine energetische Komponente [shakti energy], nur sehr wenige beschäftigen sich damit, und dabei ist das so wichtig, und es wird eine zentrale Rolle bei jeder Art von integraler Spiritualität in diesem Jahrhundert spielen ...

SK: ...das Wort welches ich dafür verwende ist berührendes Gefühl [touchy feeling], das ist das Großartige an den shaktischen Traditionen, es geht dabei um Bewegung, um Kinästhetik, es geht um konkretes Berühren ...

KW: Hierbei braucht es eine grundlegende Umorientierung, speziell wenn es um die Arbeit mit Gedanken geht, als unmittelbaren, vibrierenden Manifestationen des Göttlichen. Es gibt eine sehr unglückliche, anti-intellektuelle Voreingenommenheit in diesem Land [USA] aus vielen Gründen, Boomeritis ist sicherlich einer davon ... viele Menschen glauben, dass es zur Spiritualität dazugehört die eigenen Gedanken loszuwerden, also nicht zu denken, nicht intellektuell zu sein, sondern einfach nur zu fühlen – doch das Problem dabei ist: sie wissen nicht, wie sie ihre Gedanken fühlen können.

SK: Genau. Und sie wissen nicht, wie sie zur Tiefe ihrer Gefühle ankommen, als einer den Gedanken zugrundeliegenden Energie, was dann zu einer Transformation führen kann ...
Der größte Durchbruch für mich in der Meditation ist wenn ich den Gefühlsraum erlebe der jeden Gedanken erschafft, und durch das Eintreten in diesen gefühlten Raum bekomme ich Zugang zu der vibrierenden Energie des Gedankens, und das führt mich in die Stille, ohne dass der Gedanke dabei verschwinden muss. Es ist enorm bedeutend dorthin zu gelangen, weil man sich oft genug im Kreis dreht, die Gedanken und den Geist dabei verlierend ...

KW: Was speziell in diesem Land [USA] aber auch anderswo ein Verständnis diesbezüglich erschwert ist, dass man nicht – wenn man so sagen will – zwei unterschiedliche Arten des Fühlens unterscheidet. Wenn man von Körper, Geist und GEIST ausgeht, dann hat der Körper Gefühle, der Geist hat Gedanken, und der GEIST hat Intuition oder Bewusstheit, aber man kann alle drei auf eine Weise erfahren, durch die man sie *fühlen* kann, und das ist die andere, tiefere Bedeutung von Fühlen. Man kann seine körperlichen Gefühle *fühlen*, man kann seine Gedanken *fühlen*, man kann GEIST oder Intuition *fühlen* – Gefühl [im amerikanischen] groß geschrieben – wird verwechselt mit Gefühl (kleingeschrieben), was nur das Fühlen des eigenen Körpers bedeutet. Und so glauben die Leute es geht darum den Körper zu fühlen und nicht zu denken, und das stellt sie ins Abseits – *und das nennen sie spirituell...*

Es ist schon tragisch, wie höheres Fühlen missverstanden wurde – es gibt eine ganze Reihe von Techniken zum Erfühlen von Gedanken, welche die Zirkulation von prana im Gehirn ermöglichen, Gedanke werden so zu einem strahlenden Ausdruck des Göttlichen ... es ist im Verlauf einer meditativen Praxis sehr befreiend zu wissen, dass alles was erscheint in Ordnung ist, man muss nichts daran ändern – worum es geht ist zu *es zu fühlen.* Man kann zutiefst erfahren was immer auch erscheint, ob Gefühl, Gedanke oder Intuition, oder Stille, Offenheit oder sogar *Ananda*, und plötzlich schmeckt man den eigenen Weg zum Göttlichen...

Das ist sehr interessant bei diesem so genannten intellektuellen Weg zur Bewusstheit – er ist intellektuell, aber er ist erfahrungsorientiert. Die Leute machen einen fürchterlichen Fehler wenn sie das von einander trennen. Das erste was man bei diesen [spirituellen] Texten lernt ist ein sich Einfühlen, sich auf diese höheren Verwirklichungen und Erkenntnisse einzuschwingen... das betrifft auch das Ego, die Selbstkontraktion – es geht nicht darum das loszuwerden, es geht darum das zu fühlen. Fühlt man die Selbstkontraktion, – atmen und hineinfühlen – dann ist das *Fühlen* selbst frei von Ego. Das was das Ego fühlt ist selbst frei von Ego. Das führt zu einer Freiheit als einer immer anwesenden Fähigkeit des eigenen Geistes. Das ist das Wunderbare dabei – bestimmte Dinge müssen bei einer Praxis gemacht werden, der grundlegend suchende Impuls ist jedoch befreit, wenn man erkennt dass man fühlt was immer auch geschieht... Und dieses Fühlen entfaltet sich weiter zu *Ananda*, Seligkeit, und transzendenter liebender Bewusstheit – als das beginnt mit *Fühlen.*

SK: Ja, und diese, für uns verborgenen, außerordentlichen Fähigkeiten können uns diese [spirituellen] Texte zeigen. Hey, schau mal, schau dir das an...

Text 4: Integrale Kognition

(aus: Excerpt C)

Dies bedeutet, dass die Hauptaktivität einer integralen Kognition nicht darin besteht sich alle verfügbaren Theorien – prämodern, modern, postmodern – anzuschauen und zu fragen, „welche dieser Theorie ist die beste und richtigste?," sondern die Frage zu stellen, „Auf welche Weise können sie alle recht haben?" Tatsache ist, dass alle die unterschiedlichen Theorien, Praktiken und eingeführten Paradigmen – in den Naturwissenschaften, in den Geisteswissenschaften und in der Kunst – bereits praktiziert werden: sie sind bereits in einem Kosmos erschienen, der ihnen eindeutig dieses Erscheinen erlaubt, und die Frage ist daher nicht, welche von ihnen richtig ist, sondern wie die Struktur eines Kosmos aussieht, der es ihnen ermöglicht zu existieren. Wie sieht die Architektur eines Universums aus, das so viele wunderbare Räume hat?

Text 5: Ko-gni-tion

(aus: *Integral Spirituality*, p. 113)

Das Wort Kognition leitet sich aus der Wurzel gni ab (Ko-gni-tion), und dieses gni ist dasselbe wie gno, die Wurzel von Gno-sis oder Gnosis. Daher ist *Kognition* eigentlich Co-gnosis, das Co-Element von Gnosis und nichtdualem Gewahrsein. Dies ist der Grund, warum Traleg [Rinpoche] sagt, dass Kognition oder Co-gnosis das Fortbewegungsmittel auf unserem spirituellen Weg ist. (Es ist übrigens auch der Grund warum Entwicklungsforscher immer wieder feststellen, dass die *kognitive Entwicklungslinie* notwendig aber nicht ausreichend für *alle* anderen Entwicklungslinien ist, einschließlich der Entwicklung von Gefühlen, künstlerischen Fähigkeiten und spiritueller Intelligenz...

Im Sanskrit erscheint dieses gno als jna, das wir in *prajna* und in *jnana* finden. Prajna ist das höchste unterscheidende Bewusstsein, notwendig für das volle Erwachen der Gnosis (pra-jna = pro-Gnosis), und jnana ist die reine Gnosis. Noch einmal, Kognition als Co-gnition ist die Wurzel der Entwicklung die nötig ist für ein volles Erwachen der Gnosis, oder *jnana*, der nichtdualen befreienden Bewusstheit. Wenn sie also das nächste mal das Wort „kognitiv" hören, dann werden sie es vielleicht nicht mehr so schnell mit dem Etikett anti-spirituell versehen.

Text 6: Gebrauchsanleitung für den Verstand
(aus: *How to use your mind here*, ein Audiomitschnitt von einem Seminarwochenendes 2003 mit Ken Wilber, http://www.formlessmountain.com/audio1/audio.html)

...was wir hier an diesem Wochenende auch machen werden, ist unsere mentalen Fähigkeiten für einen kognitiven Austausch einzusetzen. Es gibt verschiedene Arten und Weisen wie man den Verstand sinnvoll einsetzen kann, und auch Arten wie man ihn weniger sinnvoll einsetzt. Ich möchte euch jetzt eine gute Art der Verwendung des Verstandes geben ...
Im Raum all dessen was erscheint, hier und jetzt, anstrengungslos – ist das erste was man immer feststellen kann: ihr könnt ohne jede Anstrengung meine Stimme hören, Wahrnehmungen erscheinen anstrengungslos. All dies erscheint nicht außerhalb von dir. Wenn sich der Geist entspannt, und man die Natur dessen betrachtet was ist, dann erscheinen Anblicke und Geräusche im eigenen Bewusstsein, sie strömen buchstäblich durch dein Bewusstseins hindurch. Dein Bewusstsein befindet sich also nicht auf der Innenseite deines Gesichts, die Welt dort draußen betrachtend, dein Bewusstsein oder deine Bewusstheit ist der *Raum,* in welchem *alle* diese Dinge erscheinen. Dieser Raum, in dem alles erscheint ist das was du *bist.* Dasjenige was sich hinter deinem Gesicht befindet, ist dein endliches und begrenztes Selbst. Und dir ist klar, dass dasjenige hinter deinem Gesicht dir permanent auf die Nerven geht, und du beziehst dich oft selbst darauf als das was du bist, aber das ist *nicht wahr.* Es ist gewissermaßen der gewöhnliche Gang der Dinge, wir reagieren auf Namen, die diesen speziellen begrenzten Körpern gegeben wurden. Aber jeder ist ganz nahe dran, es ist nicht so dass du in diesem Raum bist – dein Körper ist in diesem Raum. Aber sowohl dein Körper als auch dieser Raum erscheinen in deiner Wahrnehmung, in deinem Bewusstsein. Dieser Raum ist *in* dir. Das gesamte Universum ist *im* Raum deiner Wahrnehmung, die du bist.

Eines der Dinge, die in diesem Raum erscheinen, sind Gedanken, und Gedanken können sinnvoll eingesetzt werden, wenn du ihnen erlaubst in diesem Raum zu erscheinen. Doch man kann auch schlechten Gebrauch von ihnen machen, wenn man sie auf der Innenseite des eigenen Gesichtes lokalisiert, einen Standpunkt einnimmt mit dem man die Welt dort draußen betrachtet, und etwas gegenüber der Welt dort draußen in einer Interaktion tut. Das bedeutet nicht dass man das nicht tun kann oder soll – es ist jedoch nicht die beste Möglichkeit, vom Verstand Gebrauch zu machen – oder von Gott, was ein anderer Name für den Raum ist, in welchem dies alles erscheint, und ein anderer Name für die wahre Natur dessen, wer und was du bist, in diesem und jedem Augenblick. Gebraucht man den Verstrand auf *diese* Weise, hält man eine Geräumigkeit über die eigene grundlegende Ist-heit aufrecht, die weder hier drinnen noch dort draußen ist, sondern die der Raum ist in welchen sowohl das Innere wie auch das Äußere spontan von Augenblick zu Augenblick erscheinen. Lasse daher, *gegründet* auf und in dieser Geräumigkeit, den Verstand spontan erscheinen, und er wird dann so funktionieren wie er funktionieren sollte: 1. als ein Diener und nicht als ein Meister, 2. als ein Werkzeug und nicht als ein Selbst, und 3. als etwas was man einsetzt um über Wahrheit, Güte und Schönheit mit anderen empfindenden Wesen zu kommunizieren. Dies sollte der *primäre* Antrieb sein. Anderenfalls erhält man nichtssagende, mentale Kontraktionen ... Wir verwenden den Verstand also für all die kognitiven Dinge, aber er sollte innerhalb dieser unermesslichen Geräumigkeit erscheinen, welche dein Selbst ist. Und du weißt das bereits, du bist dir dieser Geräumigkeit bereits bewusst. Das geschieht sehr einfach und natürlich...

7. Immer schon – und immer neu

Wie begannen dieses Buch mit einer Beschreibung *wie wir wurden was wir sind.* Wir beenden es in diesem Schlusskapitel mit einer – aus dem Augenblick gehaltenen – persönlichen Schilderung Wilbers, in dem er das beschreibt, was Menschsein bedeutet oder bedeuten kann; das Leben in zwei Welten, der absoluten und der relativen Wirklichkeit.

Lebe dein endliches Selbst, doch ruhe dabei in der Unendlichkeit[142]

> Eines der großartigen Dinge der Weisheitstraditionen, so wie ich es sehe, ist das Erkunden unterschiedlicher Dimensionen und Facetten dieser immer gegenwärtigen, brillanten Klarheit – dem, was wir wirklich sind. Ein Ansatz, den ich sehr schätze, ist der tibetische Dzogchen. Ein Aspekt davon ist, dass, wenn du im immer-gegenwärtigen allumfassenden GEIST ruhst, dass dann die Dinge und Erscheinungen weiterhin auftauchen, in gewisser Weise in dir, auch wenn Innen und Außen dabei nicht mehr viel bedeuten. Fühlt man jedoch die Beschaffenheit dieses Erscheinens von Augenblick zu Augenblick, und befindet man sich in dieser offenen Geräumigkeit und ruht in diesem Raum, dann erkennt man die immer-gegenwärtige Klarheit, innerhalb derer alles erscheint, und es geschieht eine Selbstbefreiung all dessen, was erscheint, in diese Leere hinein. Ich mag den Begriff der Selbstbefreiung. Er bedeutet, dass was immer in dir erscheint – es kann etwas Positives oder auch etwas Negatives sein -, oder was auch immer in der Umgebung auftaucht, mit seinem Erscheinen in der Leere selbst befreit ist. Es gibt keine Anhaftung, keine Identifikation. Dein eigenes Bewusstsein, deine Gefühle, deine Gedanken, dein *Ego* – alles kann in diesem Raum so erscheinen, wie es ist. Das ist in Ordnung, es gibt keinen Grund, das Ego loszuwerden. Das einzige, was das Ego loswerden möchte, ist das Ego. Das spiegelnde Bewusstsein ist in Ordnung, es spiegelt alle Erscheinungen wider. Wenn man versucht, besser zu werden, etwas los zu werden oder mit etwas in Berührung zu kommen, dann ist das auch in Ordnung, lass es einfach erscheinen. Doch es ist diese immer-anwesende große Vollkommenheit,

142 Aus IOS Version 1.0: Exercise our finite selves but rest in infinity. (CD2, Track 13) Dies ist ein mit längeren Pausen gesprochener Text.

die unvermeidlich ist. Und ihre Geräumigkeit wird in dem Begriff der Selbstbefreiung zusammengefasst. Wenn du zornig bist, und das Aufsteigen dieses Zorns in dieser unermesslichen Geräumigkeit der Unendlichkeit einfach nur bemerkst, dann gibt es dafür sehr viel Raum, weil die Unendlichkeit *wirklich* groß ist. Sie ist groß genug für dein Ego, groß genug für deine Zweifel. Und wenn es einen Raum für alles gibt, dann bleibt darin nichts mehr haften. Das Großartige dabei ist – es nimmt dir die Last, dies verstehen zu müssen. Denn auch wenn du es nicht verstehst, es wird nach wie vor erscheinen, und du kannst es in jedem Fall fühlen. Ob du es nun verstehst oder nicht verstehst, beides ist – unvermeidbarer – GEIST. Alles erscheint und ist selbstbefreit in seiner eigenen Natur, welche die Leere ist, die unermessliche Geräumigkeit...
Wenn du darin ruhst, bist du frei von Angst. Und wenn es nichts außerhalb von dir gibt, gibt es auch nichts, was dich vollständiger machen könnte, und daher bist du frei von Hoffnung. Und in dieser Geräumigkeit erscheinen weiterhin die endlichen Dinge – das ist das außerordentliche Spiel der Manifestation.

Auf der manifesten Seite besteht das Beste, was man tun kann darin, sich voll und ganz auf dieses Spiel einzulassen, weil das die manifeste, überströmende Seite des immer-gegenwärtigen Selbst ist, das du bist. Das ist das erstaunliche daran – in deinem innersten Wesen, dem ICH BIN, das du auch jetzt bist, gibt es einen Impuls nicht alleine zu sein. Ich finde das unendlich faszinierend. In dieser unendlichen Seligkeit, welche du bist, könntest du für immer und ewig verweilen, doch du hast dich dafür entschieden, dich zu entäußern, und all dies zu erschaffen, das ist erstaunlich. Und wir alle identifizieren uns irgendwann mit kleinen Objekten, die in unserem ursprünglichen Selbst auftauchen, und unsere Identität verschiebt sich vom ICH BIN zu einem begrenzten und endlichen Körper und Geist, und der Alptraum beginnt.

Wir sind also hier, um die Erkenntnis zu feiern, dass der Alptraum nicht dasjenige berührt, was wir wirklich sind. Und wenn das der Fall ist, dann werden die endlichen Objekte nicht zum Träger dessen, was du *bist*, sondern Träger des *Ausdrucks* dessen, was du bist. Und was wir möchten ist, dass dieser Ausdruck so vollständig und strahlend wie möglich geschehen kann.

Anhänge

Ken Wilber Werksübersicht

1. Die Bücher

Im Jahr 1977[143] veröffentlicht ein junger, bis dahin unbekannter amerikanischer Autor ein Buch mit dem Titel Das *Spektrum des Bewusstseins* (*The Spectrum of Consciousness*) auf dem amerikanischen Buchmarkt. Damit beginnt eine einmalige schriftstellerische Karriere, deren Dynamik, Weiterentwicklung, und deren Folgen noch nicht abzusehen sind. Das Buch handelt vom menschlichen Bewusstsein, und Ken Wilber, so der Name des jungen Autors, beschreibt nach intensivem Studium östlicher wie auch westlicher Quellen ein Spektrum desselben, von den niedrigsten bis zu den höchsten Ebenen. Der dynamische Aspekt dabei hat schon in diesem ersten Werk eine große Bedeutung – das Buch gliedert sich in zwei Teile, überschrieben mit Evolution und Involution.

Im Jahr 1979 veröffentlicht Wilber mit *Wege zum Selbst* (*No Boundary*) ein mehr populär abgefasstes Buch zum gleichen Thema, mit vielen praktischen Hinweisen.

Mit dem 1980 erschienenen Buch *Das Atman Projekt* (*The Atman Project*) tritt der Aspekt menschlicher Individualentwicklung ganz in den Vordergrund. Wilber beschreibt sehr differenziert in einem Stufenmodell die menschliche Entwicklung, und zwar von innen aus betrachtet, so dass erkennbar wird, wie die Welt auf der jeweiligen Entwicklungsstufe eines Individuums von innen her aussieht, von der Geburt bis hin zur Verwirklichung höchster menschlicher Bewusstseinspotentiale.

Parallel dazu schreibt er *Halbzeit der Evolution* (*Up from Eden*), das 1981 veröffentlicht wird, und beschäftigt sich erneut mit der Innenansicht von Entwicklung und ihren jeweiligen Stufen, jetzt aber nicht das Individuum betreffend, sondern Kulturen, die menschlichen Gemeinschaften mit ihren intersubjektiv gemeinschaftlich geteilten inneren „Räumen", vom Anbeginn der Menschheit bis heute.

143 Die Jahreszahlen beziehen sich auf die amerikanische Erstveröffentlichung.

1982 gibt Wilber ein Buch mit dem Titel *Das Holografische Weltbild* (*The Holographic Paradigm*) heraus, zu dem er die Einführung schreibt.

Der glaubende Mensch (*A Sociable God*) veröffentlicht Wilber 1983. In diesem Buch geht es um Religion, um das, was Religion ist, bzw. wie Religion sich auf den unterschiedlichen Ebenen des Bewusstseins, die Wilber in den vorherigen Büchern beschrieben hat, darstellt. In diesem Werk führt er erstmals ein psychologisches Modell mit Strukturen, Zuständen und Bereichen ein.

Im gleichen Jahr erscheint Wilbers *Die drei Augen der Erkenntnis* (*Eye to Eye* 1983)[144], mit einem umfassenden Ansatz über Erkenntnisgewinnung und Wissenschaft. Wiederum hat der Autor das Thema erst gründlich studiert, und in einer beispiellosen Art und Weise all das Gelesene in einen Gesamtzusammenhang gestellt, jedoch nicht in einem enzyklopädischen Nebeneinander, sondern in einem hierarchischen bzw. – wie Wilber es später nennt – holarchischen Miteinander, ein grundlegendes Charakteristikum seiner Arbeit.

Als Antwort auf den damligen Trend, Quantenphysik und Mystik miteinander zu verbinden (wie z. B. in Fritjof Capras *Das Tao der Physik*, oder – neueren Datums – in dem Film W*hat the bleep do we know?*) erscheint 1984 *Quantum Questions.*[145] Wilber bezeichnet sich hier als Herausgeber. Er analysiert die Schriften großer Physiker des 20. Jahrhunderts, die er durch lange Zitatpassagen ihrer Aussagen über Mystik, Religion und Spiritualität ausführlich zu Wort kommen lässt, und kommt zu dem Ergebnis, dass sie sich alle ausnahmslos tiefgründig mit diesen Fragen beschäftigt haben, dass jedoch nichts in ihren Aussagen eine Gleichsetzung von (Quanten-)Physik und Mystik rechtfertigen würde, wie es oft in populärwissenschaftlichen Publikationen des „neuen Paradigmas" behauptet wird.

In Psychologie der Befreiung (*Transformations of Consciousness*, 1986)[146] – Wilber ist hier zusammen mit Jack Engler und Daniel P. Brown Co-Autor – beschäftigt sich Wilber erneut mit dem Entwicklungsaspekt des Bewusstseins. Diesmal geht er der Frage nach was geschieht, wenn auf dem Weg durch die unterschiedlichen Entwicklungsstufen etwas schief geht, wenn

144 Dieses Buch hat Wilber 1999 überarbeitet und erweitert.
145 Zu diesem Buch gibt es (noch) keine deutschsprachige Ausgabe.
146 Dieses Buch überarbeitet Wilber derzeit (2006) komplett. Er spricht von 300 Seiten neuem Material zur Beschreibung der Pathologien von Strukturstufen und Zustandsstufen (siehe dazu die Besprechung zu *Integral Spirituality*).

eine Differenzierung von einer alten Struktur nicht ausreichend gelingt bzw. wenn es zu einer Dissoziation statt einer Integration kommt. Das Ergebnis sind verschiedene Drehpunkte der Entwicklung, mit ihren jeweiligen charakteristischen Pathologien. Wilber ordnet dann noch den jeweiligen Pathologiegruppen entsprechende therapeutische Maßnahmen zu, und gelangt so zu einer Gesamtdarstellung „welche Therapie (im allgemeinsten Sinn des Wortes) wirkt auf welcher Ebene des Bewusstseins" (und auf welchen Ebenen nicht oder nicht sehr). Wieder werden östliches und westliches Wissen zu einem Gesamtspektrum integriert, von der untersten bis zur höchsten Ebene, mit den jeweils entsprechenden Pathologien und Behandlungsmodalitäten.

Meister, Gurus, Menschenfänger (*Spiritual Choices*, 1987) – Wilber ist Mitherausgeber – stellt, vor dem Hintergrund des Sektenkultes (bis hin zu gemeinschaftlichen Selbsttötungen) die Frage, welche Leitlinien es für Menschen auf der spirituellen Suche geben kann und gibt darauf Antworten.

Die folgenden Jahre bedeuten eine Zäsur in Wilbers Leben. Er lernt Terry (später Treya) kennen, beide heiraten, Terry erkrankt kurz nach der Hochzeit an Krebs, und stirbt später an dieser Krankheit. Die gemeinsamen Erlebnisse dieser Jahre beschreibt Wilber in *Mut und Gnade* (*Grace and Grit*) (1991), unter Verwendung von Treyas Tagebüchern. Dieses Buch ist autobiografisch geprägt, mit Abschnitten, in denen Wilber seine Theorien erläutert.

Es folgt eine Zeit des Rückzugs, in der sich Wilber in einer gewaltigen intellektuellen Anstrengung mit der großen, ungelösten Frage eines hierarchischen Weltzusammenhangs, und der Entwicklung des Kosmos ganz allgemein beschäftigt. Das Ergebnis dieser Arbeit legt er 1995 mit *Eros, Kosmos, Logos* (EKL, *Sex, Ecology, Spirituality*[147]) vor, eine integrale Theorie bzw. Philosophie, wie es sie so bisher noch nicht gegeben hat. Das Buch ist mit beinahe 900 Seiten das bisher umfangreichste Werk Wilbers, neben dem Haupttext gibt es viele ausführliche Fußnoten. Es fasst seine bisherigen Arbeiten zusammen, und geht darüber weit hinaus. Dieser Band, so kündigt Wilber an, ist der erste von drei Bänden einer „Kosmos-Trilogie". Wann die anderen Bände erscheinen werden lässt er offen.

Zu *EKL* schreibt er wieder, wie zu seinem ersten Buch, eine populäre, in Interviewform gehaltene Fassung mit dem Titel *Eine kurze Geschichte des*

147 Zu diesem Buch gibt es eine 2nd revised edition.

Kosmos (*A Brief History of Everything*) (1996). Durch eine Reihe von neuen Überlegungen und Konzepten, vor allem in den überarbeiteten amerikanischen Neuauflagen des Buches, ist es mehr als nur eine Zusammenfassung von EKL.

Basierend auf den Grundlagen von EKL erscheint 1997 *Das Wahre, Schöne, Gute* (*The Eye of Spirit*). In diesem Buch gibt Wilber konkrete Anwendungsbeispiele seines Modells (aus z. B. Philosophie, Kunst, Feminismus, Meditation). Darüber hinaus nimmt er ausführlich Stellung zur Kritik an seinem Werk. Mit dem Schlusskapitel dieses Buches setzt Wilber eine Tradition fort, die er schon in seinem ersten Buch begonnen hat – er beschreibt das Unbeschreibbare, „Die strahlende Klarheit allgegenwärtigen Gewahrseins", und zwar nicht aus der Position eines akademischen Gelehrten, sondern als jemand der aufgrund jahrzehntelanger meditativer Praxis aus eigener Erfahrung spricht.

In *Naturwissenschaft und Religion* (*The Marriage of Sense and Soul*, 1998) wendet sich Wilber bewusst an den „Mainstream", an diejenigen also, die das gesellschaftliche Meinungsbild in Politik, Wissenschaft und Kultur prägen und tragen. Wilber erläutert, wie das ungelöste Problem der „Versöhnung von Wissen und Weisheit", von Naturwissenschaft und Religion, gelöst werden kann, und wie das, was über die Jahrhunderte notwendigerweise differenziert wurde, dann aber auseinandergedriftet ist, zum Wohle der Menschheit wieder zusammengeführt werden kann. Die Bausteine zu dieser Lösung bilden wiederum seine früheren Werke und die darin entwickelten Modelle.

Mit *Einfach Das* (*One Taste*, 1999) betritt Wilber einmal mehr Neuland. Er führt ein Jahr lang (1997) Tagebuch, und veröffentlicht diese Tagebuchaufzeichnungen dann als Buch, sein persönliches wie auch sein öffentliches Leben mit all seinen Facetten beschreibend, vom Einkauf im Supermarkt bis hin zu den subtilsten meditativen Erfahrungen. Er öffnet hier einen unmittelbaren Einblick in sein Leben.

Integrale Psychologie (*Integral Psychology*, 2000) ist dann wieder ein mehr theoretisches Werk, jedoch eines mit sehr vielen praktischen Implikationen. Ausgehend vom Ursprung der Psychologie als einer Wissenschaft mit eindeutig spirituellen, die Innerlichkeit und göttliche Herkunft des Menschen betonenden Wurzeln, fügt Wilber das, was in den Jahrhunderten des Siegeszuges der rationalen, objektivierenden Wissenschaft verloren gegangen ist, der Psychologie wieder hinzu, und kommt zu einer wahrhaft integralen Psychologie, einer Psychologie, die sowohl das Innere wie auch das Äußere, das Individuelle wie auch das Kulturelle, das Materielle wie auch das Geistige, das Niedere wie auch das Höhere würdigt und integriert. Das Buch selbst ist lediglich eine Zusammenfassung eines umfangreichen zweibändigen Werkes, zu dessen Veröffentlichung Wilber aber keine Angaben macht. In Integrale Psychologie führt Wilber erstmals das von Clare Graves konzipierte Entwicklungsmodell „Spiral Dynamics" ein, welches er auch in nachfolgenden Büchern beispielhaft erwähnt.

Im gleichen Jahr (2000) erscheint auch *Ganzheitlich Handeln* (*A Theory of Everything*). In diesem Buch wird die praktische Relevanz von Wilbers Arbeiten konkret und nachvollziehbar. Für die verschiedensten Bereiche wie Politik, Medizin, Wirtschaft und Business, Erziehung und Pädagogik, Bewusstseinserforschung, praktische Spiritualität, Ökologie und Terrorismus skizziert Wilber das was er als „integralen Ansatz" bezeichnet, einen Ansatz, der – wie er es nennt – alle Quadranten, alle Ebenen, alle Lininen, alle Zustände, alle Typen beinhaltet, und den er mit AQAL (all Quadrants all Levels) abkürzt.

Mit *Boomeritis*[148] (2002) wechselt Wilber erneut das Genre, und veröffentlicht seinen ersten Roman. Dieses Mal hat Wilber es auf den Zeitgeist abgesehen, mit all seinen positiven, aber vor allem auch mit all seinen negativen Seiten. Mal witzig, dann wieder knallhart, mal analytisch, dann wieder sehr bildhaft, aber immer herzlich und mit viel Humor zeigt Wilber auf, wo wir heute als (westliche) Kultur überwiegend stehen, und er lässt dabei nichts aus: vom Subjektivismus zur Egozentrik, von der Astrologie zur Mythologie, vom dotcom zur Globalisierung, von Geschlechterfragen zum „Muschi-Himmel", vom Hardcore Sex zur kosmischen Liebe, vom Pluralismus zu Rangordnungen, vom Individualismus zur Autonomie, von der Opferhaltung zur integralen Verantwortung, von der künstlichen Intelligenz zur Introspektion, von der Dekonstruktion zur Inquisition, vom Feminismus zur totalen Gleichberechtigung, von der Romantik zur Eroberung des Paradieses, vom „unter dem Asphalt liegt der Strand" zum Omega-Punkt, von Fakten zu Interpretationen, vom „warum können wir nicht alle Freunde sein?" zur kontroversen Debatte, von Ökologie bis Literaturtheorie, vom Schreiben eines perfekten postmodernen Romans bis zum Heilen, von integraler Politik zu integraler transformativer Praxis ... Der Roman ist voller Doppeldeutig-

148 Zu diesem Buch gibt es (noch) keine deutschsprachige Ausgabe.

keiten, Anspielungen, aktueller gesellschaftlicher Bezüge, und nimmt immer wieder eine neue Wendung, bis ganz zum Schluss. Parallel zum Erscheinen von Boomeritis veröffentlicht Wilber auf www.shambhala.com eine Reihe von Ausführungen [sidebars] zum Buch, mit teilweise neuen, sein bisheriges Werk noch weiter vertiefenden Einsichten[149].

Ausführung A: Wer aß Kapitän Cook? Eine integrale Historiografie im postmodernen Zeitalter
Ausführung B: Die vielen Namen der Ebenen des Bewusstseins
Ausführung C: Orange und Grün: Ebenen oder Geschwister?
Ausführung D: Spiritualität in der Kindheit
Ausführung E: Das Genie Descartes bekommt eine postmoderne Tracht Prügel
Ausführung F: Partizipatorisches Samsara: der Ansatz des grünen Mem zum Mysterium des Göttlichen
Ausführung G: Zustände und Stufen
Ausführung H: Boomeritis Buddhismus

Darüber hinaus hat Wilber auch 140 Seiten Fußnoten zu *Boomeritis* veröffentlicht.[150]

Im September 2002 überrascht Wilber seine Leser(innen) mit einem über das Internet veröffentlichten, 137 Seiten starken Auszug A aus dem noch nicht veröffentlichten Band 2 der *Kosmos Trilogie* (Arbeitstitel von Band 2: *Cosmic Karma and Creativity*). Wieder hat er manches, was in früheren Büchern nur angedeutet wurde, ausformuliert und weiterentwickelt. In diesem Auszug A geht es unter anderem um eine integrale Post-Metaphysik, und, dazu gehörend, um einen Integralen Methodologischen Pluralismus, um eine Metaphysik also, die „frei ist von ontologischem Ballast", die nicht mehr auf „vorgegebenen, archetypischen bzw. unabhängig existierenden ontologischen Strukturen, Ebenen, Bereichen usw. basiert", sondern die auf „rekonstruktiver Wissenschaft" aufbaut, was Wilber im Text erläutert. Die Methodik dieser Wissenschaft ist der Integrale Methodologische Pluralismus, ein Vorgehen welches untersucht, wie das, was – von Augenblick zu Augenblick – von der Vergangenheit an die Gegenwart „vererbt" wird – zusammen mit der Kreativität der Gegenwart zur Vergangenheit des wieder nächsten Augenblicks wird, welcher seine eigene Kreativität hinzufügt, um das

149 Siehe hierzu auch die Schriftenreihe der www.integrale-bibliothek.info
150 www.shambhala.com.

Ergebnis wiederum weiter zu vererben. Das Verfahren, welches die „Stärken aller Typen menschlicher Untersuchungsmethoden“ kombiniert, und dessen Merkmale Wilber im Text erläutert, nennt er IOS (Integral Operating System). Wilber greift hier auf den von ihm entwickelten AQAL Ansatz zurück. Nachfolgend zum Auszug A veröffentlichte Wilber dann noch die Auszüge B, C, D und G (E und F wurden bisher nicht veröffentlicht), als eine Vorschau auf den Band 2 der Trilogie, dessen Veröffentlichung für das Jahr 2007 angekündigt wurde[151].

Wilbers aktuellstes Werk ist das 2006 erschienene *Integral Spirituality*, das 2007 auch auf deutsch erscheinen wird. Die folgende Buchbesprechung gibt eine Überblick über den Inhalt dieses Werkes.

Ken Wilbers Integral Spirituality

Das Buch gliedert sich in zehn Kapitel und drei Anhänge. Die Einführung gibt einen Überblick über den integralen Ansatz, die integrale Landkarte, bestehend aus Quadranten, Ebenen, Linien, Zuständen und Typen, mit einer Anleitung zur konkreten Anwendung in der realen Welt. Für Neueinsteiger ein Überblick in sehr konzentrierter Form, für diejenigen die mit Wilbers Werk vertraut sind eine (mehr oder weniger willkommene) Wiederholung.

Kapitel 1, *Integral Methodological Pluralismus (IMP)*, bringt dann etwas Neues, und zwar den integral methodologischen Pluralismus, einen Ansatz, der alle Erkenntnismethodiken der Menschheit (wie z. B. Phänomenologie, (Entwicklungs-) Strukturalismus, Hermeneutik, Autopoiesis, Empirizismus, Systemtheorie usw.) in einen Gesamtzusammenhang stellt, wobei die jeweiligen Größen wie auch die Grenzen der unterschiedlichen Methodiken sichtbar werden. Dieser IMP basiert auf einer Verfeinerung des Modells der 4 Quadranten als Perspektiven, und sollte es Wilber mit diesem Ansatz tatsächlich gelingen, die Erkenntnisweisen der Menschheit auf eine im besten Sinne wissenschaftliche Weise darzustellen, dann hätte er so etwas wie den Rosettastein der Erkenntnis gefunden.

Weiterhin wäre es dann möglich, daraus eine „integrale Post-Metaphysik“ abzuleiten, die nicht mehr auf metaphysischen Postulaten beruht (was die Religion und Spiritualität insgesamt bei der Moderne und der Postmoderne in Verruf gebracht hat), sondern auf – wissenschaftlich nachprüfbaren –

151 Für eine Zusammenfassende Darstellung der Auszüge A, B, C, D, dem „Wilber 5 Material“, siehe die Schriftenreihe Nr. 3 der www.integrale-bibliothek.info.

Erkenntnissen perspektivischer Wahrnehmungen (ermittelt durch die unterschiedlichen Methodiken des IMP).

Im Kapitel 2, *Stages of Consciousness*, erläutert Wilber einmal mehr die Entwicklungsstufen des Bewusstseins, diesmal jedoch mit Betonung der Unterscheidung zwischen den Bewusstseinsphänomenen einerseits und den Bewusstseinsstrukturen andererseits, durch welche die erfahrenen Phänomene interpretiert werden. Dies ist eine der wichtigsten (und neuen) Erkenntnisse im Hinblick auf eine integrale Spiritualität.

Die Bewusstseinsstrukturen (wie z. B. archaisch, magisch, mythisch, rational, pluralistisch, integral), in deren Rahmen die Menschen ihre Erfahrungen (auch ihre spirituellen Erfahrungen) interpretieren, werden z. B. durch Meditation selbst nicht erkannt, (weshalb man sie auch in den Schriften der spirituellen Traditionen nicht findet), sondern sie erfordern, um wahrgenommen zu werden, einen Perspektivwechsel. Durch diese Unterscheidung wird es möglich, die bedeutenden Einsichten der spirituellen (und letztlich aller) Erkenntnistraditionen zu würdigen, bei gleichzeitiger Darlegung der Bewusstseinsstrukturen, mit denen sie zum Ausdruck gebracht werden, welche – aus heutiger Sicht! – in der Regel nicht mehr aktuell sind.

Ein Beispiel: Teresa von Avilas mystischer Klassiker *Die innere Burg* ist nach wie vor hochaktuell und einzigartig in der Beschreibung innerer Phänomene auf dem Weg der Bewusstwerdung durch die Hauptzustände („Wohnungen" der Burg) des Bewusstseins. Diese authentischen Erfahrungen wurden von Teresa mittels der zu ihrer Zeit und an ihrem Lebensort vorherrschenden mythologisch/rationalen Bewusstseinsstruktur zum Ausdruck gebracht, und konnten auch gar nicht anders zum Ausdruck gebracht werden, weil die rationale Bewusstseinsstruktur – als kollektive Struktur – erst mit der Aufklärung allgemeine Verbreitung fand, und die pluralistische Struktur erst seit den 60er Jahren des vorigen Jahrhunderts sich kulturell etablieren konnte. Dennoch finden sich logische Klarheit und universelles Mitgefühl schon bei Teresa, aber die Grundstimmung ihres wundervollen Berichtes ist – unvermeidlich – durch die katholisch-mythologische Weltanschauung geprägt, die zur Zeit und am Ort ihres Wirkens vorherrschte.

In Kapitel 3 und 4, *States of Consciousness* und *States and Stages* unterscheidet Wilber, wie oben schon vorweggenommen, die Strukturen des Bewusstseins von den Zuständen des Bewusstseins, den gefühlten Erfahrungen, und differenziert – meines Wissens erstmalig überhaupt – einen Zustandsweg (Entwicklung und Erweiterung erlebter Phänomene) von einem Strukturweg (Entwicklung interpretierender Hintergrundstrukturen). Alle in den spirituellen Traditionen beschriebenen Wege sind praktisch ausnahmslos Zustandswege, von den sieben Wohnungen Teresas bis zu den zehn Ochsenbildern des Zen. Demgegenüber haben die Entwicklungsstrukturalisten der vergangenen 100 Jahre (wie z. B. Jean Gebser, Clare Graves, Laurence Kohlberg) die Entwicklung der Bewusstseinsstrukturen beschrieben, durch welche diese authentisch erfahrenen Phänomene beschrieben werden. Die Gegenüberstellung der beiden Wege geschieht in einer rasterähnlichen Darstellung, dem so genannten Wilber-Combs Raster, mit der Erkenntnis, dass praktisch alle Zustände der Erleuchtung sich auf praktisch allen Ebenen des Bewusstseins ereignen können, was ein sehr unterschiedliches und sehr differenziertes Bild spiritueller Erfahrungen und Aussagen ermöglicht, und damit auch einen neuen Blick auf die überlieferten Erkenntnisse und Berichte der spirituellen Traditionen erlaubt.

Im 5. Kapitel (*Boomeritis Buddhismus*) wendet Wilber diese Erkenntnis dann gleich praktisch an, indem er dem im Westen verbreiteten Zeitgeist von Boomeritis, einer durch Egozentrismus „infizierten" pluralistischen Bewusstseinsstruktur, diskutiert, und gleichzeitig deutlich macht, wie sehr der heute im Westen verbreitete Buddhismus unter dieser (unbewussten) Pathologie und Verzerrung zu leiden hat, und was zur Heilung dieser Pathologie zu tun ist (im Wesentlichen das Sich-Bewusstmachen der unbewussten Strukturen, durch welche man die eigenen – nicht nur – spirituellen Erfahrungen interpretiert).

Damit ist bereits die Überleitung zu Kapitel 6 erfolgt, *The Shadow and the Disowned Self*, der Bedeutung von Schattenarbeit und Aufarbeitung verdrängter (individueller und kollektiver) Anteile. Kurz gesagt bedeutet dies, dass mit der Praxis von Meditation oder Gebet nicht automatisch auch die eigenen Schattenanteile aufgearbeitet werden, und dass es hierzu einer eigenen psychodynamischen Praxis bedarf – gewissermaßen einer Versöhnung von Freud und Buddha.

In Kapitel 7, *A Miracle Called „We"*, erläutert Wilber die enorme Bedeutung der intersubjektiven Dimension des In-der-Welt-seins, deren Erkenntnis einen erneuten Perspektivwechsel erfordert, den es so in den spirituellen Traditionen nicht gibt. Die sorgfältige Beschreibung von Gemeinsamkeiten und Unterschieden zwischen einem „Ich“ und einem „Wir“ ist eine der Grundlagen für eine klare Erkenntnis darüber, was es einerseits bedeutet ein Individuum zu sein, und gleichzeitig ein in Gemeinschaften eingebundenes kulturelles und soziales Wesen.

Nach dieser Erläuterung sowohl der subjektiven („Ich“) als auch der intersubjektiven („Wir“) Dimension des In-der-Welt-seins schließt sich in Kapitel 8, *The World of the Terribly Obvious*, die Beschreibung der unterschiedlichen Methodiken der objektiven Erkenntnis an – von Neurophysiologie über Kognitionswissenschaften bis zur Systemtheorie -, ebenfalls etwas was in den spirituellen Traditionen so noch nicht zu finden ist, aber für eine integrale Spiritualität wesentlich ist.

Im 9. Kapitel, *The Conveyor Belt*, kommt Wilber zu der erst einmal überraschenden Erkenntnis, dass die Religionen der Welt – wie keine andere Institution – dazu prädestiniert erscheinen, die Bewusstheit der gesamten Menschheit zu fördern. Weil die Religionen – wie kaum eine andere Tradition – die Glaubenssysteme des größten Teils der Menschheit „bedienen“, (archaisch, magisch, mythisch, rational), können sie die Menschen dort abholen wo diese sich befinden, und sind so in der Lage – Wilber verwendet die Analogie eines Förderbandes – die Menschen durch die Entwicklung der unterschiedlichen Ebenen (und Stationen) des Bewusstseins hindurch zu begleiten (anders als z. B. die Wissenschaft, welche ihre magische und mythische Vergangenheit hinter sich gelassen hat, und jeweils „nur“ den neuesten Stand anbietet). Dies erfordert von den Religionen ihrerseits natürlich auch eine Öffnung hin z. B. zu den Ideen wie sie Wilber mit diesen Buch vorlegt, und eine Weiterentwicklung zu den höheren Ebenen des Bewusstseins.

Kapitel 10, *Integral Life Practice*, bringt den Leser dann wieder ganz auf die Erde, hin zu dem was er oder sie persönlich konkret mit den Inhalten einer Integralen Spiritualität anfangen kann, z. B. in Form einer integralen Lebenspraxis.

Appendix I, *From the Great Chain of Being to Postmodernism in 3 Easy Steps*, führt den Leser in einer Parforcetour durch die Jahrtausende, vom Erbe der spirituellen Traditionen (der Großen Kette des Seins) in die Gegenwart und auf den (postmodernen) aktuellen Stand.
In Appendix II, *Integral Post-Metaphysics*, legt Wilber die Grundlagen einer integralen Post-Metaphysik, und stellt damit die spirituellen (metaphy-

sischen) Traditionen auf ein Fundament, auf dem sie vor der Moderne und der Postmoderne bestehen können, mit der spannenden Einführung einer „kosmischen Adresse“ (= Höhe + Perspektive), mit der es möglich ist, jede Aussage dem Hintergrund ihrer Bewusstseinsentwicklung und ihrer Erkenntnisperspektive (Ich, wir oder es) zuzuordnen. Damit werden alle Aussagen von ihrer meta-physischen Losgelöstheit „befreit“, und in der Erkenntnisebene und Perspektive „geerdet“, in der sie – soweit sich das rekonstruieren lässt – entstanden sind und formuliert wurden.

Schließlich befasst sich Wilber im Appendix III, *The Myth of the Given Lives on ...*, mit aktuellen Veröffentlichungen bekannter Autoren (und deren Werken) wie z. B: A. H. Almaas, Byron Katie, Fritjof Capra, David R. Hawkins, Daniel Goleman, Ervin Laszlo, Deepak Chopra, *What the Bleep Do We Know?*, Rupert Sheldrake und Thich Nhat Hahn, und stellt, bei aller Würdigung dieser Autoren fest, dass sie alle – mehr oder weniger – noch dem Mythos des Gegebenen anhängen, d. h. sie geben wunderbare phänomenologische Beschreibungen (nicht nur) spiritueller Erfahrungen, berücksichtigen dabei jedoch nicht die diesen Erfahrungen jeweils zugrunde liegenden, interpretierenden Bewusstseinsstrukturen, einschließlich ihrer eigenen. Diese Arbeit und Ergänzung – so Wilbers Hoffnung -, kann u. a. auch auf der Grundlage seines neuen Buches nun begonnen werden, zum Wohle einer Spiritualität, die auch und gerade uns modernen und postmodernen Menschen viel zu sagen und zu geben hat, und für ein Gesamtverständnis der Welt unverzichtbar ist.

2. Die gesammelten Werke

Im Jahr 1999 beginnt der Shambhala Verlag, bei dem Wilber die meisten seiner Bücher veröffentlich hat, mit der Veröffentlichung seiner Gesammelten Werke (Band 1-8). Wilber schreibt zu jedem Band ein z.T. umfangreiches Vorwort, und diese Vorworte ergeben – hintereinander gelesen – einen guten zusammenfassenden chronologischen Überblick über sein Werk in seinen eigenen Worten. Neben den Büchern enthalten die gesammelten Werke auch eine Reihe von Aufsätzen, Vorworten zu Büchern anderer Autoren und Interviews. Hervorzuheben sind hier vielleicht der Aufsatz *Odyssey* im Band 2, Wilbers erste autobiografische Abhandlung (veröffentlicht 1982), und der Band 4 insgesamt mit vielen Aufsätzen und Vorworten zu Büchern anderer Autoren.

3. Online Veröffentlichungen

(Stand: Anfang 2007) Neben den verlagsunterstützten Buchveröffentlichungen hat Wilber in den letzten Jahren in vielen persönlichen und telefonischen Interviews, on-line und in Videokenferenzen, Aufsätzen und Beiträgen Stellung zu den verschiedensten Fragen bezogen. Einiges davon ist im Internet veröffentlicht. Der folgende Abschnitt gibt einen kleinen Überblick. Wenn nicht anders angegeben, dann stehen diese Beiträge auf der Homepage des Verlages www.shambhala.com, der die meisten seiner Bücher herausgibt und ihm einen eigenen Bereich reserviert hat. Auf dieser Homepage finden sich auch Auszüge aus mehreren seiner Bücher, und alle Vorworte der Gesammelten Werke, von Band 1-8.

- Über die gemeinen Meme in allgemeinen, von rot zu blau zu orange zu grün zu gelb...
- Über die Dekonstruktion des World Trade Center, mit einer Einführung.
- Shambhala-Interview über Boomeritis und die Fertigstellung von Band 2 der Kosmos Trilogie.
- Über das Wesen eines Post-Metaphysischen Spiritualität: eine Antwort auf Habermas und Weis.[152]
- Geben Kritiker meine Position falsch wieder? Ein Testfall aus einer kürzlich veröffentlichten akademischen Zeitschrift.
- Ein Enlightenment-Interview mit Ken Wilber von Jordan Gruber, veröffentlicht auf www.enlightenment.com. (Über das Integrale Institut, Integrale Studien, Boomeritis und Intersubjektivität, über Inkarnation und die Verwirklichung in der heutigen Welt, und über Kritik und Kritiker).
- Shambhala-Interview mit Wilber über Kritiker, das Integrale Institut, neuere Veröffentlichungen, und Anderes.
- Die Ankündigung der Gründung eines Integralen Institutes.
- Eine Zusammenfassung meines psychologischen Modells – die Umrisse einer Integralen Psychologie.
- Ein Shambhala-Interview mit Ken Wilber über die Veröffentlichung des Buches *Einfach Das*.
- Eine integrale Theorie des Bewusstseins.

152 Auf deutsch veröffentlicht in: *Transpersonale Psychologie und Psychotherapie*, Heft 2/2001 S. 33

4. Das Integrale Institut (I-I)

Im September 2002 geht das von Wilber gegründete Integrale Institut mit einer eigenen Internetseite an die Öffentlichkeit.[153] Durch die Veröffentlichungen dieser Homepage erfolgt ein für die interessierte Öffentlichkeit nachvollziehbarer konkreter Brückenschlag zwischen der „theoretischen" Arbeit Wilbers in seinen Büchern und anderen Veröffentlichungen, und der praktischen Realisierung dieser Forschungsarbeiten in allen Lebensbereichen. Mittlerweile ist daraus ein „Multiplex" entstanden, ein Netzwerk gegenseitig verbundener Aktivitäten, Institutionen und Internetseiten. Aktiv und on-line innerhalb des Multiplex sind bereits

- „Integral Naked" (http://in.integralinstitute.org), mit zahlreichen Interviews und Gesprächen zwischen Wilber und Persönlichkeiten aus praktisch allen Lebensbereichen,
- das „Integral Spiritual Center" (http://isc.integralinstitute.org), mit Beiträgen von Treffen zwischen Vertretern der unterschiedlichen religiösen und spirituellen Richtungen, und mit live Telefonkonferenzschaltungen, wo Wilber Fragen zum Buch *Integral Spirituality* beantwortet, und
- Wilbers einzige von ihm autorisierte „Wilber-Page" (http://www.kenwilber.com), mit Blogs, Beiträgen und aktuellen Informationen.

Das I-I ist eine sich sehr dynamisch entwickelnde Organisation die seit kurzem auch Mitgliedschaften ermöglicht und weltweit zum Mitwirken einlädt.

5. Ausblick

Mit etwa 20 veröffentlichten Büchern, die z. T. in bald 30 Sprachen übersetzt sind, mit einer unüberschaubaren Anzahl weiterer Veröffentlichungen, mehreren angekündigten neuen Buchprojekten, einem Integralen Institut und einer integralen Gemeinschaft, welche die integrale Theorie und Praxis in die Welt trägt, gehört Wilber sicher zu den produktivsten „öffentlichen" Menschen unserer Zeit, und die Verfolgung seiner Aktivitäten – und, wer möchte, die aktive Mitgestaltung derselben – bleibt weiterhin so spannend, wie sie es bereits seit etwa einem Vierteljahrhundert ist.

153 http://www.integralinstitute.org.

Anhang 2: Die fünf Phasen aus Wilbers Werk

Ken Wilbers Werk kann in (bisher) fünf Phasen unterteilt werden.[154]

Phase 1 (1977-1979) ist die „romantisch-Jungianische“ Phase. Wie viele romantische Philosophen und jungianischen Psychologen sieht Wilber spirituelles Wachstum als eine (ganze oder teilweise) Rückkehr zu einem Zustand, der in der Vergangenheit bestanden hat, der aber im Verlauf des Erwachsenwerdens bzw. der Kulturgeschichte verloren gegangen ist.

Bücher der Phase 1:
- Das Spektrum des Bewusstseins
- Wege zum Selbst

In Phase 2 (1980-1982) wendet sich Wilber der Entwicklungspsychologie zu, als einem umfassenderen Kontext zur Integration östlicher und westlicher Psychologie. Spirituelles Wachstum sieht er nun als etwas, das *nach* dem Erwachsenwerden kommt. Mit anderen Worten, wir haben Gott nicht verloren, sondern wir wachsen in ihn hinein, in einem schrittweisen Entwicklungsprozess.

Bücher der Phase 2:
- Das Atman Projekt
- Halbzeit der Evolution

Mit der Phase 3 (1983-1987) erfolgt eine Verfeinerung des Entwicklungsmodells. Entwicklung wird nicht länger als ein homogener und eindimensionaler Prozess verstanden, in dem das Selbst eine Anzahl von Stadien linear durchläuft, sondern als ein komplexer Prozess, an dem verschiedene Entwicklungslinien beteiligt sind (kognitiv, emotional, sozial, spirituell, etc.); das Selbst hat dabei (neben vielen anderen Aufgaben) als eine Art Navigator die Funktion, ein Gleichgewicht zwischen diesen Linien, die ganz unterschiedlich weit entwickelt sein können, zu wahren.

Bücher der Phase 3:
- Der glaubende Mensch

154 diese Einteilung stammt von ihm selbst, vgl. *Das Wahre, Schöne, Gute*, 1999, und die Vorworte zu den Collected Works Band 1 und 2. Eine gute Zusammenfassung der Inhalte der Bücher der Phasen 1-4 von Wilber ist das bisher nur auf englisch erhältliche Buch *Embracing Reality* von Brad Reynolds.

- Die drei Augen der Erkenntnis
- Psychologie der Befreiung (Mitautor)
- Meister, Gurus, Menschenfänger (Mitautor)
- Quantum Questions

In den Jahren 1987-1995 veröffentlicht Wilber aus persönlichen Gründen sehr wenig. Seine Frau erkrankt in dieser Zeit, und stirbt 1989. Dieser Lebensabschnitt ist in *Mut und Gnade* (1992) aufgezeichnet.

Phase 4 (1995-2003) ist gekennzeichnet durch das Modell der 4 Quadranten und den integralen Ansatz, in dem Wilber seine bisherige Arbeit auf eine neuartige Weise zusammenfasst und über sie hinausgeht. Er stellt darin die innerlich/individuelle Entwicklung, die kulturelle Entwicklung, und ihre jeweils äußerlichen Ausprägungen in einen Gesamtzusammenhang, eben die 4 Quadranten (intentional, physiologisch, kulturell und sozioökonomisch, d.h. individuell-subjektiv, individuell-objektiv, kollektiv-subjektiv und kollektiv-objektiv). Mit diesem Modell demonstriert er die wechselseitige Abhängigkeit dieser Dimensionen, skizziert ihre gemeinsame Entwicklung als „tetra-Evolution", und weist auf die Einseitigkeiten von Ansichten hin, die auf nur einem Quadranten basieren, und dabei die Gültigkeit der anderen Quadranten anzweifeln oder ignorieren. Gleichzeitig skizziert er den „integralen Ansatz" als einen Versuch, die Vielfalt allen Wissens und Seins in einen Sinnzusammenhang zu stellen, und stützt sich dabei auf fünf Kategorien: Quadranten, Entwicklungsebenen, Entwicklungslinien, Zustände und Typen.

Bücher der Phase 4:
- Eros, Kosmos, Logos
- Eine kurze Geschichte des Kosmos
- Das Wahre, Schöne, Gute
- Naturwissenschaft und Religion
- Einfach Das
- Integrale Psychologie
- Boomeritis

Mit Wilbers eigenen Worten:

> In Das Wahre, Schöne, Gute ... teilte ich meine Arbeit in vier Hauptperioden: Periode-1 war romantisch; Periode-2 war evolutionär und

entwicklungsorientiert; Periode-3 unterteilt Entwicklung in Ebenen und Linien; und Periode-4 setzt Entwicklung in den Kontext der vier Quadranten (intentional, verhaltensmäßig, sozial und kulturell). Periode 2, 3 und 4 bilden eine ziemlich kohärente Sequenz, wobei jeder Nachfolger seine(n) Vorgänger beinhaltet und auf ihm aufbaut. Doch Periode-1, eingetaucht in die romantische Philosophie (welche immer noch das vorherrschende Modell spiritueller Entfaltung ist), bildet eine große Grundlage mit – wie ich meine – einigen sehr guten, und einigen sehr konfusen Ideen ...

...dies [die Bücher *Spektrum des Bewusstseins* und *Wege zum Selbst* der Wilber-1 Phase] sind meine einzigen beiden Bücher – von sechzehn [Stand 1999] – die ich nicht mehr länger anderen empfehle... Bis heute bin ich ganz zufrieden mit jedem Buch was ich geschrieben habe und kann sie immer noch mit Freude empfehlen – außer diese zwei.[155]

Phase 1 war romantisch, gekennzeichnet durch die grundlegende Überzeugung, dass die Menschendämmerung – sowohl ontogenetisch auf das Kind bezogen als auch phylogenetisch auf die Frühmenschen bezogen – eine Art von paradiesischem Schlummerzustand im Garten Eden darstellt(e), in einem vereinigten Zustand oder Grund des Seins, von dem wir uns durch das Erwachsenenwerden entfremden, und zu welchem wir daher zurückkehren sollen: das ursprüngliche „Paradies" muss zu unserer Rettung in irgendeiner Form wiedererlangt werden. Die unüberwindlichen Schwierigkeiten bei dieser Ansicht ... führten dazu, dass ich den reinen Romantizismus aufgab, für eine mehr evolutionäre und entwicklungsorientierte Sicht (Phase 2), welche ein Modell einer „wiedergefundenen Göttlichkeit" durch eine Ansicht eines „Wachstums zur Göttlichkeit" ersetzte. In Phase 3 verfeinerte ich die entwicklungsorientierte Sicht und fügte Ebenen und Linien der Entwicklung hinzu (bzw. Wellen und Ströme), und in Phase 4 setze ich Entwicklung dann in einem Kontext von vier Hauptbereichen (den vier Quadranten der intentionalen, verhaltensmäßigen, sozialen und kulturellen Entfaltung). Doch der Hauptwendepunkt in meiner intellektuellen Entwicklung lag in der Bewegung von Phase 1 zu Phase 2 – romantisch zu evolutionär – ...[156]

155 aus der Einleitung zu den „Collected Works" Band 1.
156 aus der Einleitung zu den „Collected Works" Band 2.

Phase 5 (2003 – ?)

Buch der Phase 5:
- *Integral Spirituality*

„Wilbers neueste Arbeit bekam ihre Bezeichnung hauptsächlich dadurch, dass er eine „postmetaphysische" Sicht der Evolution und der spirituellen Entwicklung mit einbezieht. Das bedeutet einen Bruch mit der Annahme, dass die ontologischen Stufen der Existenz, die von früheren metaphysischen Denkern erkannt wurden, vorgegeben oder schon existent sind. Vielmehr haben sie sich im Laufe der Zeit als „kosmische Gewohnheiten" entwickelt. Diese Phase ist auch charakterisiert durch ein neues Verständnis von Stufen der Erfahrung spiritueller „Zustände" und einer Ergänzung der 4 Quadranten durch 8 „Zonen" oder Perspektiven."[157]

In den im Sommer 2002 bei *www.shambhala.com* veröffentlichten „Auszügen aus Band 2 der Kosmos Trilogie" erwähnt Wilber erstmalig „Wilber-5" als eine neue Phase in seinem Schaffen. Er schreibt dazu in der Einführung zu den Auszügen:

> Einige, die das meiste des Entwurfsmaterials [zum Band 2 der Kosmos Trilogie] gelesen haben bezeichnen es mit „Wilber-5". Ich würde das nicht tun, sicher nicht zu diesem Zeitpunkt; doch es ist ein Hinweis auf eine bestimmte Richtung. Jedenfalls scheinen einige Leser darin übereinzustimmen, dass es einen bedeutenden Fortschritt seit EKL [*Eros, Kosmos, Logos*] darstellt. Ich bin ein bisschen zurückhaltend gegenüber derartigen Kommentaren, da sie nahe legen dass in all den Büchern nach EKL nichts wirklich Neues enthalten ist, wohingegen Konzepte mit entscheidender Bedeutung für die Anwendung dieser Arbeit (wie z. B. „Ebenen und Linien", „Zustände und Stufen", die „1-2-3 Bewusstseinsstudien", „die Wilber-Combs-Matrix", usw.) in den Büchern nach EKL vorgestellt wurden (z. B. *Ganzheitlich handeln*; *Das Wahre, Schöne, Gute*; *Integrale Psychologie*).
>
> Dennoch verstehe ich was die Leser meinen, wenn sie sagen dass diese Bücher „nichts Neues" enthalten – sie alle bewegen sich innerhalb des AQAL Rahmens („alle Quadranten, alle Ebenen, alle Linien, alle Zustände, alle Typen" – oder abgekürzt AQAL, gesprochen „aqual"), welcher

157 aus: *what is enlightenment*, Ausgabe 21 Herbst 2006, S. 35.

erstmalig in EKL vorgestellt wurde. Etwa die Hälfte von *Kosmisches Karma und Kreativität* [der Arbeitstitel von Band 2] fügt sich ebenso in diesen Rahmen (vieles dieser Hälfte wurde bereits in den Ausführungen zu Boomeritis veröffentlicht). Die andere Hälfte jedoch, die Hälfte mit der ausdrücklichen Bezeichnung „Integrale Post-Metaphysik" (das so genannte Wilber-5 Material) kann durch keines der gegenwärtig verwendeten Konzepte erklärt werden, auch wenn es sich gut in die AQAL-Matrix einfügt. Es ist eine der Merkwürdigkeiten des Schreibens, dass ich bereits seit etwa ein bis zwei Jahrzehnten auf eine post-metaphysische („Wilber-5") Art und Weise denke ..., ich diese Gedanken jedoch in die Terminologie der Arbeit übersetzte die bereits gedruckt vorlag – das Schreiben hat ein Eigenleben. Jedenfalls gilt für diejenigen Aspekte der folgenden Präsentation, welche unter die Rubrik „Integrale Post-Metaphysik" fallen, dass sie in die AQAL Matrix passen, diese Matrix jedoch auf eine tiefgehende Weise re-interpretieren. Darüber hinaus ist es so, dass meine früheren Schriften zumindest einige historische Vorgänger haben, während das meiste der Integralen Post-Metaphysik ohne jegliche Art von Vorgänger ist. Ob das ein Vorzug ist oder nicht, bleibt abzuwarten, doch es handelt sich in jedem Fall um etwas ganz Neues.

Integrale Post-Metaphysik – und, daraus logisch folgend – ein integral methodischer Pluralismus ist, wie ich glaube, aus vielerlei Gründen wichtig. Zuallererst ist festzustellen, dass kein System (spirituell oder anders), welches nicht mit den modernen Kant'schen und postmodernen Heidegger'schen Gedanken übereinstimmt, sich Hoffnungen machen kann intellektuell respektiert zu werden und zu überleben (ob man mit ihnen übereinstimmt oder nicht, sie müssen angesprochen werden) – und das bedeutet dass jede Spiritualität in gewisser Weise post-metaphysisch sein muss. Zweitens – so wie die Einstein'sche Physik, wenn sie auf Objekte angewandt wird die sich unterhalb der Lichtgeschwindigkeit bewegen, wieder mit der Newton'schen Physik zusammenfällt, kann auch eine Integrale Post-Metaphysik all die Wesensmerkmale der prämodernen und metaphysischen Systeme erzeugen, jedoch ohne ihren jetzt in Misskredit geratenen ontologischen Ballast. Dies ist nach meiner Überzeugung der zentrale Beitrag einer Integralen Post-Metaphysik – sie enthält selbst keine Metaphysik, doch sie kann Metaphysik als eine mögliche Konfiguration der AQAL Matrix generieren, unter den begrenzenden Konditionen prämoderner Kulturen. Das heißt die AQAL Matrix kollabiert zur alten Metaphysik (so wie das Einstein'sche zum

Newton'schen wird, obgleich es selbst nicht-Newton ist). Ändert man andererseits die holonischen Konditionen der Matrix, indem man sie an die Parameter der postmodernen Welt anpasst, fällt die Metaphysik vollständig heraus, obgleich es nach wie vor ein vollständiges Bewusstseinsspektrum, Entwicklungswellen, Evolution und Involution, und einen Regenbogen der Bewusstheit gibt, welcher kontinuierlich vom Staub zur Göttlichkeit verläuft – jedoch ohne Bezugnahme auf irgendwelche vorgegebene, archetypische, oder unabhängig existierende ontologische Strukturen, Ebenen, Bereiche usw. Tatsächlich verschwindet die gesamte „Große Kette des Seins" aus der Wirklichkeit, doch ihre wesentlichen Merkmale können durch die Matrix erzeugt werden, wenn bestimmte Annahmen der mythischen Ära als Parameter aufgenommen werden.

Natürlich war irgendeine Art von „Großer Kette des Seins" von Anbeginn an immer ein wesentlicher Bestandteil der spirituellen Traditionen, ob in der allgemeinen schamanischen Form als Existenz höherer und niederer Welten, der neoplatonischen Version von Ebenen der Wirklichkeit (z. B. Plotin), der taoistischen Version von Bereichen des Seins (z. B. Lieh Tzu), der buddhistischen Version eines Spektrum des Bewusstseins (z. B. die acht vijnanas), oder der Sefirot der Kabbala – bis hin zu den heutigen neueren Weisheitstraditionen, von Aurobindo zu Adi Da zu Hameed Almaas. Sie alle postulieren ausnahmslos die Existenz von Ebenen oder Dimensionen von Wirklichkeit oder Bewusstheit, einschließlich höherer oder weiterer oder tieferer Dimensionen des Seins und Wissens – eine Art von Regenbogenexistenz, deren Wellen, Ebenen, oder Bänder eine unabhängige Wirklichkeit besitzen, zu welcher ausreichend evolvierte oder entwickelte Seelen Zugang haben können. Mit anderen Worten postulieren sie alle die Existenz metaphysischer Wirklichkeiten – und genau das wird durch die modernen und postmodernen Strömungen herausgefordert (und von Grund auf zurückgewiesen).

Was daher erforderlich ist, ist ein Weg der Darstellung der Wesensmerkmale eines Regenbogens der Existenz, jedoch ohne irgendwelche metaphysischen oder ontologischen Postulate. WENN es uns – mit anderen Worten – gelingt die wesentlichen Merkmale einer spirituellen Weltsicht ohne metaphysischen Ballast zu kreieren, dann erhalten wir eine spirituelle Weltsicht, welche in der modernen und postmodernen Welt überleben kann. Dies ist jedenfalls eines der zentralen Ziele einer Integralen Post-Metaphysik (und ihrer praktischen Anwendung, „integral methodischer Pluralismus" genannt) ...Wenn wir bei diesem Unternehmen Erfolg haben, dann können alle diese spirituellen Weltsichten (vom Schamanismus zu Plotin zu Padmasambhava zu Aurobindo) reanimiert, und in einer umfassenderen, nicht-metaphysischen AQAL Matrix verwendet werden, welche den gleichen Regenbogen der Existenz darstellen kann, jedoch ohne das diskreditierte metaphysische Rüstzeug, und so kann man weiterhin ihre tiefgehenden Weisheiten verwenden, ohne sich den verheerenden Attacken der modernen und postmodernen Strömungen beugen zu müssen.

Anhang 3: Die Perspektiven des in der Welt seins – der Integral Methodologische Pluralismus (IMP)

Wilhelm von Humboldt war vielleicht der erste, der auf die Universalität der Pronomen in den Sprachen der Welt hingewiesen hat. Daran anknüpfend erläutert Wilber, dass durch die Pronomen Perspektiven, bzw. Wahrnehmungs- und Erfahrungsbereiche und Horizonte (Zonen) durch Menschen in ihren jeweiligen Sprachen zum Ausdruck kommen. Eine, aber natürlich nicht die einzige Möglichkeit dies zusammenzufassen, ist das Modell der vier Quadranten.

	Innerlich	**Äußerlich**
Singular	ICH-Raum subjektiv individuell	ES-Raum objektiv individuell
Plural	DU/WIR-Raum intersubjektiv kulturell	SIE (ES-plural)-Raum interobjektiv systemisch

Abb. 7: Die 4 Quadranten als Perspektiven/Wahrnehmungsräume/Horizonte[158]

Oben links

Dieser Quadrant bzw. diese Perspektive steht für alle Erkenntnisse, die in Ich-Sprache zum Ausdruck gebracht werden, die Gesamtsumme aller subjektiven menschlichen Erfahrungen. Typische Methodiken zur Erfahrung dieses Daseinsbereiches sind Meditation, Introspektion, Kontemplation, Innenschau, Vision, autogenes Training usw. Die Wissenschaften, die diesen Raum untersuchen, können unter dem Oberbegriff „Phänomenologie“ zusammengefasst werden. Die große Stärke dieser Perspektive liegt in der

158 siehe dazu auch: Ken Wilber, excerpt C.

Wahrnehmung und Gestaltung der individuellen Subjektivität eines jeden Menschen, ja eines jeden empfindenden Wesens. Es ist ein Wissen durch eine intime Vertrautheit mit dem eigenen Innenleben. Neben dem Erfahren und Erforschen dieses Bewusstseinsraumes hat jedoch, wie für die anderen Räume auch, die Gestaltung eine wesentliche Bedeutung, und hierfür hat die Menschheit ebenso eine Vielzahl von Techniken und Methodiken entwickelt, von der Psychodynamik über den Umgang mit schwierigen Emotionen bis zu Gebet und Mantra. Wichtig dabei ist auch die Frage, womit, d.h. mit welchen Inhalten wir diesen Raum in uns füllen und nähren (Gedanken, Emotionen, Bücher, Zeitschriften, Fernesehsendungen usw.).

Oben rechts

Psychologie als „Behaviorismus" – das war die Absage an die Methoden der damals [1900] herrschenden Bewusstseinspsychologie (structuralism), war die krasse Abwendung vor allem von der Selbstbeobachtung (Introspektion) und ihren immer deutlicher werdenden Fehlerquellen und Täuschungen

(aus dem Vorwort zu John Broadus Watson, Behaviorismus)

Betont Introspektion die individuelle Innenseite, so betonen und erkunden Verhaltensforschung und Behaviorismus unsere individuelle objektive Außenseite, die ebenso real ist. Wir sind nicht nur empfindende Subjekte, sondern auch in der Welt agierende Objekte, deren Physiologie und deren Verhalten untersucht und beschrieben werden kann, z. B. durch die Physik, Chemie, Biologie, Anatomie oder eben auch Verhaltensforschung und Behaviorismus. Auch hier gibt es eine Fülle von Gestaltungsmöglichkeiten, von Wissenschaft allgemein zu Technik zu Medizin zu Ernährung zu (Verhaltens)Training zum outfit und einer „Arbeit" am eigenen Körper.

Unten links

Der Mensch wird zum Ich durch ein Du Martin Buber

In Wahrheit gehört die Geschichte nicht uns, sondern wir gehören ihr. Lange bevor wir uns in der Rückbesinnung selber verstehen, verstehen wir uns auf selbstverständliche Weise in Familie, Gesellschaft und Staat, in denen wir leben.

Hans-Georg Gadamer

Niemand ist eine Insel, und kein Individuum tritt isoliert auf, sondern es gibt „uns" nur in Populationen und Gemeinschaften. Jedes Ich-Erleben findet immer schon vor dem Hintergrund gemeinschaftlicher kultureller Gegebenheiten und Kontexte statt. Wir verstehen uns, auch jetzt beim Lesen dieser Worte und Symbole. Wir existieren in Familien, Freundeskreisen, Arbeitsverhältnissen, Liebesbeziehungen, Gemeinden und Nationen, und bewohnen diese Wir-Räume unseres in-der-Welt-seins. Diese wichtige Erkenntnis hat eine lange Tradition, von Aristoteles über Wilhelm Dilthey zu Martin Heidegger und Hans-Georg Gadamer, und die grundlegende Untersuchungsmethode, bei der es darum geht zu verstehen, warum wir uns überhaupt verstehen, bezeichnen wir als Hermeneutik. Und auch hier können wir wieder – aus dem Erfahrungsschatz der Menschheit – auf eine Fülle bewährter Gestaltungsmethoden und Entwicklungstechniken für diese Wir-Räume zurückgreifen, von einem erfüllten Familien- und Beziehungsleben über dir Gestaltung von Arbeitsgemeinschaften bis zu den friedensstiftenden Maßnahmen zwischen Nationen mit unterschiedlichem Wertehintergrund, oder – aktuell – einem „nationbuilding" wie es in Afghanistan angestrebt wird, der Formung einer nationalen Identität aus einer Stammesgesellschaft heraus.

Unten rechts

„Es ist nicht das Bewusstsein der Menschen, das ihr Sein, sondern umgekehrt ihr gesellschaftliches (materiell techno-ökonomisches) Sein, das ihr Bewusstsein bestimmt."
Karl Marx

So wie ein Individuum eine Innen- und eine Außenseite hat, haben dies auch Gemeinschaften. Die Innenseite ist das Kulturelle, die Außenseite das Soziale, d.h. die Strukturen und Systeme, die eine Gemeinschaft ausmachen, von einer Ökologie der ersten Lebewesen auf dieser Erde bis zu einer modernen Informationsgesellschaft. Untersuchungs- und Gestaltungsgegenstand sind hier nicht die „Bäume" (oben rechts), sondern die „Wälder", und die systemische Perspektive ist eine eigene Form der Wahrnehmung, welche ebenso unverzichtbar ist die anderen Perspektiven. Wie interagiert ein gegebenes System mit seiner Außenwelt? Von Verkehrssystemen zu Ökosystemen zu Finanz-, Gesellschafts-, Steuer- und Sozialsystemen wurden und werden eine Reihe von Erkenntnismethodiken (z. B. Systemtheorie, Chaostheorie) und Politiken (z. B. Liberalismus, Sozialismus, Ökologie) und Steuerungstechniken entwickelt, um zu einem besseren Verständnis darüber zu gelangen, was in diesen Erfahrungsbereichen geschieht.

Verfeinerungen

In seinem neueren Werk („Wilber 5") differenziert Wilber die 4 Quadranten in 8 Perspektiven (Horizonte, Zonen) aus, in dem er in jedem Quadranten eine Unterscheidung in innen und außen trifft.[159]

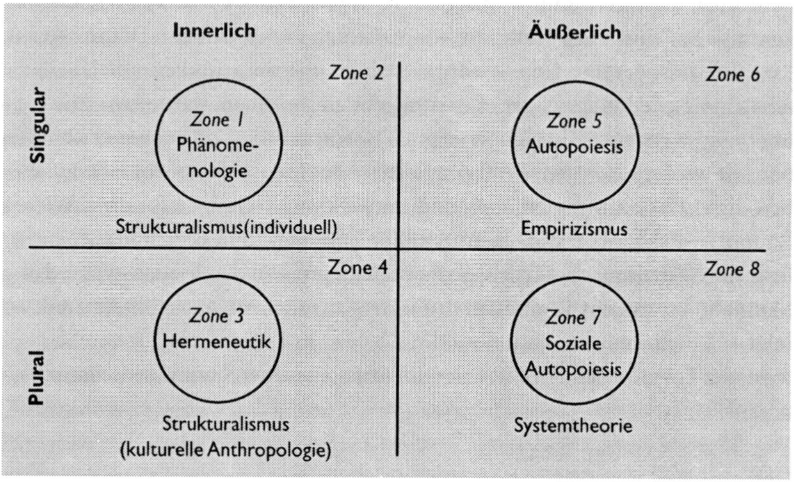

Abb. 8: Acht Hauptperspektiven des in-der-Welt-seins, eingeteilt in Wahrnehmungshorizonte oder Zonen[160]

Oben links

Machen wir uns den Unterschied zwischen der Innenwahrnehmung und der Außenwahrnehmung an einem Beispiel klar. Sigmund Freud hat u.a. durch die Methodik der Assoziation auf der berühmten Couch eine große Menge von phänomenologischem Material seiner Patienten gesammelt (Berichte und „Daten" von der Innenseite des Ich-Erlebens). Gleichzeitig hat er aber auch diese Ergebnisse aus vielen Einzelsitzungen mit Abstand „von außen" betrachtet, und kam so zu einer Landkarte, einer allgemeinen modellhaften Abbildung der menschlichen Psyche, mit den Instanzen Es, Ich und Über-

159 bei den linksseitigen Quadranten geht es dabei um das Innere und Äußere (die „Struktur") von Innerlichkeiten. Bei den rechtsseitigen Quadranten jeweils um eine objektive Innen- und Außenbetrachtung von äußerlich Sichtbarem.

160 Aus: Excerpt D. Zu diesen Ober- und Sammelbegriffen (Phänomenologie, Strukturalismus, Hermeneutik usw. ist zu sagen, dass sie sich auf Forschungsrichtungen beziehen, die sich *schwerpunktmäßig*, jedoch keineswegs ausschließlich mit den Quadranten beschäftigen, denen sie zugeordnet sind. So lassen sich z. B. auch Gedanken systemtheoretisch betrachten, Hermeneutik kann auch auf äußere Objekte angewendet werden, objektive Dinge lassen sich meditativ anschauen usw.

Ich, gebildet und geformt durch Umweltreize und die Vorstellungen von Eltern, Freunden und Institutionen wie z. B. Kirchen. Diese Landkarten sind Versuche, die Innenseite des Ich-Erlebens von außen modellhaft zu beschreiben. Ein anderes Beispiel wären die spirituellen Landkarten innerer Welten der Traditionen und Visionäre, von den ersten Schamanen bis zu Eckhart Tolle. Diese Landkarten zur Beschreibung der Strukturen von Innerlichkeit sind eine große Hilfe bei der Orientierung im Gelände der eigenen Psychodynamik.

Oben rechts

Die Außenseite eines (äußeren) Objektes ist das Verhalten dieses Objektes. Ich kann jedoch auch mein Augenmerk auf das richten, was sich (äußerlich beobachtbar) im Inneren dieses Objektes abspielt, im Hinblick darauf was dieses Objekt wahrnimmt, und das tun beispielsweise die Neurobiologie und die Kognitionswissenschaften, die untersuchen, wie Wahrnehmung und Reizleitung zusammenhängen. Der Mensch ist danach ein autopoietisches, sich selbst ständig neu erschaffendes System. Dies ist ein nicht zu vernachlässigender Teil der gesamten „Kuchens" der Erkenntnis, der uns Menschen als „Krone der Schöpfung" an unsere lebendigen biologischen Wurzeln erinnert, mit ihrem unvermeidbaren Einfluss auf das was wir wahrnehmen, und wie wir es wahrnehmen. Im deutschsprachigen Raum hat der Autor und Publizist Hoimar von Dithfurt zwischen 1970 und 1990 in Buchklassikern wie *Der Geist viel nicht vom Himmel* und seiner legendären Fernsehreihe *Querschnitte* (nicht nur) über diese Perspektive berichtet und sie einem breiten Publikum vorgestellt.

Unten links

Es gibt Gewohnheiten im Aktuellsten. Die Gewohnheiten bezeichnet, sie sortiert zu Recht oder zu Unrecht: ein Linguist wie R. Jakobson; ein Soziologe wie C. Lévi-Strauss; ein Psychoanalytiker wie J. Lacan; ein Philosoph, der die Epistemologie erneuert, wie M. Foucault; ein marxistischer Philosoph, der das Problem der Interpretation des Marxismus wieder aufgreift, wie L. Althusser; ein Literaturkritiker wie R. Barthes ... Also wandelt sich die Frage „Was ist Strukturalismus?" noch weiter – man sollte besser fragen: Woran erkennt man jene, die man Strukturalisten nennt? Und was erkennen sie selbst?

Gilles Deleuze, *Woran erkennt man den Strukturalismus?*

Wie sehen kulturelle Strukturen aus (Beziehungen, Familien, Nationen), und wie entfalten sie sich über die Zeit? Die Antwort auf diese Frage liefern die Strukturalisten der Wir-Räume, also diejenigen die gemeinschaftlich geteiltes Erleben von außen betrachten und beschreiben. Ein zur Zeit viel diskutiertes Beispiel einer kulturellen Struktur wäre *Spiral Dynamics*, begründet von Clare Graves, ein Modell welches bestimmten, sich entwickelnden kollektiven Bewusstseinsstrukturen (den so genannten „vMemes" für „Value Memes") Farben zuordnet. Ein anderes bekanntes Beispiel wäre Jean Gebser, mit seiner Ebenenunterscheidung von archaisch, magisch, mythisch, rational und integral. Dies sind Modelle von Außenansichten von Gemeinschaften, gewonnen und wissenschaftlich aufbereitet aus einer Vielzahl phänomenologischer Aussagen, oder abgeleitet aus historischen Quellen.
Was wir in uns wahrnehmen an Gedanken, Gefühlen und Körperempfindungen interpretieren wir durch unsere (individuellen und kollektiven) Bewusstseinsstrukturen hindurch, meist ohne uns dessen bewusst zu sein. Die Innenansicht betrachtet die inneren Phänomene unmittelbar, die Außenansicht nimmt Abstand und erkennt und beschreibt Strukturen, Muster und Gewohnheiten. Das Innen und Außen gemeinschaftlich geteilter Innerlichkeit, von einer Zweierbeziehung bis zu einer (inter)nationalen Identität.

Unten rechts

Beschreibt die Systemtheorie das Verhalten eines Systems als Ganzes, so z. B. das Verhalten einer Gesellschaft bei einer Steuererhöhung, so gibt es auch hier eine Innenansicht, die von Außen in das Innere von sozialen Systemen schaut. Einer ihrer herausragenden Vertreter ist Niklas Luhmann. Dabei geht es um den Mechanismus sich selbst reproduzierender Systeme, deren *Autopoiesie* sowie um die Frage, was Systeme letztendlich in ihrem „Inneren" zusammenhält und wodurch sie sich immer wieder neu erschaffen und weiter entwickeln können. Der Beobachter setzt sich gewissermaßen „in" das System hinein, und beobachtet die dort stattfindenden (objektiven) Prozesse und Abläufe. Wie und durch welche Mechanismen tragen z. B. Kunst, Politik, Wissenschaft, Moral, Recht, Bildung und Erziehung zum Zusammenhalt (oder Auseinanderfallen) einer Gemeinschaft bei?

Fazit und Ausblick

So weit ein Abriss über dasjenige, was Wilber als ein Rahmenmodell zur Gegenüberstellung und Würdigung aller Erkenntnismethodiken der Menschheit vorschlägt. Natürlich existieren diese Perspektiven nicht, wie aus praktischen Gründen hier vorgestellt, nebeneinander, sondern in wechselseitiger Beziehung miteinander und füreinander. Ein phänomenologisch wahrgenommener Gedanke (Zone 1) entsteht vor dem Hintergrund psychologischer individueller (Zone 2) und kollektiver Strukturen (Zone 4), hat materielle Spuren in der Autopoiese des Gehirns (Zone 5), und „äußert" sich in individuellem Verhalten (Zone 6). Eine systemische Maßnahme verändert sowohl das Systemverhalten (Zone 8) sowie auch die Autopoiese der Systeme (Zone 7), und wirkt zurück sowohl auf das kulturelle Wir-Erleben (Zone 3) und auf die kulturellen Strukturen (Zone 4), usw. usw., eine Verflechtung unendlicher Rückbezüge und eines aufeinander Einwirkens.

Wenn es gelänge, durch einen Rahmen wie den gerade beschriebenen alle Erkenntnis- und Gestaltungsmethodiken der Menschheit in einen Sinnzusammenhang zu stellen, dann wäre dies ein enormer Fortschritt für die Menschheit. So kompliziert diese Zusammenstellung vielleicht auf den ersten Blick ausschauen mag, alles was man dazu benötigt ist eine Unterscheidung von Innerlichkeit und Äußerlichkeit, individuell und kollektiv, und die jeweilige Betrachtung von innen und von außen.

Was bringt das einem Menschen persönlich? Ich kann mir mein Leben daraufhin betrachten, wie weit ich diese Perspektiven für mich entwickelt habe und sie lebe – allgemein und in jedem Augenblick. Wie weit bin ich mir meiner eigenen Innerlichkeit bewusst, und der psychologischen Strukturen durch die ich sie wahrnehme? Wie ist die Erlebensqualität und der Zustand meiner Beziehungen, und in welche kollektiven Geistesstrukturen bin ich eingebunden? Wie verhalte ich mich in der Welt und gegenüber anderen in meinem Tun, und in welchen äußeren Systemen (Wohnen, Arbeit, Infrastruktur, Besitz, Geld, Gesellschaft) lebe ich? Einem Nachgehen dieser Fragen kann dem eigenen Leben mehr Bewusstheit, Fülle und Erfülltheit schenken.

Das Ende der (perspektivischen) Absolutismen?

Alle aufgeführten Hauptperspektiven bzw. Methodiken haben ihren jeweiligen Erkenntnisbereich, der sich durch keine der anderen Methodiken erschließen lässt. Dies ist jedoch immer wieder versucht worden[161], und diese „Absolutismen" wie Wilber sie nennt, d.h. der Versuch, den Erkenntnisbereich einer Methodik zu überdehnen, hat – neben einem seit Jahrtausenden andauernden Wissenschaftsstreit – zu sehr viel Leid geführt. Die Subjektivisten oder Idealisten (Zonen 1,2,3,4, das Bewusstsein bestimmte das Sein) gegen die Objektivisten oder Materialisten (Zonen 5,6,7,8, das Sein bestimmt das Bewusstsein), diejenigen die nur Einzeldinge anerkennen (Zone 1,2,5,6) gegen diejenigen, für die nur Systeme existieren (Zone 3,4,7,8). Diejenigen welche die Phänomene an sich über alles stellen (Zone 1,2) gegen diejenigen die innere Strukturen betrachten, vor deren Hintergrund Phänomene auftauchen und interpretiert werden (Zone 2,4). Diejenigen, die mit dem Verhalten von „black boxes" alles erklären wollen (Zone 6,8) gegen diejenigen, die (nur) in die black boxes hineinschauen (Zone 5,7) usw. Die Erkenntnisgeschichte der Menschheit ist auch eine Geschichte der Übertreibung und Unterdrückung bestimmter Perspektiven und Wahrnehmungshorizonte.

Zur Illustration noch ein paar typische Zitate von herausragenden Vertretern bestimmter Disziplinen/Perspektiven, die, für sich genommen, zu Verabsolutierungen dieser Perspektiven führen können:

Wir (Einzelne und Gemeinschaft) sollen es sein, in deren Bewusstseinsleben die reale Welt, die für uns vorhanden ist, als solche Sinn und Geltung gewinnt.

Edmund Husserl (Zone 1,3)

Nicht durch Introspektion, sondern nur durch Geschichte können wir uns selbst erkennen.

Wilhelm Dilthey (Zone 4)

---

161 Ein Beispiel zur Aufdeckung von Absolutismen ist das in der Zeitschrift Info3 Nr.05/06 in dem Beitrag *Wider den Subjektivismus* auf S. 54 besprochene Buch *Die Informationslücke.* Auf dem Umschlagtext steht: „Leider zeigen vermehrte psychische Erkrankungen, Sucht- und Gewalttendenzen, dass im Welt- und Menschenbild der systemischen Theorie der wesentliche Faktor dessen, was der Mensch eigentlich ist, verloren geht... Der Leser bekommt die Chance, die durch die Denkdressur von Gesellschaft und Schule erworbenen Vorurteile abzubauen und sich der Kraft seines Menschseins bewusst zu werden." Auf S. 44 schreibt der Autor F. Frey: „Die Frage ist allein diejenige, wo und wie die Wirklichkeit gefasst und erfasst werden kann. Dazu müssen wir uns auf der Grundlage der Selbstbeobachtung, der Resultate der Gehirnforschung und Forschungen der Entwicklungspsychologie eine Basis schaffen, von der aus wir die Wirklichkeit der Welt in ihren mannigfaltigen Ausprägungen erkennen und verstehen können." Mit den Begriffen der Perspektiven könnten wir sagen: Wir können die Errungenschaften der Systemtheorie (Zone 7,8) würdigen, ohne uns ihre absolutistischen Tendenzen zu eigen zu machen. Was die Systemtheorie nicht zu leisten vermag ist z. B. die Bewusstmachung intersubjektiver Strukturen („Denkdressur", Zone 4) ebenso wie Introspektion („Selbstbeobachtung", Zone 1), Gehirnforschung (Zone 5) und die Forschungen der Entwicklungspsychologie (Zone 2,4).

Göttlichem Geist bleibt es vorbehalten, frei über den Wassern zu schweben. Das, was wir unseren Geist nennen, erweist sich als gebunden an die Struktur unseres Gehirns. Damit aber ist dieser unser Geist auch bestimmten Bedingungen materieller Existenz unterworfen.

Hoimar von Ditfurth (Zone 5)

Mit aller Wahrscheinlichkeit kann man die restlichen Probleme [der Psychologie] noch so umformulieren, dass feinere Methoden der Verhaltensforschung (die sicher kommen müssen) zu ihrer Lösung führen.

John B. Watson, Behaviorismus (Zone 6)

Man muss nicht vom Bewusstseins des Menschen ausgehen, auch nicht von der Intersubjektivität, sondern von einem gegenseitigen Konstitutionszusammenhang autopoietischer Systeme.

Niklas Luhmann (Zone 7,8)

Eine (technische) Zusammenfassung der 8 Zonen/Perspektiven/Ereignishorizonte[162]

„Jede dieser acht Betrachtungsweisen ist in Wirklichkeit ein „Ereignishorizont" oder eine phänomenologische Welt, welche innerhalb dieser Perspektive hervorgerbacht wird. Wir haben sie **Ereignishorizonte**, oder **Horizonte** [**hori-zones**] oder einfach **Zonen** genannt. Alle acht Perspektiven erzeugen phänomenologische Zonen bzw. Ereignishorizonte. Wir werden die wichtigsten von ihnen betrachten, welche in Abb. 8 nummeriert sind. Diese 8 Zonen sind nicht dasselbe wie die 4 Quadranten, sondern repräsentieren einfach einen weiteren nützlichen Weg zur Gruppierung der acht wesenseigenen Perspektiven (und zwar das Innen und das Außen von Innerlichkeiten und Äußerlichkeiten). Diese Zonen lassen sich wie folgt beschreiben:

Zone Nr. 1, 3

Innerliche Holons (ein ‚ich' oder ‚wir') werden *innerhalb* ihrer eigenen Grenzen betrachtet. Dies ist ein Ansatz der ersten Person gegenüber Wirklichkeiten der ersten Person (1p x 1p), sowohl im Singular (Zone 1) als auch im Plural (Zone 3). Die Singular-Form ist das *Innen eines ‚Ich'* (klassische Paradigmen oder Injunktionen, welche diese Dimensionen der ersten Person Singular des In-der-Welt-Seins hervorbringen, inszenieren und enthüllen, sind

162 aus excerpt D, p.11. Die Benennungen der Zonen erfolgt entsprechend der Bezifferung von Wilber in *Integral Spirituality.*

Phänomenologie, Introspektion, Meditation). Die Plural-Form ist das *Innen eines ,wir'* (welches durch Methodologien wie Hermeneutik, gemeinschaftliche Untersuchungen und partizipatorische Epistemologie hervorgebracht, hervorgebracht und enthüllt werden kann).

Zone Nr. 2, 4
Innerliche Holons (ein ,ich' oder ,wir') werden von *außerhalb* ihrer eigenen Grenzen betrachtet. Dies ist ein Ansatz der dritten Person gegenüber Wirklichkeiten der ersten Person (3p x 1p), sowohl im Singular (Zone 2) als auch im Plural (Zone 4). Die Singular-Form ist das *Außen eines ,Ich'* (dem man sich durch Methodologien wie dem Entwicklungsstrukturalismus nähern kann). Die Plural-Form ist das *Außen eines ,Wir'* (dem man sich durch Methodologien wie beispielsweise kultureller Anthropologie, Neostrukturalismus, Archäologie und Genealogie nähern kann).

Zone Nr. 5,7
Äußerliche Holons (ein ,es' oder ,es' [plural]) werden *innerhalb* ihrer eigenen Grenzen betrachtet. Dies ist ein Ansatz der ersten Person auf Wirklichkeiten der dritten Person (1p x 3p), sowohl im Singular (Zone 5) als auch im Plural (Zone 7). Die Singular-Form ist *das Innen eines ,Es'* (dem man sich durch Methodologien, wie beispielsweise biologischer Phänomenologie und Autopoiesis, nähern kann). Die Plural-Form ist das *Innen eines ,Es' [plural]* (dem man sich durch Methodologien wie beispielsweise der sozialen Autopoiesis nähern kann).

Zone Nr. 6,8
Äußerliche Holons (ein ,es' oder ,es' [plural]) werden von *außerhalb* ihrer eigenen Grenzen aus betrachtet. Dies ist ein Ansatz der dritten Person auf Wirklichkeiten der dritten Person (3p x 3p), sowohl im Singular (Zone 6) als auch im Plural (Zone 8). Die Singular-Form ist *das Außen eines ,Es'* (dem man sich durch Methodologien wie beispielsweise Behaviorismus, Positivismus und Empirizismus nähern kann). Die Plural-Form ist *das Außen eines ,Es' [plural]* (dem man sich durch Methodologien, wie beispielsweise der Systemtheorie und der Chaos- und Komplexitätstheorie, annähern kann)."

Wie Wilber die Perspektiven „entdeckte"[163]

Wie ist Wilber eigentlich auf die Idee der 8 Hauptperspektiven gekommen, als eine Möglichkeit, alle Erkenntnismethodiken der Menschheit zu unterscheiden und in ihrer jeweiligen Größe und Grenze zu würdigen? Er äußert sich dazu während eines Seminars:

> „Diese neue Wendung hin zu den Perspektiven unterscheidet sich sehr von allem was ich bis dahin geschrieben hatte – auch wenn darin eine Menge Neues enthalten ist. Ich habe mich immer auf Giganten bezogen und mit ihnen gearbeitet – Plotin, Aurobindo, Hegel, Plato usw., doch es gibt bisher *nichts* über Perspektiven, *nirgendwo*. Das war schockierend, als ich mich damit beschäftigte… Diese Art des Schreibens war in gewisser Weise für mich sehr schwierig, ich arbeitete praktisch rund um die Uhr, das war sehr intensiv, speziell als ich mit der integralen Mathematik begann – was einen schon verrückt machen kann wenn man 23 Jahre alt ist, ganz zu schweigen davon, wenn man ein alter Mann ist. Ich habe mich also hingesetzt und das alles gemacht, und ich hatte für zwei Monate das Gefühl psychotisch zu werden, ich hatte keinen Bezug zu irgendeiner konkreten Realität mehr, und verlor mich in diesem platonischen Bereich eines Salvatore Dali – ohne dass Land in Sicht war. Ich wusste nicht, ob das irgendwo hinführen würde. Ich begann damit, die Quadranten – z. B. den oberen rechten Quadranten – als eine Sicht der dritten Person einer dritten Person zu erklären, der obere linke Quadrant wäre eine Perspektive der ersten Person einer Wirklichkeit einer ersten Person – all das war noch einfach, aber es funktionierte nicht. Man braucht noch mehr Termini um das zu erklären. Ich habe es daher auf drei Termini erweitert: die Ansicht einer ersten Person einer ersten Person einer ersten Person wäre dann z. B. Introspektion, usw. Wenn man damit beginnt, dann wird klar dass man dabei sehr schnell verrückt werden kann. Ich kannte die grundlegenden Methodologien wie Strukturalismus, Empirizismus, Positivismus und Hermeneutik und mir war klar, dass wenn ich *dorthin* gelangen könnte, ich wieder Boden unter den Füssen hätte. [Lachen]. Also begab ich mich weiter auf diese psychotische Reise und das war wirklich sehr ungemütlich… Hier ein kurzes Beispiel: Francisco Varela beschrieb Autopoiese als die Innenansicht der Biologie, die phänomenologische Sicht der Biologie, das was der Organismus – von innen her betrachtet – sieht. Schaut man sich jedoch an was er

---

163 Aus: *Ken's current interest in perspectives*, ein Audiomitschnitt von einem Seminarwochenende 2003 mit Ken Wilber, http://www.formlessmountain.com/audio1/audio.html.

und andere machten, dann war all das in Begriffen der dritten Person beschrieben. Sie versuchten zu rekonstruieren was z. B. ein Frosch sieht – ohne jedoch auf die Systemtheorie zurückzugreifen, welche den Frosch in ein größeres Gesamtbild stellt. Sie verneinten explizit die Relevanz von Systemtheorie für die Wahrnehmung eines Frosches. Das schockierte jeden, weil die Systemtheorie in der Biologie so etwas wie das vorherrschende Dogma war. Was er und andere jedoch sagten war, dass wenn ein Frosch eine Fliege wahrnimmt, der Frosch dann keinerlei Vorstellung von Systemtheorie dabei hat – Systemtheorie ist nicht Teil seiner Kognition, was diese Forscher interessierte war die Innenansicht der Kognition eines Frosches beim Wahrnehmen einer Fliege... Warum nannte man das die Innenansicht? Ich stellte das der Beschreibung von Alfred North Whitehead einer Innenansicht eines Ereignisses gegenüber – und das ist ein Gefühl, eine gefühltes Erleben einer ersten Person einer ersten Person, und Whitehead beschreibt in Begriffen der ersten Person, wie sich das anfühlt (und gibt dann manchmal auch noch einen Überblick in Begriffen der dritten Person). Und so begann das ganze für mich mit der Frage: Wo liegt der Unterschied zwischen Whitehead und Varela. *Beide* behaupten, sie würden die Innenansicht beschreiben. Ich las zu dieser Zeit eine ganze Serie von Bücher die behaupteten, *den* Konsens in der Sozialtheorie gefunden zu haben... ‚Endlich haben wir die Theorie der Theorien gefunden', *aber das sind alles wieder nur Beschreibungen in der dritten Person.* Die Innenansichten wurden Varelas und Maturanas Ansicht der Autopoiesis zugeschrieben, weil das die Innenansicht des biologischen Organismus ist – aber die Innerlichkeit wird dabei übersehen! Es gibt keinen einzigen Terminus der ersten oder der zweiten Person in diesen Büchern – ganz zu schweigen von einer Methodologie, die sich damit beschäftigen würde. Ich bemühte mich also um eine Notation, die den Unterschied beschreiben würde zwischen dem was Whitehead tut, und dem was Varela tut. Um eine lange Geschichte kurz zu machen – sogar mit drei Termini reicht es immer noch nicht... Ich schrieb also etwa 150 Notizseiten voll – etwas was ich bisher nur drei mal in meinem Leben tun musste, (und ich glaube ich habe jedes Mal einen beträchtlichen Schaden davon getragen [Lachen]), als ich das letztmalig tat, habe ich mich hier in diesem Raum für drei Jahre lang eingeschlossen, und *Eros, Kosmos, Logos* geschrieben, und als das mit den Notizseiten wieder anfing, dachte ich „oh nein, ich will nicht noch einmal für drei Jahre hier eingeschlossen werden" [Lachen]. Das ging einige Monate lang – ich wachte jeden Morgen auf und machte mich an diese

Arbeit, schrieb immer mehr Symbole auf um herauszufinden, ob ich damit den Unterschied zwischen Whitehead und Varela erklären könnte. Ich war nahe dran aufzugeben... Schließlich führt ich einen vierten Terminus ein; ein 123 eines 123 eines 123 eines 123[164] – und das erklärte nicht nur die 4 Quadranten, sondern auch die 8 Methodologien – und ich sah auf einmal Land. Am Ende der Seite die ich gerade beschrieb, notierte ich das Wort ‚Rosetta', nach dem Rosetta-Stein[165], und hörte mit dem Schreiben auf. Am nächsten Tag schaute ich mir das wieder an, und konnte nun die 8 Methodologien herleiten, mit der Innenseite und der Außenseite der Innerlichkeiten und der Äußerlichkeiten. Diese komplizierte Reise führt zu den sehr konkreten Methodologien in der realen Welt. Im Verlauf dieses Prozesses fand ich die Architektur, die den Methodologien zugrunde liegt. Und es ist eine Architektur von Perspektiven – nicht Wahrnehmungen -, was bedeutet dass das Universum aus Perspektiven zusammengesetzt ist, und nicht aus Wahrnehmungen... Diese Ideen beziehen sich auf Wirklichkeiten in jedem Menschen – es sind keine Wilber-Ideen oder Erfindungen, ich habe sie lediglich kodifiziert (ebenso wenig wie Newton die Gravitation erfunden hat). Am integralen Institut werden diese Ideen nun von Leuten mit praktischer Erfahrung angewendet, sie führen es viel weiter, als ich das gemacht habe... Ich halte das für eine radikal neue Philosophie...

164 AdÜ: Zur Beschreibung dieses sich wechselseitigen perspektivischen Wahrnehmens hat Wilber eine „integrale Mathematik" entwickelt. Dabei ist 1 eine erste Person, 2 eine zweite Person, und 3 eine dritte Person, als konkrete, aber nicht-spezifische Personen. „Integrale Mathematik ist einfach das Verfolgen dessen was geschieht, wenn empfindenden Wesen empfindende Wesen berühren: es gibt eine Perspektive der ersten, der zweiten oder der dritten Person; auf erste, zweite und dritte Personen – ohne Ende; ein 123 eines 123 eines 123 eines 123 eines 123..., was der Grund dafür ist, warum der Kosmos aus Perspektiven zusammengesetzt ist, und nicht aus Wahrnehmungen [perceptions] oder Ereignissen, Prozessen, Geweben, Systemen – weil alles dies bereits Perspektiven sind, bevor sie irgend etwas anderes sind." [Aus: excerpt C Appendix B. An Integral Mathematics of Primordial Perspectives.

165 AdÜ: Der Stein von Rosette oder Rosettastein ist eine Stele aus schwarzem Granit mit einem in drei Sprachen eingemeißelten Text, der maßgeblich zur Entzifferung der ägyptischen Hieroglyphen beitrug. Der Stein befindet sich seit 1802 im Britischen Museum in London.

Abbildungen

Abb. 1 *Das Modell der 4 Quadranten* 25

Abb. 2 *Beispiele von Untersuchungsmethodiken und „Paradigmen“ der 4 Quadranten* 49

Abb. 3 *Drei Hauptperspektiven und Seinsbereiche* 58

Abb. 4 *Die große Kette des Seins* 68

Abb. 5 *Materie ist nicht der „Boden“ aller Ebenen, sondern das Äußere* 70

Abb. 6 *Die 4 Quadranten (mit ein paar Details)* 72

Abb. 7 *Die 4 Quadranten als Perspektiven/Wahrnehmungsräume/ Horizonte* 217

Abb. 8 *8 Hauptparadigmen oder Methodiken* 220

Nachweise

Kapitel 4

Was hält Leib uns Seele zusammen? Veröffentlicht in der Zeitschrift *info3* April 2005
http://www.info3.de/ycms/printartikel_1484.shtml.

Kapitel 5

Größte Tiefe für größte Spanne – ein ethischer Entwurf, veröffentlicht in der Zeitschrift *info3* September 2005.
http://www.info3.de/ycms/printartikel_1536.shtml.

Erleuchtung ist nicht Erleuchtung, veröffentlicht in der Zeitschrift *info3* Oktober 2005
http://www.info3.de/ycms/printartikel_1558.shtml.

Licht und Schatten Teil 1, veröffentlicht in der Zeitschrift *info3* Dezember 2005
http://www.info3.de/ycms/printartikel_1593.shtml.
Teil 2: Veröffentlicht in der Zeitschrift *info 3* April 2006
http://www.info3.de/ycms/printartikel_1653.shtml.
Teil 3: Veröffentlicht in der Zeitschrift *info 3* Juni 2006
http://www.info3.de/ycms/printartikel_1682.shtml.

Praxis der Systemaufstellung veröffentlicht in der Zeitschrift *Praxis der Systemaufstellung* Heft 2 2005.

Kapitel 6

- *Die Grundlagen der Erkenntnis bei Rudolf Steiner und Ken Wilber* (http://www.info3.de/ycms/download/projekte/habecker3.pdf).
- *Weltanschauungen* (http://www.info3.de/ycms/download/projekte/habecker5.pdf).

Anhang

Die Buchbesprechung zu *Integral Spirituality* wurde veröffentlicht in der Zeitschrift *info3* Oktober 2006.
http://www.info3.de/ycms/printartikel_1727.shtml.

SCHRIFTENREIHE **KONTEXT**

„Kontext“ ist eine Schriftenreihe für Studien im Übergangsbereich von Wissenschaft und Spiritualität. Sie entspricht einer Zeit, in der alte Gegensätze wie der zwischen Glauben und Wissen nicht mehr akzeptiert werden und prinzipielle Erkenntnisgrenzen nicht mehr gelten. Angesichts der Tatsache, dass auch im etablierten Wissenschaftsbetrieb längst spirituelle Gesichtspunkte Einzug halten stellt „Kontext“ Beiträge zur Diskussion, in denen Ansätze eines erweiterten Wissenschaftsverständnisses ausgearbeitet werden.

„Kontext“ wird über den Buchhandel und im Abonnement vertrieben.
Jährlich erscheinen durchschnittlich zwei neue Bände.
Redaktion: Dr. Jens Heisterkamp

info3-Verlag
Kirchgartenstraße 1, 60439 Frankfurt.
Fax 069 - 58 46 16 / e-Mail: vertrieb@info3.de

KONTEXT Band 6

Klaus Podirsky

Fremdkörper Erde

Goldener Schnitt und Fibonacci-Folge und die Strukturbildung im Sonnensystem

312 S., € 28,– / ISBN 3-924391-29-7

50 Jahre nach Entdeckung der DNS als physischem Träger des genetischen Lebenscodes scheint eine weitere grundlegende Struktur des Lebens gefunden: als Ergebnis langjähriger Forschungsarbeit zeigt der Autor, dass unser Planetensystem einer rhythmischen Gestaltung folgt, die entsprechend der so genannten Fibonacci-Folge und dem Goldenen Schnitt angelegt ist. Der Prozess Leben, darauf weisen die Arbeitsergebnisse im vorliegenden Buch hin, begann im Bereich der Rhythmen bereits lange vor dem Entstehen erster Biomoleküle. – War im Anfang der Rhythmus ? Repräsentieren die entstandenen Strukturen des Lebendigen auf unserem Planeten gewissermaßen „nur“ Obertonschwingungen dieses Zusammenklangs des Lebens?

Als Architekt, Künstler und Waldorfpädagoge wählt Klaus Podirsky eine unkonventionelle und bezüglich des wissenschaftlichen Mainstreams paradigmatisch erweiterte Herangehensweise und Auseinandersetzung mit Strukturbildung und Rhythmus. Sein Ansatz bezieht neueste wissenschaftliche Forschungen ebenso ein wie entscheidende Hinweise Rudolf Steiners. Die vorliegen-den Ergebnisse eröffnen eine ungewohnt neue Sicht auf Evolution und Mensch-Sein. Was wir vorfinden, ist die faszinierende These einer gemeinsamen Evolution von Kosmos, Erde und Mensch als Sinn stiftende Ganzheit.

"Man sieht (doch) nur mit dem Herzen gut" – oder sollte diese Wahrheit wirklich keine Wahrheit für den Wissenschaftler haben dürfen?

Klaus Podirsky

KONTEXT Band 7

Andreas Delor

Kampf um Atlantis

Ein Beitrag zur anthroposophischen Atlantis-Diskussion

232 S., € 22,80,– / ISBN 3-924391-30-0

Das rätselhafte Atlantis beschäftigt die Menschheit von den ältesten Sagen bis in die zeitgenössische Forschung hinein. Auch in der Anthroposophie Rudolf Steiners spielt die Idee von Atlantis als „Mutter" aller Zivilisationen eine entscheidende Rolle. Aber auch bei Steiner bleibt unklar: wo hat dieser Ur-Kontinent gelegen? Und wie ist es möglich, dass ein ganzer Kontinent praktisch ohne Spuren versunken ist?

Steiners Atlantis-Darstellungen muten heute auf den ersten Blick oft abenteuerlich an und scheinen vor dem Hintergrund der naturwissenschaftlichen Befunde kaum haltbar. Während daher auch manche anthroposophische Autoren von Steiners Atlantis-Konzept abrücken, unternimmt der neue Band der Schriftenreihe Kontext eine wichtige Bestandsaufnahme: was hat Steiner wirklich über Atlantis gesagt? Was davon ist vor dem Hintergrund heute als gesichert geltender naturwissenschaftlicher Fakten haltbar oder wo muss vielleicht auch die Wissenschaft umdenken?
Und schließlich: Wo könnte Atlantis tatsächlich gelegen haben?

Andreas Delor, der sich seit Jahren mit dem Thema Atlantis befasst, versucht in seiner Studie eine Synthese von spiritueller Geistes- und Naturwissenschaft. Ein unverzichtbares Buch zum Thema Atlantis aus anthroposophisch erweiterter Sicht.

KONTEXT Band 8

Marianne Carolus

Wie Schicksal spricht

Menschenkundliche Studien zur Reinkarnationstherapie

128 S., € 15,80 / ISBN 3-924391-31-9

Obwohl die Reinkarnationstherapie eine noch vergleichsweise junge Richtung ist, kann sie an alte geistige Traditionen anknüpfen und bereits auf eine Reihe ausgearbeiteter Fachstudien aus neuerer Zeit zurückgreifen. Die Reinkarnationstherapeutin Marianne Carolus gibt mit dem vorliegenden Band einen menschenkundlich gegliederten und eng an der Praxis angelehnten Überblick über den Stand ihrer Disziplin und deren Möglichkeiten.

Marianne Carolus, geboren in den Niederlanden, Ärztin, langjährige eigene Praxis und Tätigkeit als Schulärztin; Ausbildung zur Reinkarnationstherapeutin bei Hans ten Dam. Seminare und Einzeltherapien in den Niederlanden, Deutschland, der Schweiz, Rumänien und Finnland; Ausbildungskurse in Deutschland.

151 St. – Weller

176 Weltanschauung